藝味説・下冊

目次

第三章

「藝味」說的發展與總結（上）

　　六朝以後，「藝味」說步入深化發展並逐漸走向總結的歷史與邏輯的進程。本章將分別討論唐代以至明清的「詩味」論、「詞味」論、小說及戲曲理論批評中的「味」論、書法和繪畫理論批評中的「味」論，同時還將結合具體藝術門類的理論批評中的「味」論觀點，分析有關的概念和範疇，如「韻」「韻味」和「趣」「趣味」等。此外，還將結合有關論述，簡要說明六朝以後的「樂味」論的發展特點以及桐城派的「文味」論的理論內涵等。

　　繼劉勰討論作品的「隱秀」問題而提出「餘味」說以後，隨著唐詩特別是其中的近體律絕的優秀詩作的大量湧現後，「總結唐家一代詩」的晚唐司空圖[1]，就提出了「韻外之致」、「味外之旨」（即「味外

1　這是清人楊深秀《仿元遺山論詩絕句五十首》之一中的詩句，全詩曰：「墮笏朝堂為失儀，吟成廿四品尤奇。王官谷裡唐遺老，總結唐家一代詩。」按：近年有學者提出《二十四詩品》乃後人偽作的觀點，筆者雖然通過研究認為，自明代以來明確著錄其為司空圖所作，應該是可信的，但為避免不必要的爭論，本章討論司空圖的「詩味」論。主要以其「論詩雜著」為主。

味」）説。從「遺音遺味」説（《禮記》〈樂記〉）到劉勰的「餘味」説
（《文心雕龍》〈隱秀〉），再到司空圖「味外之旨」即「味外味」説，
這是理論上的兩度「飛躍」。「味外味」説，深刻地概括了以抒情藝術
為主流、以「言志」「緣情」和創造「意境」為主要特點的中國古代藝
術的審美特質和「詩性」精神。宋元以至明清具有代表性的「詩味」
論、「詞味」論、「畫味」等，都或多或少地受到司空圖的影響。隨著
俗文學的興起，小説、戲曲的創作日益繁榮，震撼人心的優秀作品也
不斷產生，與雅趣雅味相對的俗趣俗味就自然滋生出來，在一定程度
上反映了市民的審美理想。大約在中唐時期，隨著唐傳奇小説的產
生，「奇味」「異味」的觀念開始逐漸突出（這也體現在詩歌評論中），
到元明清時期，小説、戲曲文學大為興盛，步入創作的輝煌時期，而
同時在小説、戲曲理論批評中，也就產生與「雅正」之「味」、「平淡」
之「味」相對的「奇味」「異味」乃至「蛤蠣」味、「蒜酪」味的美感
觀念。「異味」觀念可以直接追溯到莊子的思想中去，《莊子》〈齊物論〉
就提出「孰知正味」的質疑。在中國古代「藝味」説中，就「味」這
一美學範疇本身的邏輯展開過程看，有「和味」就有「無味」，有「正
味」就有「異味」。但「味」作為中國古代藝術理論批評中的一個美學
範疇，必須具體結合不同藝術門類的創作發展和藝術理論批評的實際
來進行研究分析。

第一節　司空圖的「味外之旨」論

　　在中國古代的「藝味」説中，六朝以後，以「味」論「詩」最為
繁盛，如果把詞（乃至散曲、小令）也包括進「詩歌」的範圍內，那
麼有關「詩味」論的觀點以及提出的概念、範疇，那就更加豐富，即

使採用羅列的方法，也會有遺珠之憾。但就「詩味」論的理論深度而言，用「味」來對「詩性」（詩的審美特質）進行理論分析，對這種「詩性」的美感進行概括，至晚唐司空圖（837-908）提出「味外之旨」（即「味外味」）的「詩味」論，已經達到最高的理論深度，作為美學範疇之「味」的核心理論內容已經得以彰顯。這是從「味外之旨」及其密切相關的「韻外之致」說所具有的普遍意義的角度看問題的；同時，「味外之旨」與「韻外之致」說又具有司空圖自己的審美理想的個性特點，如其崇尚「澄淡精緻」的審美「趣味」等，這兩個方面對後代都產生了重要影響。

司空圖最早以「味」論詩，見於《與王駕評詩書》和《題柳柳州集後》，前文有所謂「右丞、蘇州趣味澄夐，若清沇之貫達」，後文有所謂「今於華下方得柳詩，味其深搜之致，亦深遠矣」[2]可見司空圖很早就對「詩味」的問題進行過思索。「韻外之致」與「味外之旨」說，是司空圖在《與李生論詩書》（《司空表聖文集》卷二）中提出的。他說：

文之難，而詩之難尤難。古今之喻多矣，愚以為辨於味而後可以言詩也。江嶺之南，凡足資於適口者，若醯非不酸也，止於酸而已；若鹺非不鹹也，止於鹹而已。華之人所以充飢而遽輟者，知其鹹酸之外，醇美者有所乏耳。彼江嶺之人習之而不辨也，宜哉。詩貫六義，則諷諭、抑揚、渟蓄、溫雅，皆在其間矣。然直致所得，以格自奇。前輩編集，亦不專工於此，矧其下者耶！王右丞、韋蘇州，澄淡精緻，格在其中，豈妨於道舉哉？賈浪仙誠有警句，視其全篇，意思殊

2　本書所引司空圖詩文，均據《四部叢刊》本《司空表聖文集》《司空表聖詩集》。

餒，大抵附於寒澀，方可致才，亦為體之不備也，矧其下者哉！噫，近而不浮，遠而不盡，然後可以言韻外之致耳。……蓋絕句之作，本於詣極，此外千變萬狀，不知所以神而自神也，豈容易哉？今足下之詩，時輩固有難色，倘復以全美為工，即知味外之旨矣。

《與李生論詩書》中引自己所作《元日》詩，有句曰：「甲子今重數，生涯只自憐。」據此知該文約撰於唐哀帝天祐元年（904）或稍後，時司空圖已六十八歲，退隱於離虞鄉（在今山西省永濟縣虞鄉鎮）不遠的中條山王官谷。司空圖一生以賞詩作詩自負，早在他五十多歲隱居華陰不久時，他就在詩中唱道：「浮世榮枯總不知，且憂花陣被風欺。儂家自有麒麟閣，第一功名只賞詩。」（《力疾山下吳村看杏花十九首》之六，《司空表聖詩集》卷五）因此，可以說《與李生論詩書》中提出的「詩味」論及其有關觀點，確實是司空圖一生賞詩作詩的「心得」，絕非寫給李生這封「書信」時的一時興到之論。

從上面的引文看，所謂「韻外之致」與「味外之旨」，簡單地說，就是認為優秀的詩歌要能給人一種富有「韻味」的美感，令人體會到「詩外」的風神遠致，從而產生回味無窮的美感享受，難以言說的審美愉悅；而這種「美感」是由詩歌那種意象鮮明而具體、切近而不浮泛，意蘊深遠而含蓄的「意境」產生的。所謂「辨味」，第一步就是要品別詩歌是否具有這種「醇美」「全美」，還是僅僅只有一種單薄的滋味，因為這是藝術的優劣、高下乃至雅俗的分別；第二步就是要具體品別「韻外之致」「味外之旨」的不同，這是優秀詩歌的「個性差異」問題。

從「藝境」與「藝味」的關係講，司空圖這種「詩味」論，可以說是唐代以至明清時期，藝術家和藝術理論批評家對詩、書、畫、樂

等藝術境界的創造（可以統稱為「藝境」）與藝術美感的產生的共同要求，也是中國古典抒情藝術的普遍的審美理想。所以，將司空圖的「詩味」說分析清楚，基本上就可以將其後的各種「詩味」「詞味」乃至「畫味」等（可以統稱為「藝味」）有關主要觀點講明白，也能將各種「味」的範疇的核心理論內容抓住，如果逐朝逐代對有關「味」的範疇作「客觀歷史」式的描述，雖然較為細緻全面，但容易掩蓋「藝味」說本身的邏輯發展線索。從藝術哲學的角度講，美學範疇的發展也和哲學範疇一樣，具有歷史的和邏輯的統一性，這個「歷史」乃是範疇自身的演變發展的「歷史」，符合「邏輯的」才是符合「歷史的」。

一、「味外之旨」說的基本美學內涵

「味外之旨」即「味外之味」（或說「味外味」），其意較為明白，「旨」是美、美味的意思。如《論語》〈陽貨〉中的「食旨不甘，聞樂不樂」，《詩》〈小雅〉〈鹿鳴〉中的「我有旨酒，以燕樂嘉賓之心」。其中的「旨」，都作「美味」解。唐代還出現「旨味」連用一詞，《佩文韻府》舉出幾條例證，如《新唐書》〈儒學傳〉：「（元澹）嘗謂狄仁傑曰：『下之事上，譬富家儲積以自資也，……門下充旨味者多矣，願以小人備一藥石，可乎？」「旨味」即美味的意思。又，韓愈（768-824）《送王含序》云：

吾少時讀《醉鄉記》（引者按：王績著），私怪隱居者，無所累於世，而猶有是言，豈誠旨於味邪？及讀阮籍、陶潛詩，（然後）乃知彼雖偃蹇不欲與世接，然猶未能平其心，或為事物是非相感發，於是有托而逃焉者也。（《昌黎先生集》卷二十）

「旨」作動詞，即「味於味」的意思。蘇軾亦已間接指出「味外之

旨」就是「味外味」，其《書司空圖詩》曰：

　　司空圖表聖自論其詩，以為得味於味外（引者按：即據《與李生論詩書》而言）。「綠樹連村暗，黃花入麥稀。」此句最善。又云：「棋聲花院靜，幡影石壇高。」吾嘗游五老峰，入白鶴院，松陰滿庭，不見一人，惟聞棋聲，然後知此句之工也，但恨其寒儉有僧態。若杜子美云：「暗飛螢自照，水宿鳥相呼。四更山吐月，殘夜水明樓。」則才力富健，去表聖之流遠矣。（《東坡題跋》卷二）

　　司空圖《獨望》一詩，他自己視為得意之作，列舉在《與李生論詩書》中，詩曰：「綠樹連村暗，黃花入麥稀。遠陂春早滲，猶有水禽飛。」（《司空表聖詩集》卷二）南宋何汶《竹莊詩話》曰：「東坡云：圖詩得味外味，如『綠樹』一聯最善。」何汶所論，即據上引蘇軾《書司空圖詩》一文而言的。南宋曾季狸《艇齋詩話》又云：「東坡『纖纖入麥黃花亂』，用司空圖『綠樹連村暗，黃花入麥稀』之句。」[3]蘇軾《書黃子思詩集後》曰：

　　唐末司空圖崎嶇兵亂之間，而詩文高雅，猶有承平之遺風。其論詩曰：「梅止於酸，鹽止於鹹，飲食不可無鹽梅，而其美常在鹹酸之外。」（《蘇東坡集》後集卷九）

　　所以，宋代以後有些論者直接説司空圖提出「味外味」説，這是

3　蘇軾《游張山人園》：「壁間一軸煙蘿子，盆裡千枝錦被堆。慣與先生為酒伴，不嫌刺史亦顏開。纖纖入麥黃花亂，颯颯催詩白雨來。聞道君家好井水，歸軒乞得滿瓶回。」（《蘇東坡集》卷九）

符合原意的表述，而更加明確。前人早已指出蘇軾《書黃子思詩集後》
説司空圖「論詩曰」云云，也就是根據《與李生論詩書》中的比喻「改
寫」的。《尚書》〈説命〉云：「若作和羹，爾惟鹽梅。」葛洪《抱朴子》
外篇〈辭義〉云：「所謂考鹽梅之鹹酸，不知大羹之不致。」劉勰説：
「聲得鹽梅，響滑榆槿。」（《文心雕龍》〈聲律〉）蘇軾的「改寫」，是
用《尚書》〈説命〉等「典故」而又根據司空圖的原意加以表述的，這
樣更加清楚明白。

　　前文論述了六朝時期提出的許多「味」的美學範疇，其中以劉勰
論「隱秀」而提出的「餘味」説、鍾嶸論五言詩之美而提出「滋味」
説為代表。而在唐代司空圖之前，王昌齡（約698-756）、皎然（生卒年
不詳，唐開元至貞元時期人）也有關於「詩味」的論述。司空圖的「味
外之旨」説當然會受到前人的影響。如王昌齡論詩曰：「理入景勢者，
詩不可一向把理，皆須入景，語始清（有）味[4]；理欲入景勢，……其
景與理不相愜，理通無味。」又曰：「景入理勢者，詩一向言意，則不
清及無味；一向言景，亦無味。事須景與意相兼始好。」（《文鏡秘府
論》地卷）這是從創作角度作出的非常具體的論述，意思是「理」與
「景」要結合起來，這樣的詩才有「味」。皎然《詩議》云：

　　夫詩工創心，以情為地，以興為經，然後清音韻其風律，麗句增
其文采。如楊林積翠之下，翹楚幽花，時時間發。乃知斯文，味益深
矣。（《文鏡秘府論》南卷）

4　王利器《文鏡秘府論校注》第131頁説：「『味』上，疑脱『有』字。」中國社會科學
　　出版社1983年版。

　　這也是從詩的「情」（側重「情志」）、「興」（側重「興象」）及詩「韻」的樂感美和詩句的文采美等方面分析「詩味」的。劉禹錫（772-842）《答柳子厚書》也説過：「余吟而繹之，顧其詞甚約，而味瀰然以長。」（《劉夢得文集》卷十四）按：瀰，本義指泉水；瀰然，指水雖然王昌齡、劉禹錫及皎然等人對詩的「意境」的研究相當深入，但就波深廣的樣子，這是説柳宗元的散文具有語言簡潔而意味深長的特點。詩之「味」的美學範疇本身而言，講如何有「味」，講詩歌之「味」的「深」，講散文之「味」的豐富等，都在理論深度上離「味外之旨」説差一階級，還停留在劉勰的「餘味」説的水平上。

　　司空圖之所以能提出「味外之旨」説，除了他自己長期「賞詩」，沉潛詩美之中而獲得體會的原因外，當受到禪宗思想的啟迪，主要可能受到百丈禪師所謂「我有一句子，百味具足」等禪宗公案話頭的影響。對此還沒有人討論過，需要略作初步的考證説明。

　　司空圖和詩僧有來往，今可以明確查證的有詩僧齊己，有《寄華山司空圖》一首（《全唐詩》卷八四〇）；詩僧尚顏，有《寄華陰司空侍郎》一首（《全唐詩》卷八四八）；詩僧虛中，有《寄華山司空圖二首》（均為五律），司空圖亦有贈答，其《言懷》佚詩，存有「十年華岳山前住，只得虛中一首詩」兩句（或作「十年太華無知己，只得虛中兩首詩」），表現了司空圖對虛中能知己的喜悦之情。這些往來的贈詩答詩，大約都寫在司空圖在華山過著亦官亦隱而以隱退為主的十餘年的生活時期（約在大順元年至天復二年秋，司空圖五十四歲至六十五歲）。詩僧們也喜好談詩，如著名詩僧貫休《酬韋相公見寄》詩，有「鹽梅金鼎美調和，詩寄空林問訊多」二句（《全唐詩》卷八三五），這也是以「味」來論詩。司空圖不僅為禪僧寫過贊文（《文集》卷九有《香嚴長老贊》），也為寺廟作過碑記（《文集》卷九又有《澤州靈泉院

記》）等，而且在其詩文中還表現過一定的佛教思想。值得注意的是
《司空表聖詩集》卷三有《漫書》詩曰：

> 樂退安貧知是分，成家報國亦何慚。
> 到還僧院心期在，瑟瑟澄鮮百丈潭。

這其中的「百丈潭」當不是一般的比喻，而是指百丈禪師那樣的
禪境（前句有「僧院」二字可以推證）。百丈即指唐洪州百丈山大智禪
師懷海（720-814），住洪州百丈山，故稱百丈禪師，這一派禪學稱為
「洪州禪」，屬南宗禪的南嶽（懷讓）一系。懷海始創禪門之規式，稱
《百丈清規》，極有影響，今天還存有元代百丈山德輝禪師奉賜修改的
《百丈清規》（稱《敕修百丈清規》八卷）。

洪州禪的創始人是馬祖（道一），懷海是其門下的「首座」，其後
這派勢力愈盛，形成禪學史上有名的唐代「洪州宗」。洪州禪主張順乎
自然，標榜頓悟，其特點是「觸類是道」[5]《古尊宿語錄》卷一記載「馬
祖語錄」有「住於一味即攝眾味」的觀點。唐代雲門宗其中一支是藥
山惟儼（生卒年不詳，與懷海同時期人），惟儼傳雲岩曇晟（782-
841）。藥山也熟悉懷海的禪論，《五燈會元》〈百丈懷海禪師〉中記載
說：「師有時説法竟，大眾下堂，乃召之。大眾回首，師曰：『是甚
麼？』藥山目之為百丈下堂句。」而曇晟曾「參百丈海禪師二十年」，
海禪師即指懷海，無誤。《五燈會元》〈雲岩曇晟禪師〉記載：

> 潭州云岩曇晟禪師，鍾陵建昌王氏子，少出家於石門，參百丈海

5　參見呂澂：《中國佛學源流略講》，中華書局1979年版，第234-236頁。

禪師二十年，因緣不契。後造藥山，山問：「甚處來？」曰：「百丈
來。」山曰：「百丈有何言句示徒？」師曰：「尋常道：我有一句子，
百味具足。」山曰：「鹹則鹹味，淡則淡味，不鹹不淡是常味。作麼生
是百味具足底句？」師無對。山曰：「爭奈目前生死何！」師曰：「目
前無生死。」山曰：「在百丈多少時？」師曰：「二十年。」山曰：「二
十年在百丈，俗氣也不除。」

　　鍾陵，即今江西南昌，唐屬洪州[6]。司空圖的父親司空輿曾受到裴
休的賞識和提拔，唐武宗會昌元年至會昌三年（841-843），裴休任江西
觀察使，司空輿亦「以書受知於裴公休，辟倅鍾陵」（《司空表聖文集》
卷三《書屏記》），任裴休的副使或從事之類的職官，裴休和司空輿都
崇信佛教。在《書屏記》中，司空圖說他家「所藏及佛、道圖記，共
七千四百卷」，藏書中的佛、道著作當有一部分屬於司空輿購買的。

　　百丈懷海禪師和雲岩曇晟禪師，在當時都是著名的禪師，洪州禪
也很盛行，司空圖很早熟悉他們的思想言論，是理在其中的事情。司
空圖在《香嚴長老贊》中說：「大師之旨，吾久得之。」說明他確實對
禪宗思想有過關注乃至領悟。百丈懷海說的「我有一句子，百味具
足」，既為他「尋常道」（經常說這句話），當較為流行，而藥山說：「鹹
則鹹味，淡則淡味，不鹹不淡是常味。作麼生是百味具足底句？」這
一「悖論」性的反問，並非要否定百丈所論，而是要啟迪曇晟悟禪的
話，要他不要「死於言下」。反問之論，當也有流傳。所謂「百味具
足」，意思就是說非「鹹味」，非「淡味」，亦非不鹹不淡的「常味」，

6　　《舊唐書》卷四十《地理志三》：「鍾陵：漢南昌縣，豫章郡所治也。隋改為豫章縣，
　　置洪州，煬帝復為豫章郡。寶應元年六月，以犯代宗諱，改為鍾陵，取地名。」

而又是「鹹味」，是「淡味」，亦是不鹹不淡的「常味」，領悟這其中具足的「百味」，領悟這種「百味」之外的「義理」，實質就領悟了「拈花微笑」「不立文字」的禪諦。

百丈懷海門下傳人後來形成為溈仰宗和臨濟宗。臨濟宗是懷海門人黃檗（山）希運（？-850年）開始創立的，希運「唐大中年（間）終於本山，諡斷際禪師」（《五燈會元》卷四《百丈海禪師法嗣》〈黃檗希運禪師〉）。唐大中十一年（857），裴休撰〈黃檗山斷際禪師傳心法要序〉（《全唐文》卷七四二），文曰：「有大禪師，法諱希運，住洪州高安縣黃檗山鷲峰下，乃曹溪六祖之嫡孫，西堂百丈之法嗣。」又曰：「予會昌二年廉使於鍾陵，自山迎至州，憩龍興寺，且夕聞道。大中二年廉於宛陵，復去禮迎至所部，安居於開元寺，且夕受法，退而紀之，十得一二，佩為心印，不敢發揚。」可見，裴休師學僧希運多年，其「廉使於鍾陵」時，司空輿為其幕僚。可以推想崇信佛教的司空輿，也跟裴休一道曾「受法」於希運等高僧的。這為司空輿及司空圖熟悉百丈禪師懷海的思想言論，提供了最有力的證據。

與希運同時的有廬山歸宗寺智常禪師，《五燈會元》〈歸宗智常禪師〉記載有「一味禪」的禪論：有某僧來參禪，智常只是棒打呵斥：

僧辭，師問：「甚麼處去？」曰：「諸方學五味禪去。」師曰：「諸方有五味禪，我這裡有一味禪。」曰：「如何是一味禪？」師便打。僧曰：「會也！會也！」師曰：「道！道！」僧擬開口，師又打。

所謂「一味禪」，意即馬祖所謂「住於一味即攝眾味」的意思。這些和百丈「我有一句子，百味具足」的禪之公案話頭，都為時人所熟悉的，對文藝批評中以「味」論「藝」（特別是論「詩」）的風氣產生

一定的影響，也是客觀存在的，故可能啟迪司空圖由此提出「味外之旨」來論詩。所謂「味外之旨」，就是說詩歌所運用的語言、聲韻以及主體的「意」「理」「情」與審美對象的「景」和要表述的「事」等構成的整體「意象」，共同造成一種特殊的詩「境」（意境），這是有「味」的——這是第一層次的美感（清代袁枚稱之為「味內味」），這已經是一首詩的「整體的」美感，猶如用醋、鹽等調料調製出的佳餚（已經不是醋是酸味，鹽是鹹味的境界）；讀者賞玩此詩「境」，品嚐其詩「味」（第一層次的美感），深受藝術的感染，結合自己的審美經驗和體會、想像，獲得一種咀嚼不盡、久浸於心的「味」的享受——這是第二層次的美感（清代袁枚稱之為「味外味」），猶如品嚐了用醋、鹽等調料調製出的佳餚所獲得的那種難忘的「醇美」滋味，這種滋味既不是用來作調料的醋之酸味、鹽之鹹味，可謂是「百味具足」。只有優秀的詩歌才能做到這一點，所以司空圖說「以全美為工，即知味外之旨」。而「絕句」的體制短小，言辭精練，如果其詩「境」能夠給人以上所述這種兩個層次的美感享受，就是最優秀的作品，是具有「全美」的作品。即使作家自己也很難說明白這種「醇美」詩「味」，故司空圖最後跟李生說：「蓋絕句之作，本於詣極，此外千變為狀，不知所以神而自神也，豈容易哉？」指出李生的絕句詩作，已經寫得不錯，所謂「今足下之詩，時輩固有難色」，大約能有「局部的」的美感（「味」）而沒有「整體的」美感，還沒有具備能給人領會到第一層次的美感，當然就不會有第二層次的美感，因為第二層次的美感是建立在第一層次美感的基礎上的；而有第一層次的美感，自會有第二層次的美感。比如說，李生的詩可能有一聯警句很有「味」（有某種劉勰說的「辭味」），或者用韻好而有「味」（有劉勰說的聲韻的「滋味」），或某一句狀景很傳神而有「味」，或者有些「理味」「情味」等，就是只有

「鹹酸之味」而沒有「鹹酸之外」的「味」，即整體詩「境」沒有達到「全美為工」的要求，還不是優秀的作品，所以沒有「味外之旨」。詩歌「味外之旨」的兩個層次的美感獲得，是從詩「境」具有「象外之象，景外之景」的二重境界中獲得的。要進一步理解和說明「味外之旨」所包含的理論意義和美學內涵，還須弄清楚司空圖的「韻外之致」論等一系列相關觀點。

二、「韻外之致」說的基本美學內涵──兼釋「韻」

關於「韻外之致」的「韻」，在現有中國文學理論批評史的著作中，主要有兩種解釋：一種認為是指「詩的語言」（包括韻律），「韻外之致」就是詩的言外之意，也就是劉勰《文心雕龍》〈隱秀〉論「隱」所謂「文外之重旨」「情在辭外」，鍾嶸〈詩品序〉論「興」所謂「文已盡而意有餘」，皎然《詩式》卷一《重意詩例》所謂「文外之旨」等論點的意思。「韻外之致」的理論根源是老莊和魏晉玄學所說的「言意」關係論。這些論說，大體也是不錯的。另一種認為這裡的「韻」乃是指「氣韻」「風韻」「神韻」，是詩歌整體表現出來的藝術風貌，這一解釋較前為勝，更符合司空圖的原意。以上兩種說法的分歧，主要在於「韻」字的解釋上。劉勰、鍾嶸等人還沒有從詩歌的「意境」理論出發來論述問題，儘管劉勰、鍾嶸的有關觀點已經觸及「意境」問題，但畢竟是不深入的。詩「境」的研究，正是劉勰的「餘味」說到司空圖的「味外之旨」說的轉關所在。

仔細地研究一下，就知道司空圖所謂「韻外之致」的「韻」，就是皎然《詩式》中說的「風韻」的意思，就是詩歌的境界品格所顯現出來的風致美，一種藝術魅力；「韻外之致」就是對詩歌的境界品格所顯現出來的這種風致更高一層境界的要求，是風致之外的風致──就是說不僅要有藝術魅力，而且還要有一種別具的令人品味無窮的美。「韻

外之致」相當於説「韻外之韻致」，類似於「味外之旨」的説法，有「韻
外之致」就有「味外之旨」，所以有些學者把司空圖的「韻外之致」與
「味外之旨」，合稱為「韻味」説，也是有道理的，因為從藝術美感
講，二者是統一的；但二者還是有些差別的，這種差別主要在於提出
的出發點不同，「韻外之致」是從詩歌的「意境」的表現角度説的，而
「味外之旨」是從讀者的品位角度説的。

　　與文藝理論批評相關的「韻」有幾種不同的含義：「韻」的本義是
指音樂之音，即和諧的聲音、音韻（《説文解字》釋「音」曰：「凡音
之屬，皆從音」），如蔡邕《彈琴賦》：「繁弦既抑，雅韻乃揚。」（《蔡
中郎集》）。「韻」又可以指韻母或音節的收音，詩歌的押韻、韻腳等
就是在這個意義上使用的，如劉勰説的「疊韻」的「韻」，《文心雕龍》
〈聲律〉曰：「雙聲隔字而每舛，疊韻離句而必睽。」「韻律」的「韻」
就主要是這方面的含義。「韻」由此衍生出另外一種含義就是指詩、
賦、詞、曲的韻文作品（稱為「韻」或「韻語」），如陸機《文賦》：「或
託言於短韻，對窮跡而孤興。」《南史》〈謝弘微傳〉：「康樂（謝靈運）
誕通度，實有名家韻。」「韻」又可以指人物的風雅、風度而言，有
「韻」「氣韻」「風韻」「韻度」等概念，這是在六朝人物品評、清談風
氣中得到普遍使用的術語、概念，如《世説新語》〈賞譽〉篇載：「孫
興公為庾公參軍，共游白石山，衛君長在坐。……庾公曰：『衛風韻雖
不及卿諸人，傾倒處亦不近。』」又該書〈任誕〉篇載：「阮渾長成，
風氣韻度似父。」又如《抱朴子》外篇〈刺驕〉：「若夫偉人巨器，量
逸韻遠，高蹈獨往，蕭然自得。」這當是從「樂韻」的含義衍生而來
的，因為餘音娓娓，不絕有餘，故可轉而形容人物的超拔塵俗的精神
境界（特別是具有道家的精神境界）及其所顯現出來神姿風致。

　　文藝批評中不少「韻」的美學範疇，都與六朝人物品評所使用的

「韻」的概念直接相關，南朝時期就已經把人物品評所使用的「韻」「氣韻」等概念運用到文學和繪畫、書法的批評上。上一章在對袁昂《古今書評》「滋韻終乏精味」句所作的辨析中，已經加以討論。六朝時期人物畫盛行，山水畫才開始起步，當時的人物畫追求「傳神」，故將用來品評人物的「韻」「氣韻」等概念，轉而用之於評畫，指繪畫那種「生動」的境界品格特徵或繪畫的創作表現上的「傳神」（不限於人物畫），如謝赫的《古畫品錄》論繪畫「六法」的第一法，是「氣韻生動是也」；其第二品評陸綏畫曰：「體韻遒舉，風采飄然，一點一拂，動筆皆奇。」又該品評顧景秀（按：原作評顧駿之語，乃誤）畫曰：「神韻氣力，不逮前賢，精微謹細，有過往哲。」其後也有發展，如宋代黃庭堅說的「凡書畫當觀韻」（《豫章黃先生文集》卷二十《題摹燕郭尚父圖》）的「韻」，既有謝赫講的「氣韻」的含義，也有畫境那種令人品味到無窮美感的意思，這兩者本身是密切聯繫的。而在文學批評中，受到人物品評之影響，主要是從「體性」（作家的個性氣質）出發來論述作家作品的「風格」特點，如劉勰《文心雕龍》〈體性〉說：「安仁（潘岳）輕敏，故鋒發而韻流。」而蕭子顯《南齊書》〈文學傳論〉說：「文章者，情性之風標，神明之律呂也。蘊思含毫，游心內運，放言落紙，氣韻天成。」這裡的「氣韻」實際是指作品在整體上具有「自然的」（所謂「天成」）風貌、風致。

　　「韻」既可以用來指繪畫的境界品格的「生動」性，轉而用之，當然也就可以指詩歌作品的整體的境界品格所顯現出來的風致美（風姿神態的樣子）。這種含義的「韻」，既有側重從詩「境」出發而言的，又有側重從詩「格」出發而言的，因為不同的「格」是有不同的「境」決定的，而「境」是運用語言、韻律來表現的，所以包含語言、韻律，但絕不等於語言、韻律，因為「境」是由審美「意象」產生的。只是

在側重講「格」時，這種「韻」的含義偏向於講語言、韻律表現「境」
而顯現的美感問題，所以專講「格」時，有時就是講句法等問題；在
側重講「境」時，這種「韻」的含義又偏向講「境界」品類所具有的
不同美感的問題，與今天所説的作品「風格」有密切的聯繫，但也並
不等於「風格」的概念。所以我們把這種「韻」，理解為「境界品格」
所顯現出來的風致美。

　　司空圖以前，在詩歌理論批評中的典型用例，就是皎然《詩式》
卷一論「辨（或作『辯』）體有一十九字」時提出的「風韻」的概念，
他説：「高：『風韻切暢曰高。』」意思就是説詩歌的「境界品格」如果
達到「切暢」可以謂之「高」。「風韻」是詩歌的整體境界品格所顯現
出來的神姿風致，而「高」是這種「風韻」的特點，皎然把這種「韻」
的含義表示得很明白。皎然在論「取境」時也提出過「風韻」的概念
（《詩式》卷一）。這兩處講的「風韻」，與其《詩議》中所謂「然後清
音韻其風律，麗句增其文采」的「韻」略有區別，「清音韻其風律」的
「韻」是使動詞，並且側重從語言的韻律角度來講詩「韻」美的產生問
題，而且也是側重詩歌的整體音樂美感而言的。皎然講的「體」，與今
天説的「風格」的含義大體相同，但也不是完全吻合的。「體」，主要
是從詩歌的「境界」角度講詩歌的「品格」，所以他説：「其一十九字，
括文章德體風味盡矣。」又，這個「風味」的「味」，也就是指詩歌境
界品格的整體美感。上述這種意義上的「韻」，在後代也略有發展，如
蘇軾《書黃子思詩集後》中説的「遠韻」的「韻」等，而宋代范溫《論
韻》直接解釋説：「有餘意之謂韻。」（郭紹虞《宋詩話輯佚》）清方東
樹説：「讀古人詩，須觀其氣韻。氣者，氣味也；韻者，態度風致也。
如對名花，其可愛處，必在形色之外。」（《昭昧詹言》卷一）花有花
的「品格」，花的「韻」不是花的形色、「品格」本身，而是形色、「品

格」所顯現的「態度風致」，詩（包括「文」乃至書畫）的「韻」也不是其語言聲律本身，而是其「形色」（境界品格）所顯現出的「態度風致」。如果說「韻」還有重要的特別含義的話，那就是清代王漁洋所說的「神韻」之「韻」，學術界對漁洋的「神韻」說的分析解釋也有分歧。大體而言，漁洋所說的「神韻」的「韻」，不等於司空圖所說的「韻外之致」的「韻」，而相當於「韻外之致」的整體含義。

　　司空圖所說的「韻外之致」的「韻」，即相當於皎然說的「風韻」的「韻」，也就是說「韻外之致」的「韻」是指用語言、韻律表現出來的詩歌整體的境界品格所顯現出來的風姿、風致美，即方東樹所謂「態度風致」；而「韻外之致」的「致」是指詩歌整體境界品格所顯現的風姿、風致而別具的一種更加「生動」的魅力，就其字面意義而言，「韻外之致」就是說詩歌的「韻外」之「韻致」。這種「韻致」相當「人物」那種高雅的品質、超塵拔俗的精神境界所顯現出一種風神遠致、一種魅力。「韻」已經很「虛」，「韻外之致」更「虛」，幾乎令人難以言說，這是一種非常細微的審美體驗罷了，它不是一種「實在」的內容，而又是能夠令人感受到的東西（美感）。為什麼要把司空圖的「韻外之致」的「韻」與詩歌的「品格」與「境界」聯繫起來呢？不僅是因為這樣解釋更為通達，而是與司空圖的上下文的語言環境和他的其他詩文作品特別是論詩的文章中的觀點聯繫起來進行考察分析的結果：

　　第一，在司空圖的詩文中，也有把「韻」專門作「聲韻的美」的含義來運用的，如《力疾山下吳村看杏花十九首》之十五云：「亦知王大是昌齡，杜二其如律韻清。還有酸寒堪笑處，擬誇朱紱更崢嶸。」（《司空表聖詩集》卷五）這也是一首論詩詩，前兩句是說杜甫的律詩工於韻律，有王昌齡律詩一樣的「清韻」之美。「律韻清」的「韻」是指「聲韻的美」，無誤。但他亦喜歡沿用魏晉人物品評的方法，用「韻」

來指人的精神境界和風神韻度。如《注〈愍徵賦〉述》（《司空表聖文集》卷十）稱讚自己的忘年交盧獻卿（《愍徵賦》著者）:「人中則韻仰神仙，席上則價饒鸚鵡。」又，《偶詩五首》之一云:「閒韻雖高不炫才，偶拋猿鳥乍歸來。夕陽照個新紅葉，似要題詩落硯台。」（《司空表聖詩集》卷三）又，《寄考功王員外》詩中有:「琴如高韻稱，詩愧逸才酬。」（《司空表聖詩集》卷一）這其中的「韻仰神仙」的「韻」「高韻」，指有「韻度」的人，「閒韻」的「韻」是指人的拔俗的精神境界。在司空圖看來，藝術作品的「境界品格」的高低和差異與作者的精神境界乃至氣質個性直接相關，如其《書屏記》（《司空表聖文集》卷三）云:「人之格狀或峻，其心必勁。心之勁，則視其筆跡，亦足見其人矣。歷代入《書品》者八十一人[7]，賢傑多在其間，不可誣也。」這是論書法藝術的。又，其《題柳柳州集後》云:「金之精粗，考其聲，皆可辨也，豈清於磬，而渾於鐘哉。然則作者為文為詩，格亦可見，豈當善於彼而不善於此耶！」（《司空表聖文集》卷二）這是論詩的，意思就是人的不同「格狀」和精神境界體現在詩歌作品中，就有不同的「品格」的美，如不同樂器發出的聲音具有不同的美一樣，如果一個作家能寫得好「詩」，也就能寫得好「文」，而其寫出的詩和文常常具有共同的「品格」特徵。可見，司空圖說的詩「格」的含義，確與「風格」問題相關，作品風格是與作家的個性氣質聯繫在一起的，這早在《文心雕龍》〈體性〉篇中就作了專門論述。不同的是，司空圖講「格」是與詩的「境」聯繫在一起的，是詩的「品格」（詩歌境界品別或品類的審美特性和風格特徵）。

7　指唐李嗣真《書品後》，當作八十二人。（見張彥遠《法書要錄》卷三，可能是版本的錯誤）

　　第二，如前所說，「韻」可以指人物的精神境界、風神遠致，轉而也可以指詩歌作品整體的境界品格所顯現的風致美。在《與李生論詩書》中，先談到「王右丞、韋蘇州，澄淡精緻，格在其中，豈妨於遒舉哉」和「賈浪仙誠有警句，視其全篇，意思殊餒」的問題，這都是從詩歌整體的境界品格角度講的；接著說「近而不浮，遠而不盡，然後可以言韻外之致耳」，而「近而不浮，遠而不盡」，是講「境界」的問題，有境界才有「品格」美的產生。在司空圖有關詩論中，單講「境」和「格」時，「境」就是指詩的「境界」，「格」就是指詩的「品格」。「近而不浮」的「近」，是切近、詳切的意思；「浮」是浮泛、空洞的意思，所謂「近而不浮，遠而不盡」，就是指運用語言、韻律表現詩歌「意象」，既要具體、生動、鮮明，「狀溢目前」，又要含蓄豐富，「情在詞外」，「文已盡而意無窮」，具有「象外之象，景外之景」。做到「近而不浮，遠而不盡」——創造出詩歌的境界品格，「然後可以言韻外之致耳」，正因為有了這種境界品格，就有了「韻」，有「韻」才可以有更高的「韻外」的「韻致」、風致美。

　　那麼「味外之旨」與「韻外之致」是一種什麼關係呢？大體而言，這是一種邏輯對應的關係，有「韻」才有「味」，有「韻外之致」，才有「味外之旨」。但不能做機械的理解，以為「韻」對應於「味」，「韻外之致」的「致」對應於「味外之旨」的「旨（味）」，因為「韻外之致」作為詩歌整體的境界品格所顯現出來的風神遠致，是「味外之旨」所「味」的整體對象，也是其「味」到的內容，所以大體可以用「韻味」來概括其「韻外之致」與「味外之旨」說。

三、司空圖的「味外之旨」「韻外之致」說與詩「境」、詩「格」論的關係及有關問題的分析

　　前文說，從〈樂記〉的「遺音遺味」說到劉勰的「餘味」說，從

「餘味」説到司空圖「味外之旨」即「味外味」説，是理論上的兩度「飛躍」。這是因為講藝術作品要有「味」，這只是一般的要求；講藝術作品要有「餘味」，這是比較高的要求，在理論上已經揭示出中國古代文藝作品的「文已盡而意有餘」的特點，分析了「狀溢目前」與「情在詞外」的統一性問題，但在六朝文藝理論批評中，還沒有提出「意境」（或「境界」）的範疇，劉勰的「隱秀」論畢竟不是專門討論「意境」的創造和審美特性的，所以劉勰在《文心雕龍》〈宗經〉篇中認為「五經」具有「辭約而旨豐，事近而喻遠」的特徵，也是有「餘味」的，説明其「餘味」範疇的美學含義，還是比較寬泛的；而司空圖提出「辨味」的鑑賞批評要求──轉而論之，也是對創作的要求，認為不「辨味」不足以言詩，優秀詩作關鍵在於有無「調製」出「味外之旨」，呈現出「韻味之致」，這才是最高的要求。「味外之旨」説，將中國古代藝術（主要是抒情藝術，特別是律詩絕句）的抒情言志、創造「意境」的審美特性揭示出來，其主要價值就體現在這一理論深度上。司空圖的「韻外之致」「味外之旨」説正是與他的詩「境」論、詩「格」論結合在一起的。

　　1.「味外之旨」「韻外之致」説與詩「境」論──司空圖的「味外之旨」「韻外之致」説與「思與境偕」「象外之象，景外之景」論的關係問題

　　第一，司空圖的「味外之旨」「韻外之致」説。鍾嶸在〈詩品序〉中就主張詩歌的創作是一種「直尋」的方法，要求把「興、比、賦」三者「酌而用之」，其中特別重視「興」的方法，並從詩歌表現的審美特性出發對「興」作了創建性的解釋：「文已盡而意有餘，興也。」這種「直尋」的方法，也就是司空圖講的「直致所得，以格自奇」的方法──臨景結構，當下即悟，「觸興」而發，本於情性，直接地自然而

然地表現審美意象，創造出詩的「意境」，「近而不浮，遠而不盡」，表現出具有「韻外之致」的品格。對此，司空圖有一系列的相關論述，如「思與境偕」「賦象緣情」「觸興冥搜」等等，舉列如下：

河、汾蟠郁之氣，宜繼有人。今王生者，寓居其間，沉漬益久，五言所得，長於思與境偕，乃詩家之所尚者，則前所謂必推於其類，豈止神躍色揚哉？（《與王駕評詩書》，《司空表聖文集》卷一）

自知非詩[8]，詩未為奇。研昏練爽，戛魄淒肌。神而不知，知而難狀。揮之八垠，卷之萬象。（《詩賦贊》，《司空表聖文集》卷八）

知音嘿已，作者誰尤。思慰窮津，用征逸藻。想其黎黃洞奏，錦繡畢陳。涵經天緯地之源，胸襟萬象；驕晤月吟風之態，嵩華一毫。固當觸興牢籠，忘情蒂芥。……夫著言紀事，在演至於全篇；賦象緣情，或標工於偶句。（《〈濯英集〉述》，《司空表聖文集》卷十）

斯蓋緣情紛狀，觸興冥搜，回景物之盛衰，制人臣之哀樂，窮微盡美，□古排今。（《注〈愍徵賦〉述》，《司空表聖文集》卷十）

《與王駕評詩書》所謂「五言所得，長於思與境偕」，本是稱頌王駕的五言詩寫得「情景交融」，有「意境」的意思；從思維特徵上說，「思與境偕」就是「神與物游」的藝術思維方法。所謂「直致所得」就是說詩歌創作具有「直覺」創造的特質，是「神而不知」的，是「千變萬狀，不知所以神而自神」的。劉勰論「神與物游」說：「夫神思方

8　原作「知非詩詩」，可以理解為「懂得什麼是『非詩』的詩即不是詩的詩」，但頗有些費解。《全唐文》錄該文作「知道非詩」，可通；明楊慎《升庵詩話》卷一引作「自知非詩」，這樣「非詩」可以理解為「評論詩」，故後文說真正的詩是難以評論的。語義較前為勝，今從之。

運，萬塗競萌，規矩虛位，刻鏤無形，登山則情滿於山，觀海則意溢於海，我才之多少，將與風雲而並驅矣。」（《文心雕龍》〈神思〉）在這種「神與物游」、展開想像的心理過程中，對詩的「意象」捕捉又具有「直覺」創造的特質，鍾嶸的「直尋」說就已經接觸到這個問題。這種「直覺」創造的特質，與禪宗的悟道經驗（拈花微笑，不立文字）的方式和心理，極為類似，唐代皎然認為謝靈運「性穎神徹」，其創作「發皆造極」，得「空王（引者按：即佛）之道助」（《詩議》〈文章宗旨〉），這就是從創作思維方法上立論的。所以唐代以後的蘇軾、嚴羽、王漁洋等都曾把「悟」禪的方法直接用之於論述詩歌的思維特徵，其中嚴羽在《滄浪詩話》〈詩辨〉中論述得最為全面，提出著名的「妙悟」說。司空圖雖然沒有直接以「禪」喻「詩」，但他強調「直致所得」，重視詩人創作時的感「興」，其間的道理是一樣的。今傳王昌齡《詩格》曰：「詩有三思：一曰生思，二曰感思，三曰取思。」所謂「生思」，指「久用精思，未契意象，力疲智竭，放安神思，心偶照境，率然而生」；所謂「感思」，指「尋味前言，吟諷古制，感而生思」；所謂「取思」，指「搜求於象，心入於境，神會於物，因心而得」（《吟窗雜錄》本）。這其中的「感思」是指通過誦讀前人所作而引起詩歌創作的「興致」；而「生思」「取思」，與司空圖講的「直致所得」（所謂「心偶照境，率然而生」云云）的思維方法基本是一致的。

第二，司空圖的「象外之象，景外之景」說──對詩「境」的二重境界的分析。在司空圖之前，「意境」（或「境界」）這一概念，已經從佛經中移用到詩論之中，不少詩人、詩論家對詩歌的「象」「境」以及「情景交融」的問題作出過較為深入的探討，司空圖在此基礎上更進一步，提出了詩歌意境的「象外之象，景外之景」論。其《與極浦書》說：

　　戴容州云：「詩家之景，如藍田日暖，良玉生煙，可望而不可置於眉睫之前也。」象外之象，景外之景，豈容易可譚哉。然題紀之作，目擊可圖，體勢自別，不可廢也。愚近作《虞鄉縣樓》及《柏梯》二篇，誠非平生所得者，然「官路好禽聲，軒車駐晚程」，即虞鄉入境可見也。（《司空表聖文集》卷三）

　　司空圖「象外之象，景外之景」論，直接受到戴叔倫的「詩家之景」論以及前代有關觀點的影響，但更是他自己長期思索「詩味」問題的結果。所謂「象外之象，景外之景」，第一個「象」和「景」是指詩境中的描寫的實像實景，是詩人心中審美「意象」的表現，是心物交融的產物，實像實景中包含了虛像虛景，虛像虛景就存在於實像實景之中。這種「實象實景」是多層次的，審美「意象」是復合共生的；而由此產生的「虛像虛景」審美「意象」也是多層次的，可以給讀者留下無限的想像空間和體驗的滋味，所以可以稱之謂「二重境界」論。

　　第三，「味外之旨」「韻外之致」與「象外之象，景外之景」的關系。前文曾說，「味外之旨」與「韻外之致」具有一種邏輯對應的關係，就是說有「韻」才有「味」，有「韻外之致」，才有「味外之旨」。如果再與「象外之象，景外之景」的觀點聯繫起來，其間也有一種邏輯對應關係，這不是說「象外」的「象」、「景外」的「景」與「味外」的「味」、「韻外」的「（韻）致」有邏輯對應關係，而是說「象外之象，景外之景」這種整體詩「境」與「味外之旨」「韻外之致」有邏輯對應關係。詩中的「象」「景」是「意象」（心和物交融的產物），構成詩的「境」──有「境」就有「格」，優秀的詩歌不僅有這種「境」，而且還能令欣賞主體（讀者）在對這種「境」進行審美時，產生「境」外的「象」和「景」，有無限的體會和想像，這就能感受到「韻外之致」和

品嘗到「味外之旨（味）」，做到一點，就叫作「全美為工」。

2.「味外之旨」「韻外之致」説與詩「格」論——兼釋「趣」

這裡討論一下司空圖的「味外之旨」「韻外之致」説與「澄淡精緻，格在其中」「趣味澄夐」論的關係問題。「詩格」一詞，最早見於《顏氏家訓》〈文章〉篇：「輓歌辭者，或云古者《虞殯》之歌，或云出自田橫之客，皆為生者悼往告哀之意。陸平原多為死人自嘆之言，詩格既無此例，又乖製作本意。凡詩人之作，刺箴美頌，各有源流，未嘗混雜，善惡同篇也。」顏之推這裡説的「詩格」的「格」主要指體例，而唐代詩論家非常重視詩「格」的研究，這種「格」主要有兩種類別，一是側重講「境」所顯現的「體格」「品格」，一是側重講句法等，晚唐有不少這類著作。從理論上講，這二者不能分開，因為詩「境」是用語言聲律來表現的。

司空圖主要是從詩「境」的創造角度講詩「格」的，所以他説的「格」，實際就是詩的「品格」——詩歌境界品別或品類的審美特性和風格特徵（其含義有相當於今天所説的「風格」的意思）。皎然論「辨體有一十九字」説：

> 夫詩人之思初發，取境偏高，則一首舉體便高；取境偏逸，則一首舉體便逸。才性（或作情性）等字亦然。體有所長，故各功歸一字。偏高偏逸之例，直於詩體篇目風貌。不妨一字之下，風律外彰，體德內蘊，如車之有轂，眾美歸焉。其一十九字，括文章德體風味盡矣，如易之有象辭焉。（《詩式》卷一）

這明確説明了「取境」與「詩體」的關係，也就是説詩的「境」與「格」是一種前因後果的關係，有「境」就有「格」，有什麼樣的

「境」，就有什麼樣的「格」。司空圖《與李生論詩書》與之所論稍有不同──認為「境」當以「近而不浮，遠而不盡」為基本要求，而「澄淡精致」乃是詩歌的很高「境界」，卻並不妨礙其具備「遒舉」的格力，他說，「詩貫六義，則諷諭、抑揚、渟蓄、溫雅，皆在其間矣。然直致所得，以格自奇。」接著說：「王右丞、韋蘇州，澄淡精致，格在其中，豈妨於遒舉哉？賈浪仙誠有警句，視其全篇，意思殊餒，大抵附於蹇澀，方可致才，亦為體之不備也。」再接著說：「近而不浮，遠而不盡，然後可以言韻外之致耳。」這三層意思是前後密切聯繫的。

關於「詩貫六義」論，在一定程度上反映了司空圖對儒家的「風雅」觀念的繼承。《毛詩序》曰：

> 故詩有六義焉：一曰風，二曰賦，三曰比，四曰興，五曰雅，六曰頌。

唐代孔穎達的《毛詩正義》繼承了漢代鄭玄等人的「美刺」觀點，其特別的創建在於提出「三體三用」說：

> 然則風、雅、頌者，《詩》篇之異體；賦、比、興者，《詩》文之異辭耳，大小不同，而得並為六義者，賦、比、興是《詩》之所用，風、雅、頌是《詩》之成形，用彼三事，成此三事，是故同稱為義，非別有篇卷也。（《毛詩正義》卷一）

孔穎達對「興」的解釋，特別值得重視。他說：「興者，興起志意贊揚之辭，故云『見今之美以喻勸之』。」又說：

鄭以「賦」之言「鋪也」，鋪陳善惡，則詩文直陳其事，不譬喻者，皆賦辭也。鄭司農云：「比者，比方於物。諸言如者，皆比辭也。」司農又云：「興者，託事於物，則興者，起也。取譬引類，起發己心，詩文諸舉草木鳥獸以見意者，皆興辭也。」賦、比、興如此次者，言事之道，直陳為正，故《詩經》多賦在比、興之先。比之與興，雖同是附托外物，比顯而興隱。當先顯後隱，故比居興先也。《毛傳》特言興也，為其理隱故也。

這些論述，已經與漢儒不完全相同，吸取了六朝人的觀點。

六朝多強調「興」的審美「起興」「緣情」的特點。鍾嶸説：「文已盡而意有餘，興也。」其「直尋」説的理論基礎實質就是「興」（〈詩品序〉）。劉勰説：「詩文弘奧，包韞六義，毛公述傳，獨標興體，豈不以風通而賦同，比顯而興隱哉！故比者，附也；興者，起也。附理者，切類以指事；起情者，依微以擬議。起情故興體以立，附理故比例以生。比則蓄憤以斥言，興則環譬以托諷。蓋隨時之義不一，故詩人之志有二也。」（《文心雕龍》〈比興〉）總之，根據前人的解釋可以説明：第一，「風、雅、頌」三體，都可以運用「賦比興」，是一種「體用」關係。第二，「興」起之情本質上可以具有「環譬以托諷」的功能，只是「附托外物，比顯而興隱」而已。其實，劉勰論「隱秀」之「隱」，也是從「興」的角度看問題的。就儒家「詩學」立場而言，通過「比興」可以實現「溫柔敦厚」的「詩教」（《禮記》〈經解〉），通過「比興」可以達到「主文而譎諫」，「發乎情，止乎禮義」（《毛詩序》）的要求。第三，詩的創作，關鍵在於「起興」「緣情」，所以「興」漸漸突破「用」的具體手法而成為「思與境偕」的思維方法的代名詞，講「直尋」，講「直致所得」，其理論的根柢就是能夠「起情」的「興」。

所以劉禹錫《董氏武陵集記》曾説：「風雅體變而興同，古今調殊而理冥，達於詩者能之。」（《劉夢得文集》卷二十三）弄明白上述問題，司空圖所謂「詩貫六義，則諷諭、抑揚、淳蓄、溫雅，皆在其間矣。然直致所得，以格自奇」這段論述，就很容易理解。這就是説，詩人起興緣情，臨景結構，「直致所得」，創造出完美的詩「境」、詩「格」，自然其間就有「諷諭、抑揚、淳蓄、溫雅」，因此「澄淡精緻」的詩同樣貫注了「六義」的精神。

關於「直致所得」，前文已作分析；那麼「以格自奇」是何意呢？這個「格」也就是詩「境」之「格」，能臨景結構、自然而然地表現出詩的整體的「境」，就有雅淡的品格，就能做到「詩貫六義」，這正是從詩「境」的創造角度講的。司空圖認為王維、韋應物的詩講究整體詩境的渾成，語言精緻；而賈島的詩歌「誠有警句，視其全篇，意思殊餒」，詩境不渾成，沒有在整體的境界上做到「澄淡精緻」，顯出「蹇澀」之病，所以是「為體之不備」。其《與王駕評詩書》（《司空表聖文集》卷一）説：

國初，上好文章，雅風特盛。沈、宋始興之後，傑出於江寧，宏肆於李杜，極矣。右丞、蘇州趣味澄夐，若清沇之貫達。大曆十數公，抑又其次。元白力勍而氣孱，乃都市豪估耳。劉公夢得、楊公巨源，亦各有勝會。浪仙、無可、劉得仁輩，時得佳致，亦足滌煩。厥後所聞，徒褊淺矣[9]。

9　按：引文中「沈、宋始興之後」的「始興」作普通語詞解可通。王運熙先生認為應標點為「沈、宋、始興之後」，指出「始興」乃是指封始興伯的張九齡，這也很有道理。司空圖《題柳柳州集後》有「張曲江五言沉鬱」的評論觀點。究竟「始興」作何理解，還可以再作研究。王運熙、楊明：《隋唐五代文學批評史》，上海古籍出版社

　　其中「雅風」的「雅」字，不是隨意所用的，司空圖在《與李生論詩書》中講「詩貫六義」，在《詩賦贊》中講「上有日星，下有風雅」，在《注〈愍徵賦〉述》説「其雅調之清越也」等等，他還是崇尚儒家所謂「風雅」精神即所謂「風人之旨」的。——注重社會現實問題，強調文學的諷諭功能。這一方面説明司空圖崇尚的「澄淡」「趣味澄夐」，也是一種「雅淡」的審美觀念，另一方面也可以説明，他批評「元白力勍而氣孱，乃都市豪估耳」，主要是從藝術表現的「粗俗」而不雅淡的角度講的，並不是要否認「詩貫六義」的，否認元白「新樂府」等詩作的諷喻精神的。這裡值得注意的是司空圖提出了「趣味」的範疇，所謂「右丞、蘇州趣味澄夐」云云。「趣」也是中國古代文藝理論批評中的一個重要範疇。《説文解字》曰：「趣：疾也。從走，取聲。」段注曰：「《大雅》：『來朝趣馬』。箋云：『言其辟惡早且疾也。』〈玉篇〉所引如是，獨為不誤。早，釋來朝；疾，釋趣馬也。又『濟濟辟王，左右趣之』。箋云：『左右之諸臣皆促疾於事。』《周禮》：『趣馬』（引者按：官名），大鄭曰：『趣馬，趣養馬者也。』按：趣養馬，謂督促養馬。古音七口反，音轉乃有清須、七句二反。後人言歸趣、旨趣者，乃引申之義，輒讀為七句，以別於七苟，非古音古意也。」這就是説「趣」的本義是「疾速」「趨附」的意思，由此引申出「趨向」（趣向）、「意向」、「志向」的含義，進而就產生「旨趣」（意義之所在與所向）、「興趣」的意思，又進而就產生用來表示這種「意義所向」「意義表達」的特點（包括審美特點），可見「趣」與「味」的含義不同，而當「趣」用來表示這種「意義所向」「意義表達」的特點時，又與

　　1994年版，第678頁。又按：文中的「無可」，《全唐文》錄該文作東野（孟郊），當屬臆改，不從。

「味」的含義較為接近，如酈道元《水經注》〈江水（二）〉:「清榮峻茂，良多趣味」，這是指山水自然一種獨特美感（所謂「清榮峻茂」），宋葉適《水心集》卷二十九《跋劉克遜詩》:「怪違伏平易之中，趣味在言語之外。」總之，「趣」在表示「趣味」「旨趣」「理趣」「意趣」「情趣」的意思時，都是側重指某種特殊的思想意蘊、思想情感等內涵，或指這種特殊的思想意蘊、思想情感等所體現出的獨特的審美特徵而言的（有時二者是合一的）。如最早大量使用「趣」作為批評範疇的是劉勰的《文心雕龍》，除把「趣」作為「趣附」的本義使用外，劉勰提出了一系列的具有審美意義的「趣」的概念，如「辭趣」（〈明詩〉篇批評玄言詩「辭趣一揆」。）「旨趣」（〈頌贊〉篇:「不辨旨趣，徒張虛論。」「曲趣」（〈檄移〉篇:「若曲趣密巧，無所取材矣。」）「風趣」（〈體性〉篇認為風格與個性密切相關，故曰:「風趣剛柔，寧或改其氣。」）「情趣」（〈章句〉篇曰:「是以搜句忌於顛倒，裁章貴於順序，斯固情趣之指歸，文筆之同致也。」）等。還有作單字使用的範疇，指「理趣」者，如〈麗辭〉篇曰:「反對者，理殊趣合者也。」指「旨趣」者，如〈章表〉篇認為「陳思之表，獨冠群才」，其中一個特點就是「應物制巧，隨變生趣」等。劉勰既使用「辭味」（〈附會〉篇）的概念，又使用「辭趣」的概念，「辭味」側重於講言辭的美感（如言辭的統序特點，言雖已盡，而其所指向的蘊含給人無窮的回味等），而「辭趣」側重講言辭的意旨的特點（既指「意義」的本身又指表達這種「意義」的特點）。所以司空圖的「趣味」是「趣」和「味」的意思（是聯合詞組），總的特點是「澄复」；而不是「趣之味」（不是偏正詞組）的特點是「澄复」。關於「趣」的概念，在小說、戲曲乃至繪畫等理論批評中，其審美內涵有不同發展，下文將續有論列。

　　司空圖既崇尚王維、韋應物等詩歌境界的那種雅淡「澄复」，也推

崇李白、杜甫詩歌那種「宏肆」，而且他明確説自己尚「奇」，所以對韓愈的詩文十分推重。其《題柳柳州集後》（《司空表聖文集》卷二）説：「愚常覽韓吏部歌詩數百首，其驅駕氣勢，若掀雷抉電，奔騰於天地之間，物狀奇怪，不得不鼓舞而徇其呼吸也。其次皇甫祠部文集外，所作亦為遒逸，非無意於淵密，蓋或未遑耳。」表現了他對「奇」「宏肆」風格的崇尚。另外，《與李生論詩書》説賈島詩「誠有警句」，這也是讚美的話，只是他認為還不夠而已，他認為詩歌的語言要「精緻」，講究鍛鍊之工。皎然《詩式》説：「兩重意已上，皆文外之旨。若遇高手如康樂公，覽而察之，但見情性，不睹文字，蓋詩道之極也。」（卷一《重意詩例》）所謂「但見情性，不睹文字」（《二十四詩品》〈含蓄〉，所謂「不著一字，盡得風流」），就是指「直致所得」，詩境渾整，自然天成。皎然《詩議》説：「或曰：詩不要苦思，苦思則喪於天真。此甚不然。固須繹慮於險中，采奇於象外，狀飛動之句，寫冥奧之思。……但貴成章以後，有其易貌，若不思而得也。」（《文鏡秘府論》南卷）司空圖説王維、韋應物的詩歌境界「澄淡精緻」，「以格自奇」而不妨於「遒舉」，正是主要從這個角度説的。「但貴成章以後，有其易貌，若不思而得」（乃至司空圖説的「澄淡」的境界品格），就是王安石所謂「看似容易最奇崛，成如容易卻艱辛」（《題張司業集》）的境界。司空圖《題柳柳州集後》所謂「今於華下方得柳詩，味其深搜之致，亦深遠矣」，這種「深搜之致」（「致」指「興致」），體現在詩歌中就具有「深遠」之境，其中就包括詩歌語言的鍛鍊精工的內涵。

　　司空圖以「味外之旨」「韻外之致」説對「詩性」精神進行揭示時，是以王維、韋應物等那些「趣味澄夐」的抒情寫景律絕為主要分析對象的，並極力加以崇尚，提倡「澄淡」的品格；而司空圖自己的創作也以絕句為主，明代胡震亨輯集的司空圖散佚的詩作，有三百六

十多首，錄在《唐音戊籤》七十四中，亦即《四部叢刊》本的《司空表聖詩集》，其中近百分之九十是絕句（二百四十多首七絕，七十多首五絕）。由於這些原因，我們容易將司空圖的「味外之旨」說，僅僅看作「詩」中一格，是對某一類作品境界和美感的理論分析。如不少論者說司空圖的「韻味」論，是指唐代王維、韋應物一派詩歌所追求的那種淡美的風格，是王韋詩派的詩歌創作在理論上的概括等，這樣說也並不完全錯誤，只是不太全面。雖然司空圖「詩味」論帶有他自己崇尚「淡」美的獨特審美偏好的傾向，不過，也不要因為過於強調這個方面（這只是一種「類」的把握），掩蓋了我們對其理論觀點的「深度」意義和具有一定的普遍意義的認識。而且如前所說，他自己也好「奇」，又讚頌韓愈的「奇」和李、杜的「宏肆」。其《與李生論詩書》開始就說：「文之難，而詩之難尤難。古今之喻多矣，愚以為辨於味而後可以言詩也。」說明他的「詩味」論，不是專指律絕之作，也不是專指王韋詩派的詩，他之所以要重點論述王維、韋應物一派詩歌，是因為這些詩歌更能反映他的「韻外之致」「味外之旨」的觀點，同樣律詩絕句的體制特點的要求，也更須以「韻外之致」「味外之旨」為其「全美」的標準。司空圖對王維、韋應物那種「澄淡精緻」「趣味澄夐」的偏好，對宋代的詩論乃至畫論等崇尚「平淡」之味、「平淡之境」產生了重要影響，我們應該辯證地思考這些問題。

　　總之，司空圖的「味外之旨」的詩味論，是與其詩「境」、詩「格」論聯繫在一起的，他正是從「思與境偕」的詩歌創作論出發，從詩「境」具有「象外之象，景外之景」的分析把握中，獲得詩具有「韻外之致」與「味外之旨」的深刻認識的。「味外之旨」說的理論意義遠遠踰越「詩論」的範圍（例如在唐以後的畫論中就影響十分重大），所以，斯論一出，迴響至今。

第二節　宋元明清時期的「詩味」論

　　宋元至明清時期的「詩味」論有三個主要特點：一是具有「細部批評」的特點；二是與其標榜的派別宗旨相結合（這一點在明清時期表現更為突出）；三是以「意境」論為中心來進行分析。此外，明顯可以發現，在宋元明清時期，許多詩歌理論批評家提出的有關「詩味」的主要觀點和諸多範疇，或多或少，或直接或間接地受到司空圖的影響，例如宋代蘇軾等人論詩的「平淡」之境，推崇司空圖的「味外味」說；清代王士禛論詩主「神韻」說，不僅他自己明確點明喜好司空圖之論，而且時人也已直接將其「神韻」說等同於「味外味」說，或者說是用「味外味」來解釋「神韻」說的美學內涵。考慮關於「詩味」論的研究論著較多，其中專著就有《詩味論》和《辨味批評論》兩部[10]。他人既已論述於前，讀者自可參閱，沒有必要重複。出於上述理由，故本節從「史」的發展過程出發，以上述三個特點為主要論述內容，簡要分析司空圖之後的「詩味」論。

　　第一，北宋時期蘇舜欽（1008-1048）、梅堯臣（1002-1060）、歐陽修（1007-1072）、蘇軾（1037-1101）等人從詩歌的「平淡」之境出發，主張「平淡」的詩味論，其有關觀點不僅進一步論述了詩歌（乃至書畫等）「意境」特徵和創作要求，而且特別注重陶淵明、王維、柳宗元、韋應物等詩歌的那種語言素淡而實質有所謂「至味」的美感，這實質是對司空圖的「澄淡精緻」（《與李生論詩書》）、「趣味澄复」（《與王駕評詩書》）等觀點的繼承和發展；從當時詩學批評的具體歷史針對

10　陳應鸞：《詩味論》，巴蜀書社1996版；張利群：《辨味批評論》，廣西師範大學出版社2000年版。《詩味論》論列了「詩味論發展史上」十二座里程碑式的「詩味論」，讀者可以參考。

性來講，最初確有批評「西崑體」特別是學「西崑體」者雕章麗句、用典晦澀的傾向。

歐陽修《六一詩話》云：「蓋自楊、劉唱和，《西崑集》行，後進學者爭效之，風雅一變，謂『西崑體』。由是唐賢諸詩集幾廢而不行。」[11]不過歐陽修對「西崑體」詩人還是有所肯定的：「楊大年與錢、劉數公唱和，自《西崑集》出，時人爭效之，詩體一變。而先生老輩患其多用故事，至於語僻難曉，殊不知自是學者之弊。」（《六一詩話》）而南宋時期詩人學蘇（軾）、黃（庭堅），特別是江西詩派興起後，「奪胎換骨」「點鐵成金」論流行一時[12]，造成創作中「以文字為詩，以議論為詩，以才學為詩」（《滄浪詩話》〈詩辨〉）的傾向，南宋末期趙紫芝等「四靈」派和江湖派的詩人等，本想力圖避免這種傾向，但僅停留在晚唐境界上，所以南宋的張戒至嚴羽（二人具體生卒年不詳）等人崇尚盛唐、漢魏之詩，力圖改變這種傾向。宋元詩話著作論「詩味」，主要是圍繞詩歌「意境」的創造問題，從字句、句法、聲韻、立意乃至謀篇佈局等角度進行討論分析，具有「細部批評」的特點，其後明清人繼承了這種批評方法，這就使「詩味」論走向了發展總結的階段。

蘇舜欽《詩僧則暉求詩》曰：「會將取古淡，先可去浮囂。」（《蘇

11　本節所引宋元明清人的詩話，除少數單行本外（另注），均見何文煥輯《歷代詩話》（中華書局1981年版）、丁福保輯《歷代詩話續編》（中華書局1983年版）、丁福保輯《清詩話》（中華書局1963年版）、郭紹虞編選《清詩話續編》（上海古籍出版社1983年版）。

12　如黃庭堅（1045-1105）《答洪駒父書第二》曾說：「自作語最難，老杜作詩，退之作文，無一字無來處。蓋後人讀書少，故謂韓、杜自作此語耳。古之能為文章者，真能陶冶萬物，雖取古人之陳言入於翰墨，如靈丹一粒，點鐵成金也。」（《豫章黃先生文集》卷十九）又謂：（學古人詩）「不易其意而造其語，謂之換骨法；窺入其意而形容之，謂之奪胎法。」（惠洪《冷齋夜話》引黃庭堅語。）

學士文集》卷八）梅堯臣《讀邵不疑詩卷》詩曰：「作詩無古今，惟造平淡難。」（《宛陵先生集》卷四十六）梅堯臣認為，林和靖詩具有「平淡邃遠」「趣尚博遠，寄適於詩」（《宛陵先生集》卷六十《林和靖先生詩集序》）的特點，特別是他認為陶淵明的詩具有「平淡」的美，如其《寄宋次道》〈中道〉詩所說「中作淵明詩，平淡何擬倫」（《宛陵先生集》卷二十五）等。歐陽修對這種詩歌的「平淡」境界與趣味非常讚賞，其《水谷夜行寄子美聖俞》詩曰：

> ……近詩尤古硬，咀嚼苦難嘬；初如食橄欖，真味久愈在。蘇豪以氣轢，舉世徒驚駭；梅窮獨我知，古貨今難賣……（《歐陽文忠公文集》卷二）

　　《六一詩話》亦自錄此詩，並云：「聖俞（梅堯臣）、子美（蘇舜欽）齊名於一時，而二家詩體特異。子美筆力豪儁，以超邁橫絕為奇，聖俞覃思精微，以深遠閒淡為意。」敏澤先生指出：「『古淡』本來也是韓愈所提倡的一個方面（如《醉贈張秘書》：『張籍學古淡，軒鶴避雞群』），但韓愈的很多詩文卻偏向奇崛。在梅堯臣，平淡卻是他所追求的最高境界，所謂平淡，並不是要求詩歌創作應該平庸、淺易，而是要求以平淡、樸素的語言，表現出深厚、豐富的思想。」[13]歐陽修所謂「初如食橄欖，真味久愈在」，非常形象地揭示出這種「平淡」詩味的特點。

　　在現存《司空表聖文集》和《司空表聖詩集》中，沒有直接評論陶淵明詩文具有「澄淡」趣味的明確論述，但司空圖對陶淵明是非常

13　敏澤：《中國文學理論批評史》上冊，人民文學出版社1981年版，第466頁。

稱讚的，如《休休亭記》說要「與靖節、醉吟第其品級於千載之下」
（《司空表聖文集》卷二）靖節、醉吟是指陶淵明和白居易二人；又其
《歌者十二首》第六首有詩句曰：「五柳先生自識微，無言共笑手空
揮」；第七首有詩句曰：「夕陽似照陶家菊，黃蝶無窮壓故枝」（《司空
表聖詩集》卷五）等。司空圖喜歡菊花，寫過不少托物言志的菊花
詩，而且在不少詩文中也暗用陶淵明詠菊、愛菊的典故，這都說明他
深受陶淵明的影響，如《五十》詩曰：「漉酒有巾無黍釀，負他黃菊滿
東籬」（《司空表聖詩集》卷一）。這種「人淡如菊」的隱逸品格體現在
作品中，實際上就是司空圖說的「右丞、蘇州趣味澄敻」（《與王駕評
詩書》）的境界。蘇東坡至愛陶詩，曾加以擬作，其《書黃子思詩集
後》認為韋應物、柳宗元的詩能夠「發纖穠於簡古，寄至味於淡泊」，
又讚美司空圖「詩文高雅」，推崇其「味外之旨」論。所以可以說，蘇
軾的「詩味」論，實是司空圖的「詩味」論的發展。其《評韓柳詩》
云：

柳子厚詩在陶淵明下、韋蘇州上。退之豪放奇險則過之，而溫麗
靖深不及也。所貴乎枯淡者，謂其外枯而中膏，似淡而實美，淵明、
子厚之流是也。若中邊皆枯淡，亦何足道！佛云：如人食蜜，中邊皆
甜。人食五味，知其甘苦者皆是，能分別其中邊者，百無一二也。
（《東坡題跋》卷二）

《佛說四十二章經》云：「佛言：學佛道者，佛所言說皆應信順。
譬如食蜜，中邊皆甜。吾經亦爾。」東坡借用佛經中的「中邊」論，非
常辯證地分析了陶、柳、韋等人詩歌那種素樸平淡境界的美感問題，
表面看是「枯淡」，實質是「外枯而中膏」，是「纖穠」與「簡古」、「絢

爛」與「平淡」的統一，所謂「大凡為文當使氣象崢嶸，五色絢爛，漸老漸熟，乃造平淡」（周紫芝《竹坡詩話》引）。東坡《送參寥師》詩曰：「鹹酸雜眾好，中有至味永。」這些觀點可以説是蘇軾自己的理論創建，司空圖對這種「外枯而中膏」的平淡美的特點，就沒有明確作過深入的分析。其後繼承蘇軾觀點者甚多，元人戴錶元（1244-1310）《許長卿詩序》云：「酸鹹甘苦之於食，各不勝其味也，而善庖者調之，能使之無味。……無味之味食始珍，無性之性藥始勻，無跡之跡詩始神也。」（《剡源集》卷九）「無味之味」的境界，實際上就是「平淡」的境界。

對有宋一代的詩歌創作發展情況，嚴羽站在崇尚盛唐「興趣」的立場上加以概括説：「國初之詩，尚沿襲唐人：王黃州學白樂天，楊文公、劉中山學李商隱，盛文肅學韋蘇州，歐陽公學韓退之古詩，梅聖俞學唐人平淡處。至東坡、山谷始自出己法以為詩，唐人之風變矣。山谷用工尤深刻，其後法席盛行，海內稱為江西宗派。近世趙紫芝、翁靈舒輩，獨喜賈島、姚合之語，稍稍復就清苦之風；江湖詩人多效其體，一時自謂之唐宗，不知止入聲聞、辟支之果，豈盛唐諸公大乘正法眼者哉！」（《滄浪詩話》〈詩辨〉）所謂「東坡、山谷始自出己法以為詩，唐人之風變矣」，其實這正是宋詩得以形成與唐詩不同的關鍵，宋詩自有宋詩的成就；而以唐詩作為參照物特別是以盛唐詩作為標準，宋詩就有所謂「弊端」，嚴羽認為就是「以文字為詩，以議論為詩，以才學為詩」。這一點，嚴羽之前已有人如此批評，特別是南宋前期的張戒在《歲寒堂詩話》中批評較為激烈，他的「詩味」論，主要也就圍繞詩以「言志」「緣情」為本旨這一中心展開論述的，而批評學蘇、黃者「只知用事押韻之為詩」的傾向。在宋元人的詩話中，好論詩之「味」者，首推《歲寒堂詩話》作者張戒，其對「詩味」的分析，

已經具有「細部批評」的特點，因為張戒不是像司空圖那樣專講「味外之旨」，而是從不同角度來論詩之「味」，提出了「意味」「情味」「韻味」等範疇。他說：

　　古詩蘇、李、曹、劉、陶、阮本不期於詠物，而詠物之工，卓然天成，不可復及。其情真，其味長，其氣勝，視《三百篇》幾於無愧，凡以得詩人之本意也。潘、陸以後，專意詠物，雕鐫刻鏤之工日以增，而詩人之本旨掃地盡矣。……大抵句中若無意味，譬之山無煙云，春無草樹，豈復可觀。阮嗣宗詩，專以意勝；陶淵明詩，專以味勝；曹子建詩，專以韻勝；杜子美詩，專以氣勝。然意可學也，味亦可學也，若夫韻有高下，氣有強弱，則不可強矣。

　　張戒不完全同意蘇軾《評韓柳詩》《書黃子思詩集後》等文中的有關觀點，他說：「子瞻則又專稱淵明，且曰『曹、劉、鮑、謝、李、杜諸子皆不及也』，夫鮑、謝不及則有之，若子建、李、杜之詩，亦何愧於淵明？即淵明之詩，妙在有味耳，而子建詩，微婉之情、灑落之韻、抑揚頓挫之氣，固不可以優劣論也。古今詩人推陳王及《古詩》第一，此乃不易之論。至於李、杜，尤不可輕議。」又說：「世言白少傅詩格卑，雖誠有之，然亦不可不察也。元、白、張籍詩，皆自陶、阮中出，專以道得人心中事為工，本不應格卑，但其詞傷於太煩，其意傷於太盡，遂成冗長卑陋爾。……若收斂其詞，而少加含蓄，其意味豈復可及也。」張戒由推崇李白、杜甫而至推崇漢魏古詩，由漢魏古詩而推崇《風》《騷》之旨，他說的「意味」的「意」，就是指詩歌要有「言志」「緣情」的本旨，而所謂「其情真，其味長」，也就是他說的「情味」。有時就是把情真意切而又含蓄不盡，稱之為有「意味」，

反此則曰無「意味」。南宋及其後人論詩好講「意味」，大致含義同此，如南宋楊萬里《誠齋詩話》、金代王若虛《滹南詩話》、元代韋居安《梅磵詩話》、明代王世貞《藝苑卮言》等。「詠物」的目的不在於狀物之妙而是要通過「詠物」來言志抒情，因此在他提出的「韻」（韻味）、「意」（意味）、「才力」和「意氣」（氣）——可以簡稱為「韻」「意」「才」「氣」，在此四者中，「意」是最主要的基本的要求。張戒説：「子建『明月照高樓，流光正徘徊』，本以言婦人清夜獨居愁思之切，非以詠月也，而後人詠月之句，雖極其工巧，終莫能及。淵明『狗吠深巷中，雞鳴桑樹顛』，本以言郊居閒適之趣，非以詠田園之句，雖極其工巧，終莫能及。故曰：『言之不足，故長言之；長言之不足，故詠歎之；詠歎之不足，故不知手之舞之，足之蹈之。』後人所謂含不盡之意者，此也。」因為寫詩要做到「言志」「緣情」，進一步要求就是如劉勰説的要有「復意」（《文心雕龍》〈隱秀〉），這就是「意味」。這在張戒看來是可以學習的，所以他説：「阮嗣宗詩，專以意勝；陶淵明詩，專以味勝。」——這是從偏重角度説的，其實他的意思是説陶、阮之詩的長處在於有「意味」。但真能做到有「意味」也不是容易的事。他又説：「淵明『狗吠深巷中，雞鳴桑樹顛』；『采菊東籬下，悠然見南山』，此景物雖在目前，而非至閒至靜之中，則不能到，此味不可及也。」（上引均見《歲寒堂詩話》卷上）

所謂「韻味」，是指兩個方面而言的，一是指從詩人「才氣」的表露講的，分開論之，「才」指才力（帶有「天才」的性質），而「氣」是個性氣質；二是指詩歌的表現能夠超越「形似」而表現得非常「傳神」，從而使詩歌別具一種自然的「韻度」，實際上就是蕭子顯《南齊書》〈文學傳論〉所説的「氣韻天成」的意思，有這種「氣韻」，張戒就把它稱為「韻味」（或簡稱為「韻」）。這種「氣韻」明顯是高於「意

味」的境界（因為在張戒看來「意味」是基本要求），所以說「味」可學而「韻」不可學。張戒認為，「淵明之詩，妙在有味耳」，但比不上曹植的詩，所謂「子建詩，微婉之情、灑落之韻、抑揚頓挫之氣，固不可以優劣論也」。這種褒子建而抑淵明的觀點可能受到鍾嶸《詩品》的影響。張戒《歲寒堂詩話》還說：

　　韋蘇州詩，韻高而氣清。王右丞詩，格老而味長。雖皆五言之宗匠，然互有得失，不無優劣。以標韻觀之，右丞遠不逮蘇州。至於詞不迫切，而味甚長，雖蘇州亦所不及也。（卷上）

　　韋蘇州律詩似古，劉隨州古詩似律，大抵下李、杜、韓退之一等，便不能兼。隨州詩，韻度不能如韋蘇州之高簡，意味不能如王摩詰、孟浩然之勝絕，然其筆力豪贍，氣格老成，則皆過之。（卷上）

　　《江頭五詠》（引者按：杜甫作）物類雖同，格韻不等。同是花也，而梅花與桃李異觀。同是鳥也，而鷹隼與燕雀殊科。詠物者要當高得其格致韻味，下得其形似，各相稱耳。（卷下）

　　張戒有關「韻味」的觀點明顯受到司空圖、蘇東坡等人有關論述的影響，並有針對性地作出「辨正」，分析更加細緻，如認為「以標韻觀之，右丞遠不逮蘇州」；而就「詞不迫切」而具有深長的「詩味」講，韋應物（蘇州）又不及王維（右丞）云云。

　　把《歲寒堂詩話》上卷和《滄浪詩話》〈詩辨〉對讀，可以發現二者有許多相似的觀點，此處不能細論。嚴羽論詩主「興趣」說，所謂「盛唐詩人惟在興趣，羚羊掛角，無跡可求，故其妙處瑩徹玲瓏，不可湊泊，如空中之音，相中之色，水中之月，鏡中之象，言有盡而意無窮」，明顯也與司空圖的「象外之象」等觀點有貫通之處。不過嚴羽對

詩「味」的範疇本身並無多大理論貢獻，其《滄浪詩話》〈詩法〉說：
「語忌直，意忌淺，脈忌露，味忌短。」這也是一種「細部批評」方
法。所謂「味忌短」也就是張戒所謂「其味長」，無非是說詩的美感要
含蓄有餘、咀嚼不盡而已。宋人（北宋末至南宋時期）乃至金、元人
詩話中這種具有「細部批評」（講句法、韻律、佈局、立意等）特點的
「味」論，還可以列舉一些例證，如：

> 魏晉南北朝樂府雖未極淳，而亦能隱約意思，有足吟詠之者。唐
> 人亦多為樂府，若張籍、王建、元稹、白居易以此得名。其述情敘
> 怨，委曲周詳，言盡意盡，更無餘味。（魏泰《臨漢隱居詩話》）

> 東萊《木芙蓉》絕句云：「小池南畔木芙蓉，雨後霜前著意紅。猶
> 勝無言舊桃李，一生開落任東風。」極雍容，含不盡之意，蓋絕句之法
> 也。荊公《詠木芙蓉》云：「還似美人初睡起，強臨青鏡欲妝慵。」覺
> 得味短，不及遠矣。（曾季貍《艇齋詩話》）

> 古人酬和詩，必答其來意，非若今人為次韻所局也。觀《文選》
> 所編何劭、張華、盧諶、劉琨、二陸、三謝諸人贈答可知已。唐人尤
> 多，不可具載，姑取《杜集》數篇，略紀於此。……郭受寄杜云：「春
> 興不知凡幾首。」杜答云：「藥裡關心詩總廢。」皆如鐘磬簴，扣之則
> 應，往來反覆，於是乎有餘味矣。（洪邁《容齋隨筆》，轉引蔡夢弼《杜
> 工部草堂詩話》卷一）

> 語貴含蓄。東坡云：「言有盡而意無窮者，天下之至言也。」山谷
> 尤謹於此。清廟之瑟，一唱三歎，遠矣哉。後之學者可不務乎？若句
> 中無餘字，篇中無長語，非善之善者也。句中有餘味，篇中有餘意，
> 善之善者也。（姜夔《白石道人詩說》）

　　以上論述都是講詩要有「餘味」，魏泰（北宋末人）、曾季狸（南宋人）主要就是從抒「情」表「意」要含蓄委婉的角度來立論的。魏泰認為唐人的樂府詩，如張籍、王建、元稹、白居易等人的一些作品「述情敘怨，委曲周詳，言盡意盡」，所以就沒有「餘味」。姜夔（約1155-約1221）主要從字、句的簡潔而含蓄的要求出發，討論詩要有「餘味」問題。洪邁（1123-1202）更是從「古人酬和詩」和「今人」（宋人）之作的比較出發，認為時人不及古人之詩有「餘味」——這種專門問題的討論，也是「細部批評」特點的體現。又如：

　　東湖云：「春燈無復上，暮雨不能晴。」昌黎云：「廉纖晚雨不能晴。」子蒼云：「暮不如晚。」昌黎云：「青蛙聖得知。」汪彥章云：「燈花聖得知。」子蒼云：「蛙不聖所以言聖，便覺有味；燈花本靈，能知事，輒言聖得知，殊少意味。」（吳可《藏海詩話》）

　　陸士衡《文賦》：「立片言以居要，乃一篇之警策。」此要論也。文章無警策，則不足以傳世，蓋不能竦動世人。如杜子美及唐人諸詩，無不如此。但晉宋間人專致力於此，故失於綺靡，而無高古氣味。（呂居仁《童蒙詩訓》，轉引蔡夢弼《杜工部草堂詩話》卷一）

　　五言長韻古詩，如白樂天《游悟真寺一百韻》，真絕唱也。五言古詩，句雅淡而味深長者，陶淵明、柳子厚也。如少陵《羌村》、後山《送內》，皆是一唱三歎之聲。（楊萬里《誠齋詩話》）

　　山谷《牧牛圖》詩，自謂平生極至語，是固佳矣，然亦有何意味？黃詩大率如此，謂之奇峭，而畏人說破，元無一事。（王若虛《滹南詩話》卷三）

　　宋自述明父，……嘗作《看梅》詩云：「山鳥寂不鳴，霜露沾衣裳。欲折意不忍，徘徊以徬徨。是花寒不芳，此花寒獨香。」又《感

興》云：「舊葉甫辭柯，新葉已萌蘖。頭白不再玄，春風吹亦脫。」旨味悠長，殊有古意。（韋居安《梅磵詩話》卷中）

自江西詩派盛行後，詩歌批評對用字、用典、句法乃至意象等問題研究日細，有些討論是在鑽牛角尖，但多數詩話中討論的問題，實屬一種「細部批評」，令人會心之處甚多，對詩歌的創作和鑑賞起到很大的推動作用。

如上引吳可（兩宋之際人）《藏海詩話》所引韓子蒼語，其說范成大有「春燈無復上，暮雨不能晴」，韓愈有「廉纖晚雨不能晴」句，認為「暮不如晚」，其實並沒有什麼道理；但又舉韓愈「青蛙聖得知」和汪彥章「燈花聖得知」句進行比較，認為韓愈詩用「聖」字佳，有「味」，確實有些道理，這些列舉也可以視為「奪胎換骨」「點鐵成金」的實例，也是所謂「句中有餘味」的實例。「青蛙聖得知」（全句當作「夜半青蛙聖得知」），見韓愈《盆池五首》（《昌黎先生集》卷九）之三，全詩曰：「泥盆淺小詎成池，夜半青蛙聖得知。一聽暗來將伴侶，不煩鳴喚斗雄雌。」《盆池五首》這組詩在韓愈詩集中非常特別，寫得清新自然，而別有諧趣。據前人考，盆池乃小地名，在盤谷（唐孟州濟源縣），盆池大概是當地的一個有名的小池塘，有魚有荷，「池光天影共青青」，很幽美。「夜半青蛙聖得知」，「聖」或作「聽」，當誤。用「聖」字，寫出青蛙作為動物的靈性，汪彥章模擬之而用於燈花，所以沒有「味」。韓子蒼指出汪不及韓，甚是；但他說明的理由，所謂「蛙不聖所以言聖，便覺有味；燈花本靈（引者按：一種民間習俗的看法），能知事，輒言聖得知，殊少意味」，實在令人可笑。

總之，呂居仁（1084-1145）、楊萬里（1127-1206）、韓子蒼等都屬於江西詩派，韋居安也是崇信江西詩派者，他們這種對詩歌字句等方

面的細緻分析，討論詩「味」問題，正是使「詩味」論走向「細部批評」的推動者，「以文字為詩」也並非能一概加以否定。而王若虛（1174-1243）乃至元好問等，對江西詩派特別是黃庭堅等有所批評，指出其詩過於雕飾等弊端。限於篇幅，對上述例證等，不再一一分析。

第二，明清時期有關「詩味」的觀點，常常圍繞學唐、學宋的問題展開討論，而司空圖的「味外味」論及嚴羽的「妙悟」論、盛唐「興趣」論影響至深；明清時期有關「詩味」的觀點和範疇，隨著「復古」（學盛唐等）風氣的盛行，不僅批評的「細部」比宋人有過之而無不及，而且標榜門派，提出偏至的「一家之論」（諸如「性靈」說、「格調」說、「神韻」說、「肌理」說等），而其論「詩味」既具有吸收、總結前人的有關觀點的特點，同時又常常是與這種「一家之論」緊密結合在一起的，如明代的王世貞、謝榛、袁宏道、袁中道、鍾惺等，清代的王士禛、沈德潛、翁方綱、袁枚等，就是代表。

明清時期的詩學理論批評繼承了宋元人的「細部批評」方法，從用字、用典、句法、辨體、立意等多方面討論「詩味」問題。如明代楊慎（1488-1559）《升庵詩話》卷十一「湘煙」條曰：「許渾詩，劉巨濟涇（引者按：劉涇，字巨濟）曾得其手書『湘潭雲盡暮煙出』，『煙』字極妙，兼是許之手筆無疑也。後人改『煙』作『山』，無味。大抵湘中煙色與他方異。張泌詩：『中流欲暮見湘煙。』沈翠微《湘中》詩：『魚躍浪花翻水面，雁拖煙練束林腰。』頗中湘中晚景。朱慶餘詩亦云：『浦迴湘煙暮，林香岳氣春。』」又如明代瞿佑《歸田詩話》卷中「姜白石雲山句」條曰：「姜堯章詩云：『小山不能雲，大山半為天。』造語奇特。王從周亦雲：『未知真是岳，只見半為雲。』似頗近之。然

較之唐人『野水多於地，春山半是雲』[14]之句，殊覺安閒有味也。」在明代前、後「七子」的復古詩派中，王世貞（1526-1590）、謝榛（1495-1575）的「詩味」論最具代表性，出於學習前人的必要性，他們這種從「細部批評」來討論「詩味」問題，更比前人全面，如王世貞《藝苑卮言》卷一曰：

十首以前，少陵較難入，百首以後，青蓮較易厭。揚之則高華，抑之則沉實，有色有聲，有氣有骨，有味有態，濃淡深淺，奇正開闔，各極其則，吾不能不伏膺少陵。

王世貞把詩從不同角度分析為「色」與「聲」、「氣」與「骨」、「味」與「態」、「奇」與「正」等方面，「味」只是其鑑賞的一個方面。又如王世貞《藝苑卮言》卷二曰：「『相去日以遠，衣帶日以緩』，『緩』字妙極。又古歌云：『離家日趨遠，衣帶日趨緩。』豈古人亦相蹈襲耶？抑偶合也？『以』字雅，『趨』字峭，俱大有味。」謝榛《四溟詩話》卷一曰：「韋應物曰：『江漢曾為客，相逢每醉還。浮雲一別後，流水十年間。歡笑情如舊，蕭疏鬢已斑。何由不歸去，淮上有秋山。』（引者按：詩題為《淮上喜會梁州故人》）此篇多用虛字，辭達有味。」這些都是從字句的推敲角度來分析「詩味」問題。又如謝榛曰：「詩有辭前意、辭後意，唐人兼之，婉而有味，渾而無跡。宋人必先命意，涉於理路，殊無思致。及讀《世說》：『文生於情，情生於文。』[15]王武

14　白居易《早秋晚望兼呈韋侍郎》一詩有「人煙半在船，野水多於地」二句，與瞿佑所說不同，可能乃其誤記。

15　《世說新語》〈文學〉：「孫子荊除婦服，作詩以示王武子。王曰：『未知文生於情，情生於文？覽之悽然，增伉儷之重』。」

子先得之矣。」（《四溟詩話》卷一）這是從「意」「情」「理」「辭」關係的角度來討論「詩味」問題。謝榛又曰：「大篇決流，短章斂芒，李杜得之。大篇約為短章，涵蓄有味；短章化為大篇，敷演露骨。」（《四溟詩話》卷二）這是從大篇與短章的體制不同的角度來討論「詩味」問題。這些論述，就「味」的理論內涵本身並無什麼擴充發展，只是批評更為細緻而已。

　　就王世貞、謝榛等復古（崇尚盛唐）論者而言，他們的「詩味」論反映了其復古的主張，是與其模擬、學習前人的「方法論」緊密聯繫在一起的，如謝榛「點化而有餘味」論（《四溟詩話》卷二）、「野蔬借味之法」（謝榛《四溟詩話》卷三）等，就是明證。謝榛《四溟詩話》中還提出「全味」論：

　　自古詩人養氣，各有主焉。蘊乎內，著乎外，其隱見異同，人莫之辨也。熟讀初唐、盛唐諸家所作，有雄渾如大海奔濤，秀拔如孤峰峭壁，壯麗如層樓迭閣，古雅如瑤瑟朱弦。老健如朔漠橫雕，清逸如九皋鳴鶴，明淨如亂山積雪，高遠如長空片雲，芳潤如露蕙春蘭，奇絕如鯨波蜃氣，此見諸家所養之不同也。學者能集眾長合而為一，若易牙以五味調和，則為全味矣。

　　「全味」這一概念，出自佛經，本指「全清淨之味」（參見《佩文韻府》卷六十四「味」字條）。謝榛這裡所謂「集眾長合而為一，若易牙以五味調和，則為全味矣」，實際乃是一種擬古之論，只能使學詩者失落「真性情」，而流入「格調」模擬的套路中。明代前、後「七子」的復古理論，其後受到公安派、竟陵派及錢謙益等人的激烈批評。

　　公安派標舉由真「性靈」而發詩之「趣味」的觀點，以糾正前、

後「七子」諸人復古之病。標舉「性靈」，反對模擬，批評偽道學，在明代中後期形成一股巨大的思潮。這股思潮的興起是與「王（陽明）學」中激進派的哲學思想分不開的，特別是與李贄的哲學和文藝思想的影響分不開的。李贄（1527-1602）論文藝力主「童心」論：「夫童心者，絕假純真，最初一念之本心也。若失卻童心，便失卻真心；失卻真心，便失卻真人。……詩何必古選，文何必先秦。降而為六朝，變而為近體，又變而為傳奇，變而為院本，為雜劇，為《西廂曲》，為《水滸傳》，……皆古今至文，不可得而時勢先後論也。」（《焚書》卷三）李贄《讀律膚說》曰：「淡則無味，直則無情。宛轉有態，則容冶而不雅；沉著可思，則神傷而易弱。欲淺不得，欲深不得。……蓋自聲色之來，發於情性，由乎自然，是可以牽合矯強而致乎？」（《焚書》卷三）這都是強調文藝要抒發真性情，是本於「自然」的，如果拘於儒家的「禮義」而刻意地去求「淡」、求「直」，或牽拘於音律或一味擬古等，都是對真性情的掩飾，也就是無「味」的文藝。這種思想也就是「公安三袁」（袁宗道、袁宏道、袁中道）提倡「自然」（真）的「趣」「味」論和「世道既變，文亦因之」（《袁中郎全集》卷二十二《與江進之》）的文藝發展觀的理論基礎。

袁宏道（1568-1610）評價其弟袁中道（字小修）的詩文曰：「大都獨抒性靈，不拘格套。非從自己胸臆流出，不肯下筆。有時情與境會，頃刻千言，如水東注，令人奪魄。」認為「詩文至近代卑極矣」的原因，就在於「文則必欲准於秦漢，詩則必欲准於盛唐。剿襲仿真，影響步趨」，如果「不效顰於漢、魏，不學步於盛唐，任性而發」（《袁中郎全集》卷一《敘小修詩》），就能創作出好的詩文，就能有真「趣」至「味」。袁宏道正是從「性靈」的角度提出關於「趣」的獨特見解，其《敘陳正甫會心集》曰：

世人所難得者唯趣，趣如山上之色，水中之味，花中之光，女中之態，雖善說者不能下一語，唯會心者知之。今之人慕趣之名，求趣之似，於是有辨說書畫、涉獵古董以為清，寄意玄虛、脫跡塵紛以為遠；又其下則如蘇州之燒香煮茶者。此等皆趣之皮毛，何關神情。夫趣得之自然者深，得之學問者淺。當其為童子也，不知有趣，然無往而非趣也。……迨夫年漸長，官漸高，品漸大，有身如梏，有心如棘，毛孔骨節俱為聞見知識所縛，入理愈深，然其去趣愈遠矣。（《袁中郎集》卷一）

袁宏道認為詩文作品有真「性靈」，如李贄說的有「童心」，則就有真「趣」；認為陳正甫《會心集》大都是具有真性情的作品，所以有「自然」（真）之「趣」，這具有一定的理論的普遍意義。但他的「趣味」理想，實質代表的正是中國古代文人士大夫的「雅趣」觀念，與明清戲曲、小說理論批評的「趣味」論（偏向於「俗趣」的審美觀念）有所不同。

袁中道（1570-1623）與其兄共倡「性靈」說，主張「先意後法，不以法役意，一洗應酬格套之習」（《珂雪齋集》卷三《中郎先生全集序》），其《宋元詩序》認為一代有一代之文學：「詩莫盛於唐，一出唐人之手，則覽之有色，扣之有聲，而嗅之若有香。」但宋元詩也有自己的特點，只要能夠抒發「性靈」，創造出情景結合、「含裹」而「不披露」的意境，就是有「味」有「香」的好詩。他說：「古人論詩之妙，如水中鹽味，色裡膠青，言有盡而意無窮者」，「彼其抒情繪景，以遠為近，以離為合，妙在含裹，不在披露。……總之，取裁肸臆，受法性靈，意動而鳴，意止而寂，即不得與唐爭盛，而其精采不可磨滅之處，自當與唐並存於天地之間，此宋元詩所以刻也。」（《珂雪齋集》

卷二）

　　與公安派一樣，以鍾惺（1574-1624）、譚元春（1586-1637）為代表的竟陵派也張揚「性靈」說，追求詩的清遠孤靜之趣，所謂「真詩者，精神所為也。察其幽情單緒，孤行靜寄於喧雜之中；而乃以其虛懷定力，獨往冥游於寥廓之外」（鍾惺《隱秀軒集》卷十六《詩歸序》）；提倡「境幽」而「味淡」的審美理想，所謂「詩，清物也。……其境取幽，雜則否；其味宜淡，濃則否」（《隱秀軒集》卷十七《簡遠堂近詩序》）云云。可見，無論是公安派的「趣」「味」論，還是竟陵派的「淡味」論，都是與他們的「性靈」說的主旨結合在一起的。

　　清代先後在詩壇上產生重大影響的有王士禛（1634-1711）的「神韻」說、沈德潛（1673-1769）的「格調」說、翁方綱（1733-1818）的「肌理」說和袁枚（1716-1798）的「性靈」說等，他們提出的「詩味」觀點，往往也是與其主要論詩主張結合在一起的，儘管如此，他們還是非常注重總結前人的各種觀點，因此，其「詩味」論，分析更為細緻全面，總結性的特徵較為明顯。王士禛（號漁洋山人）論詩獨拔司空圖的「味外味」論和嚴羽的「妙悟」「興趣」論，因為這與其提倡的「神韻」論是基本契合的。他說：

　　嚴滄浪論詩云：「盛唐諸人，唯在興趣，羚羊掛角，無跡可求，透徹玲瓏，不可湊泊，如空中之音，相中之色，水中之月，鏡中之象，言有盡而意無窮。」司空表聖論詩亦云：「味在鹹酸之外。」康熙戊辰春杪[16]，日取開元、天寶諸公篇什讀之，於二家之言，別有會心。錄其

16　康熙戊辰年，即1688年，時王士禛55歲。可見王士禛一生的詩學觀念和審美趣味從其年輕至其晚年，沒有太大變化。

尤儁永超詣者，自王右丞而下四十二人，為《唐賢三昧集》，釐為三卷。[17]

所謂「神韻」，從六朝至明代，用來評論詩歌、書畫者甚多，這裡不遑細述，但唯有王士禎才突出地加以強調之——視之為詩的本質精神，並從多種角度對這種本質精神予以揭示。王士禎的「神韻」論，從創作角度而言，主張臨景結構、觸興而發，這就抓住了藝術思維、藝術創造的「直覺」特徵，所謂「興會神到」「佇興之言」。王士禎論曰：「世謂王右丞畫雪中芭蕉，其詩亦然。……大抵古人詩畫，只取興會神到。」（《帶經堂詩話》卷三，《池北偶談》）又曰：

唐人五言絕句，往往入禪，有得意忘言之妙，與淨名默然，達磨得髓，同一關捩。觀王、裴《輞川集》及祖詠《終南殘雪》詩，雖鈍根初機，亦能頓悟。……予少時在揚州，亦有數作，如：「微雨過青山，漠漠寒煙織；不見秣陵城，坐愛秋江色。」（《青山》）……又在京師有詩云：「凌晨出西郭，招提過微雨；日出不逢人，滿院風鈴語。」（《早至天寧寺》）皆一時佇興之言，知味外味者當自得之。（《帶經堂詩話》卷三《香祖筆記》）。

王士禎的「神韻」論，從詩歌的境界和風格角度而言，是一種情景結合、虛實相生、言簡意豐的境界，追求的是「清遠」「平淡」的審美趣味和風格，所謂「色相俱空，政如羚羊掛角，無跡可求，畫家所謂逸品是也」（《帶經堂詩話》卷三，《分甘餘話》）。詩能有「清遠」

17　王士禎：《帶經堂詩話》卷四《漁洋文》，戴鴻森校點，人民文學出版社1982年版。

的意境和品格,「總其妙在神韻矣」(《帶經堂詩話》卷三,《池北偶談》)。吳陳琰《蠶尾續集序》云:「先生兼總眾有,不名一家,而撮其大凡,則要在神韻。畫家逸品,居神品之上,惟詩亦然。司空表聖論詩云:『梅止於酸,鹽止於鹹,飲食不可無酸鹹,而其美常在酸鹹之外。』余嘗深旨其言,酸鹹之外者何?味外味也。味外味者何?神韻也。」[18]直接以司空圖的「味外味」論來解釋漁洋的「神韻」論,是非常有道理的。

沈德潛選詩標準與王士禎明顯不同,他自己説得很清楚,在《重訂〈唐詩別裁集〉序》中他説:「新城王阮亭尚書選《唐賢三昧集》,取司空表聖『不著一字,盡得風流』,嚴滄浪『羚羊掛角,無跡可求』之意,蓋味在鹹酸外也。而於杜少陵所云『鯨魚碧海』,韓昌黎所云『巨仞摩天』者,或未之及。余因取杜、韓語意定《唐詩別裁》,而新城所取亦兼及焉。……至於詩道之尊,可以和性情,厚人倫,匡政治,感神明,以及作詩之先審宗旨,繼論體裁,繼論音節,繼論神韻,而一歸於中正和平。」在「詩味」論上,沈德潛常從「格調」上論之,也吸取了司空圖「味外味」的觀點。如其《説詩晬語》卷上説:

　　詩以聲為用者也,其微妙在抑揚抗墜之間。讀者靜氣按節,密詠恬吟,覺前人聲中難寫、響外別傳之妙,一齊俱出。朱子云:「諷詠以昌之,涵濡以體之。」真得讀詩趣味。

　　七言絕句,以語近情遙,含吐不露為主。隻眼前景、口頭語,而有弦外音、味外味,使人神遠,太白有焉。

18　金榮箋註:《漁洋山人精華錄箋注》附錄,台灣廣文書局1968年版。

　　沈德潛在關於詩的「情」和「理」的關係問題上提出很好的意見，認為：「人謂詩主性情，不主議論，似也，而亦不盡然。……但議論須帶情韻以行，勿近倫父面目耳。」（《説詩晬語》卷下）

　　如果説沈德潛以傳統儒家的「溫柔敦厚」之旨，來充實王士禛「神韻」論的虛靈，那麼翁方綱就以其所謂「肌理」來充實王士禛「神韻」論的空寂。翁方綱認為以「神韻」論詩，標揭詩的「神韻」特質，「至司空圖、嚴羽之徒，乃標舉其概，而今新城王氏暢之」。他説：

　　神韻者，徹上徹下，無所不該。其謂「羚羊掛角，無跡可求」，其謂「鏡花水月，空中之像」，亦皆即此神韻之正旨也，非墮入空寂之謂也。……吾謂新城變格調之説而衷以神韻，其實格調即神韻也。今人誤執神韻，似涉空言，是以鄙人之見，欲以肌理之説實之。其實肌理亦即神韻也。（《復初齋文集》卷八〈神韻論上〉）

　　翁方綱所謂「肌理」與王士禛的「神韻」，其內在的實質精神大不相同，他説的「肌理」就是儒家的「義理」思想、經典學問，所謂「義理之理，即文理之理，即肌理之理也。」（《復初齋文集》卷四〈志言集序〉）其《石洲詩話》卷四有論曰：「唐詩妙境在虛處，宋詩妙處在實處。……是有唐之作者，總歸盛唐。而盛唐諸公，全在境象超詣，所以司空表聖《二十四詩品》及嚴儀卿以禪喻詩之説，誠為後人讀唐詩之準的。」認為宋詩可以資考據，「宋人之學，全在研理日精，觀書日富，因而論事日密。」「今論者不察，而或以鋪寫實境者為唐詩，吟詠性靈、掉弄虛機者為宋詩。」所以他注重的不是詩歌藝術那種獨特的「興會神到」的特點，而是注重鋪陳排比的，認為「詩家之難，轉不難於妙悟，而實難於『鋪陳終始，排比聲律』……。自司空表聖造《二

十四詩品》，抉盡秘妙，直以元、白為屠沽之輩。漁洋先生鄙之，每戒後賢勿看《長慶集》。」（《石洲詩話》卷一）不過，翁方綱畢竟是個懂「詩」的人，他說「周草窗詩，肌理頗豐」（《石洲詩話》卷四）這裡的「肌理」主要是「文理」細密，善於鋪陳的意思。他又認為詩還是應該給人「回味」的美感。他說：「諫果雖苦，味美於回。孟東野詩則枯澀而無回味，正是不鳴其善鳴者。不知韓（愈）何以獨稱之？」（《石洲詩話》卷二）又認為宋代的韓子蒼詩，「平勻中自有神味，目之曰江西派，宜其不樂。」（《石洲詩話》卷四）又認為元代虞集的詩，「兼有六朝人蘊藉，而全於含味不露中出之，所以其境高不可及」（《石洲詩話》卷五）。可見翁方綱所說的「詩味」，是指狀物傳神（所謂「神味」）、抒情含蓄而言簡意豐（所謂「蘊藉」「不露」）的美感特點。

順便說一下，在「古文」理論上，清代以方苞（1668-1749）、劉大櫆（1698-1779）、姚鼐（1731-1815）三人為代表的桐城派，尤其重視「文味」問題。桐城派注重經學、義理的學問根基，如姚鼐認為必須把「義理、考據、文章」三者結合起來。其《古文辭類纂序目》認為，「為文者」有八種要素：「曰神、理、氣、味、格、律、聲、色。神、理、氣、味者，文之精也；格、律、聲、色者，文之粗也。」桐城派的崇尚者和繼承者如「陽湖派」的代表惲敬（1757-1817），姚門四弟子之一的方東樹（1772-1851，其《昭昧詹言》不僅論「文味」亦好論「詩味」），「湘鄉派」的代表曾國藩（1811-1872）等，都把「味」看成寫作「古文」、鑑賞「古文」的一個重要要求。綜括地說，桐城派及其後繼者所謂「文」之「味」，有時是從內容上說的，指「義理」之「味」；有時是從形式上說的，指辭藻、韻律之「味」（這一方面劉大櫆的《論文偶記》所論最詳細）；二者結合而言之，也就是指「文章」所具有的令人涵詠不盡的美感特點而已。

在清代乾、嘉時期，與沈德潛、翁方綱這種強調「溫柔敦厚」的儒家思想，強調「義理」學問的詩論相對，袁枚力主「性靈」說，贊同司空圖的「味外味」論，強調詩歌藝術的審美特性，對詩歌創作忽略「性靈」而大談學問的風氣進行了批評。袁枚說：「人有滿腔書卷，無處張皇，當為考據之學，自成一家；其次則駢體文，盡可鋪排，何必借詩為賣弄。自《三百篇》至今日，凡詩之傳者，都是性靈，不關堆垛。」[19]又說：「司空表聖論詩，貴得味外味。余謂今之作詩者，味內味尚不能得，況味外味乎？要之以出新意、去陳言為第一著。」（《隨園詩話》卷六）清代提倡司空圖「味外味」論者尚多，又如吳雷發《說詩管蒯》曰：「真中有幻，動中有靜，寂處有音，冷處有神，句中有句，味外有味，詩之絕類離群者也。」此不贅述。

　　第三，宋元明清時期的「詩味論」除了具有「細部批評」的特點——如前所述，「味」雖然在某些詩話著作中仍然是一個重要的美學範疇，但已經不再如司空圖的詩論那樣是「中心」範疇，「味」的概念大量使用，說明了「詩味」論的盛行，但「味」的概念也進一步有泛化的傾向；同時，也明顯可以看到有關「詩味」的討論，始終是圍繞「意境」的創造及其美感的「體驗」來論述的。在上舉的有關「詩味」論的論述中，就不難發現這種圍繞「意境」來分析「詩味」的特點，由於這個問題非常重要，這裡略作集中論述。從南北朝到唐代，藝術特別是詩歌的「意境」理論，隨著文藝創作的實踐和文藝理論批評的不斷總結髮展，逐步達到成熟的階段。如前所說，司空圖提出「味外之旨」論是與其「象外之象」的「意境」論密切結合在一起的，對此問題，將在本書最後一章討論「藝境的構成與藝味的產生」時再加論

19　袁枚：《隨園詩話》卷五，顧學頡校點，人民文學出版社1982年版。

述，此處從略。而宋代及其後，詩歌理論批評家對「意境」的分析更加細密、周全。先看歐陽修兩段著名的論述：

　　余嘗愛唐人詩云「雞聲茅店月，人跡板橋霜」，則天寒歲暮，風淒木落，羈旅之愁，如身履之。至其曰「野塘春水漫，花塢夕陽遲」，則風酣日煦，萬物駘蕩，天人之意，相與融怡，讀之便覺欣然感發。謂此四句可以坐變寒暑。詩之為巧，猶畫工小筆爾，以此知文章與造化爭巧可也。（《歐陽文忠公文集》卷一百三十《溫庭筠嚴維詩》）

　　聖俞（引者按：梅堯臣）嘗謂余曰：「詩家雖率意，而造語亦難。若意新語工，得前人所未道者，斯為善也。必能狀難寫之景，如在目前，含不盡之意，見於言外，然後為至矣。賈島云：『竹籠拾山果，瓦瓶擔石泉』；姚合云：『馬隨山鹿放，雞逐野禽棲』，等是山邑荒僻，官況蕭條，不如『縣古槐根出，官清馬骨高』為工也。」余曰：「語之工者固如是。狀難寫之景，含不盡之意，何詩為然？」聖俞曰：「作者得於心，覽者會以意，殆難指陳以言也。雖然，亦可略道其彷彿：若嚴維『柳塘春水漫，花塢夕陽遲』，則天容時態，融和駘蕩，豈不如在目前乎？又若溫庭筠『雞聲茅店月，人跡板橋霜』，賈島『怪禽啼曠野，落日恐行人』，則道路辛苦，羈愁旅思，豈不見於言外乎？」（《六一詩話》）

　　讀了這兩段話，我們再對什麼叫作「意境」作解釋，無疑是長舌婦，「狀難寫之景，如在目前，含不盡之意，見於言外」，與戴叔倫的「詩家之景」（司空圖《與極浦書》）論司空圖的「近而不浮，遠而不盡」（《與李生論詩書》）論，其理論的內涵基本是一致的。有「意境」才能做到「詩境」如「畫境」，蘇軾評王維詩所謂「味摩詰之詩，詩中

有畫；觀摩詰之畫，畫中有詩」（《東坡題跋》下卷《書摩詰藍田煙雨圖》）。歐陽修、梅堯臣、蘇東坡等崇尚詩歌的「平淡」之「味」，正是從「意境」論出發的。張戒《歲寒堂詩話》（卷上）曰：

　　「蕭蕭馬鳴，悠悠旆旌」，以「蕭蕭」「悠悠」字，而出師整暇之情狀，宛在目前。此語非惟創始之為難，乃中的之為工也。荊軻云：「風蕭蕭兮易水寒，壯士一去兮不復還。」自常人觀之，語既不多，又無新巧，然而此二語遂能寫出天地愁慘之狀，極壯士赴死如歸之情，此亦所謂中的也。古詩「白楊多悲風，蕭蕭愁殺人」，「蕭蕭」兩字，處處可用，然惟墳墓之間，白楊悲風，尤為至切，所以為奇。樂天云：「說喜不得言喜，說怨不得言怨。」樂天特得其粗爾。此句用「悲」「愁」字，乃愈見其親切處，何可少耶？詩人之工，特在一時情味固不可預設法式也。

　　張戒所謂「情味」「中的之為工」也是從「意境」的創造角度講的，其理論觀點並無多大新意，不過他善於總結前人而已，這體現了他的識見。他說：

　　《詩序》云：「情動於中而形於言，言之不足，故嗟嘆之。」子建李杜皆情意有餘，洶湧而後發者也。劉勰云：「因情造文，不為文造情。」若他人之詩，皆為文造情耳。沈約云：「相如工為形似之言，二班長於情理之說。」劉勰云：「情在詞外曰隱，狀溢目前曰秀。」梅聖俞云：「含不盡之意，見於言外；狀難寫之景，如在目前。」三人之論，其實一也。（《歲寒堂詩話》卷上）

　　稍後，嚴羽提出的「興趣」論，無疑也就是「意境」論。宋范晞文《對床夜語》卷五曰：「『馬上相逢久，人中欲認難。』『問姓驚初見，稱名憶舊容。』『乍見翻疑夢，相悲各問年。』皆唐人會故人之詩也。久別倏逢之意，宛然在目，想而味之，情融神會，殆如直述。前輩謂唐人行旅聚散之作，最能感動人意，信非虛語。戴叔倫亦有『歲月不可問，山川何處來』，意稍露而氣益暢，無愧於前也。」所謂「宛然在目，想而味之，情融神會，殆如直述」這四句話，概括甚精，鮮明的「意境」才能使人「想而味之」，「詩味」（詩的美感）正產生於這種「直觀」的體驗之中。

　　明代復古論者王世貞、謝榛的「詩味」論，上文已作分析，他們也常從「意境」的角度去分析「詩味」。如《藝苑卮言》卷三曰：「王籍『鳥鳴山更幽』，雖遜古質，亦是雋語，第合上句『蟬噪林逾靜』讀之，遂不成章耳。又有可笑者，『鳥鳴山更幽』：本是反不鳴山幽之意，王介甫何緣復取其本意而反之？且『一鳥不鳴山更幽』，有何趣味？宋人可笑，大概如此。」王世貞論詩好作「大言」，不過這裡說得有幾分道理，「一鳥不鳴山更幽」之所以沒有「鳥鳴山更幽」有「味」，正在於將其「余意」說盡的緣故；而「鳥鳴山更幽」與「蟬噪林逾靜」的境趣相同，故曰將二句合而讀之，「遂不成章耳」。

　　謝榛提出「景實而無趣」「景虛而有味」的觀點，有一定價值。他說：「貫休曰：『庭花濛濛水泠泠，小兒啼索樹上鶯。』景實而無趣。太白曰：『燕山雪花大如席，片片吹落軒轅台。』景虛而有味。」（《四溟詩話》卷一）詩歌的「意境」是「實景」和「虛景」的結合，關於「虛實」問題，前人論之者甚多，如戴叔倫的「詩家之景」論、司空圖的「景外之景」「象外之象」論等，都涉及這個問題，謝榛直接指出「虛」勝於「實」，有「虛景」才有「趣」「味」。《四溟詩話》卷三又曰：

　　凡作詩不宜逼真，如朝行遠望，青山佳色，隱然可愛，其煙霞變幻，難於名狀。及登臨非復奇觀，惟片石數樹而已。遠近所見不同，妙在含糊，方見作手。

　　謝榛的「妙在含糊」論，與嚴羽的「興趣」論有一致之處；不過，把「含糊」與「逼真」對立起來，就不完全正確，因為詩人如果「形似」功力不足，就想追求「神似」的境界，那就如書法基本功不紮實的人，就想追求所謂「逸筆草草」的境界一樣，是不可能達到真正的藝術「含糊」之妙境的。謝榛論詩歌「意境」的「含糊」特徵，之所以把「含糊」與「逼真」對立起來，究其根源，是與他的復古擬古論結合在一起的。清代李重華《貞一齋詩說》曾云：「有以可解不可解為詩中妙境者，此皆影響惑人之談。夫詩言情不言理者，情愜則理在其中，乃正藏體於用耳。故詩至入妙，有言下未嘗畢露，其情則已躍然者。使善說者代為指點，無不動人，即匡鼎解頤是已。如果一味模糊，有何妙境？抑亦何取於詩？」這可以視為對謝榛之流的批評。

　　論詩主「神韻」說的王士禎極力稱讚謝榛的詩論，這與謝榛的詩論確有很多精解有關，也與謝榛的這種「含糊」論等，與王士禎的「神韻」說，有類似之處有關。王士禎《四溟詩話序》云：「當『七子』結社之始，尚論有唐諸家，茫無適從。茂秦（引者按：謝榛字茂秦）曰：『選李、杜十四家之最佳者，熟讀之以奪神氣，歌詠之以求聲調，玩味之以裒精華，得此三要，則造乎渾淪，不必塑謫仙而畫少陵也。』諸人心師其言。厥後雖爭擯茂秦，其稱詩之指要，自茂秦發之。」（《歷代詩話續編》本《四溟詩話》附）其實，謝榛的「含糊」境界，與真正具有「神韻」的詩歌境界，是「貌合神離」的。在王士禎之前的明代，從「神韻」「意象」角度論詩境和「詩味」者，當以胡應麟（1551-

1602）、朱承爵（明中葉人）、陸時雍（晚明人）等人為代表。為了節省篇幅，略舉三家有關論述如下：

作詩大要，不過二端：體格聲調，興像風神而已。體格聲調，有則可循；興像風神，無方可執。故作者但求體正格高，聲雄調鬯；積習之久，矜持盡化，形跡盡融，興像風神，自爾超邁。譬則鏡花水月：體格聲調，水與鏡也；興像風神，月與花也。必水澄鏡朗，然後花月宛然。

詩之筋骨，猶木之根幹也；肌肉，猶枝葉也；色澤神韻，猶花蕊也。筋骨立於中，肌肉榮於外，色澤神韻充溢其間，而後詩之美善備。猶木之根幹蒼然，枝葉蔚然，花蕊爛然，而後木之生意完。（以上二則見胡應麟《詩藪》〈內編〉卷五）

作詩之妙，全在意境融徹，出音聲之外，乃得真味。如曰：「孫康映雪寒窗下，車胤收螢敗帙邊。」事非不核，對非不工，惡，是何言哉？（朱承爵《存余堂詩話》）

蘇李贈言，何溫而戚也！多唏涕語，而無蹶蹙聲，知古人之氣厚矣。古人善於言情，轉意象於虛圓之中，故覺其味之長而言之美也。後人得此則死做矣。

五言古非神韻綿綿，定當捉衿露肘。劉駕、曹鄴以意撐持，雖不逼古，亦所謂「鐵中錚錚，庸中佼佼」矣。善用意者，使有意無，隱然不見。造無為有，化有為無，自非神力不能。以少陵之才，能使其有而不能使其無耳。

詩之佳，拂拂如風，洋洋如水，一往神韻，行乎其間。班固〈明堂〉諸篇，則質而鬼矣。鬼者，無生氣之謂也。

庾肩吾、張正見，其詩覺聲色臭味俱備。詩之佳者，在聲色臭味

之俱備，庾張是也。詩之妙者，在聲色臭味之俱無，陶淵明是也。

　　少陵七言律，蘊藉最深。有餘地，有餘情。情中有景，景外含情。一詠三諷，味之不盡。（以上五則見陸時雍《詩鏡總論》）

　　以上三家其中胡應麟《詩藪》、陸時雍《詩鏡總論》關於「神韻」和「味」的論述甚多，不能細論，大要之觀點，見於上述幾段引文中，而且這些論述的含義都較為明晰。其對於「意境」「神韻」與「詩味」的關係，可以朱承爵所謂「作詩之妙，全在意境融徹，出音聲之外，乃得真味」和陸時雍所謂「古人善於言情，轉意象於虛圓之中，故覺其味之長而言之美也」二句，概括上述三人論述的主要見解。蓋「意境融徹」，就是在創作上做到了「體格聲調」與「興像風神」的統一，胡應麟從學習前人的角度指點說：「積習之久，矜持盡化，形跡盡融，興像風神，自爾超邁。」達到這種「融化」之境，就是有「神韻」，這種「神韻」的詩境，能夠「轉意象於虛圓之中」，實際就是「情中有景，景外含情」，「實景」與「虛景」的統一，也就是「意境」的「實境」與「虛境」的統一，所謂「神境」也。

　　總之，司空圖的「詩味」論（以及其前劉勰的「餘味」論、鍾嶸的「詩味」論），屬於理論的發現和創建；而其後的「詩味」論或多或少都具有將前人特別是司空圖的「詩味」論進行運用和擴展分析的意味，具有「細部批評」的特點。當然時代不同，要解決的問題不同，作品的體裁不同，藝術的門類不同等等，自然會使司空圖之後的以「味」論「藝」者，提出一些新的有關「味」的範疇，也會有自己的理論發現和創建。

第三節　「詞味」論及其主要特點

　　在詞的理論批評中，有關「詞味」的觀點也較為豐富，其中可以清代的許昂霄、賙濟和陳廷焯的「詞味」論為代表。賙濟、陳廷焯等人論「詞味」同樣也受到司空圖的「味外味」論的影響。上節曾説明宋元明清「詩味」論的三個特點：即具有「細部批評」的特點，「味」不再成為「中心」範疇；與標榜的派別宗旨相結合；圍繞「意境」的中心進行分析。這三個特點也體現在「詞味」論之中。詞本就屬於詩歌藝術，而有關詞論中「味」的概念，也是從詩論中「移植」而來的。就「味」的美學範疇本身所包含的理論的深度內涵而言，與「詩味」論相比，「詞味」論並無突出的貢獻；不過「詞味」論也有自己的獨特性，這種獨特性主要就是與詞的「尊體」觀念、詞的特殊的表現方法密切聯繫在一起的。

一、詞的「尊體」觀念與宋元明時期的「詞味」論

　　宋代女詞人李清照（1084-1151）的《詞論》（《苕溪漁隱叢話》後集卷三十三），對詞的體制特點進行了較為全面的論述，提出了詞乃「別是一家」的著名觀點，強調詞必須符合樂律的規則，達到能「歌」的要求：「蓋詩文分平側，而歌詞分五音，又分五聲，又分六律，又分清濁輕重。」批評「至晏元獻、歐陽永叔、蘇子瞻」等人的詞，「皆句讀不葺之詩爾，又往往不協音律者」。此外，她還認為，詞要雅緻、「典重」，要講究「鋪敘」，要善於運用「故實」等。所以她批評柳永的詞「雖協音律，而詞語塵下」，認為秦觀詞「專主情致，而少故實」，晏幾道詞「苦無鋪敘」等。這些理論批評觀念，表明她是主張詞要「婉約」的。

　　蘇軾以及南宋的辛棄疾等不少著名詞人，其詞有一部分作品的風

格是較為「豪放」的（張炎《詞源》稱這類作品為「豪氣詞」），這與「婉約」體不同。吳曾（南宋人）《能改齋漫錄》（其卷十六、十七論詞，唐圭璋輯為《能改齋詞話》，收入《詞話叢編》[20]）認為：「蘇東坡詞，人謂多不諧音律，然居士詞橫放傑出，自是曲子中縛不住者。」又批評黃庭堅詞：「不是當行家語，是著腔子唱好詩。」──這也就論及舊題陳師道《後山詩話》所謂「以詩為詞」的問題，吳曾也是認為詞與詩是有分別的。而宋胡寅（1098-1156）《題〈酒邊詞〉》認為：「詞曲者，古樂府之末造也。古樂府者，詩之傍行也。」視「詞」為「詩」的流別，認為詩和詞「發乎情則同」，故贊同這種觀點者又稱詞為「詩餘」，為「樂府」等。胡寅認為東坡詞「一洗綺羅香澤之態，擺脫綢繆宛轉之度，使人登高望遠，舉首高歌，而逸懷浩氣超然乎塵垢之外。於是《花間》為皂隸，而柳氏為輿台矣。」（《宋六十名家詞》）王灼（南宋人）更明確說：「東坡先生以文章餘事作詩，溢而作詞曲，高處出神入天，平處尚臨鏡笑春，不顧儕輩。或曰，長短句中詩也。為此論者，乃是遭柳永野狐涎之毒。詩與樂府同出，豈當分異？」（《碧雞漫志》卷二《各家詞短長》）《魏慶之詞話》（魏慶之《詩人玉屑》卷二十一《詩餘》）載曰：「《後山詩話》謂退之以文為詩，子瞻以詩為詞，如教坊雷大使之舞，雖極天下之工，要非本色。余謂後山之言過矣。」接著舉東坡赤壁詞（大江東去）、中秋詞（明月幾時有）等，認為「凡此十餘首詞，皆絕去筆墨畦逕間，直造古人不到處，真可使人一唱三歎。若謂以詩為詞，是大不然。子瞻自言平生不善唱曲，故間有不入腔處，非盡如此。後山乃比之教坊雷大使舞，是何每況愈下，蓋其謬也。」南宋范開《稼軒詞序》認為：「世言稼軒居士辛公之詞似東坡，

20　本節所引詞話著作，均見唐圭璋：《詞話叢編》，中華書局1986年版。

非有意學東坡也，自其發於所蓄者言之，則不能不坡若也。……故其
詞之為體，如張樂洞庭之野，無首無尾，不主故常；又如春雲浮空，
卷舒起滅，隨所變態，無非可觀。無他，意不在於詞，而其氣之所
充，蓄之所發，詞自不能不爾也。其間固有清而麗、婉而嫵媚，此又
坡詞之所無，而公詞之所獨也。」這也是稱讚辛詞的「豪放」的。

　　總體而言，李清照的「別是一家」說和胡寅、王灼等人的「詩餘」
說，都在一定程度上為後人所認可，而同時又始終有各自的影響。宋
元明等有關的「詞味」的觀點，就是在這種理論批評的基礎上提出的。
如宋末元初張炎（1248-1320？）著有《詞源》，其論詞主張要「雅正」
「清空」，有「意趣」，「淡雅」而有「味」，其理論可以視為李清照《詞
論》的發展。〈詞源序〉曰：「古之樂章、樂府、樂歌、樂曲，皆出於
雅正。粵自隋、唐以來，聲詩間為長短句；至唐人則有《尊前》《花間
集》。」《詞源》曰：「美成負一代詞名，所作之詞，渾厚和雅，善於融
化詩句，而於音譜且間有未諧，可見其難矣。」這是說詞要協音律，風
格體制要「雅正」。《詞源》又曰：

　　詞要清空，不要質實。清空則古雅峭拔，質實則凝澀晦昧。姜白
石詞，如野雲孤飛，去留無跡；吳夢窗詞，如七寶樓台，眩人眼目，
碎拆下來，不成片段。此清空質實之說。

　　張炎從「清空」與「質實」的角度，讚美姜夔（張炎乃姜夔之詞
友），而批評吳文英。《詞源》又曰：「詞以意為主，不要蹈襲前人語
意。」認為東坡《水調歌頭》（明月幾時有），白石《暗香》《疏影》等，
「皆清空中有意趣」；又稱讚秦少游詞「體制淡雅，氣骨不衰。清麗中
不斷意脈，咀嚼無滓，久而知味」。元人陸輔之認為：「『清空』二字，

一生受用不盡，指迷之妙，盡在是矣。」（《詞旨》）郭紹虞主編《中國
歷代文論選》解釋説：「大抵張炎所謂清空的詞是要能攝取事物的精神
而遺其外貌；質實的詞是寫得典雅奧博，但過於膠著於所寫的對象，
顯得板滯。」[21] 這些分析較為精確，不過，「質實」當還包括鋪陳與結
構不夠渾成，寫景抒情不夠融化的弊端，特別是「意脈」有所謂「破
碎」（李清照《論詞》）的不足。張炎實際上是不喜歡「豪放」一路的
詞作的，他説：「辛稼軒、劉改之作豪氣詞，非雅詞。於文章餘暇，戲
弄筆墨，為長短句之詩耳。」並認為元好問雖稱誦辛詞，但其作「初無
稼軒豪邁氣」，「有風流蘊藉處不減周（邦彥）、秦（觀）。」（《詞源》）
總之，張炎以「清空」「蘊藉」而又具有「意趣」「雅正」的詞，謂之
有「味」（「餘味」之意），其觀點對後代特別是清代前期的浙西詞派產
生了重大影響。宋明時期還有不少「詞味」論觀點，如：

　　凡作詩詞，要當如常山之蛇，救首救尾，不可偏也。如晁無咎作
中秋洞仙歌辭，……其後云：「洗盡凡心，滿身清露，冷浸蕭蕭髮。明
朝塵世，記取休向人説。」此兩句全無意味，收拾得不佳，遂並全篇氣
索然矣。」（胡仔《苕溪漁隱詞話》卷二）
　　趙德麟、李方叔皆東坡客，其氣味殊不近，趙婉而李俊，各有所
長。（王灼《碧雞漫志》卷二）
　　……詞之作難於詩。蓋音律欲其協，不協則成長短之詩。下字欲
其雅，不雅則近乎纏令之體。用字不可太露，露則直突而無深長之
味。（沈義父《樂府指迷》）
　　凡觀詞須先識古今體制雅俗。脱出宿生塵腐氣，然後知此語，咀

21　郭紹虞主編：《中國歷代文論選》第二冊，上海古籍出版社1979年版，第470頁注22。

嚼有味。（陸輔之《詞旨》）

　　劉叔安，名鎮，號隨如。……又春宴云：「庭花弄影，一簾香月娟娟。」有富貴蘊藉之味。（楊慎《詞品》卷四）

　　馮偉壽，字艾子，號雲月，詞多自製腔。草堂詞選其「春風惡劣。把數枝香錦，和鶯吹折」一首。又「春風裊娜」，其自度曲也。……殊有前宋秦、晁風豔，比之晚宋酸餡味、教督氣不侔矣。（楊慎《詞品》卷四）

　　「意味」「氣味」都是在詩論中出現過的概念，「意味」主要從思想內容的委婉含蓄的表達角度説的；而「氣味」乃是從風格角度説的。宋代沈義父（差不多與張炎同時）的《樂府指迷》，基本觀點與張炎相同，不過他不像炎那樣推尊姜夔，而是極力稱讚周邦彥，尤重其體制「綿密」的特點。在「詞味」論上，其所謂「太露」則無「深長之味」，和明代楊慎説的「蘊藉之味」，無非是説詞要委婉含蓄，故能給人讀後有所「回味」、咀嚼不盡的美的享受，這是結合詞的字、句、體制、狀物抒情等方面來説的，所以説，具有「細部批評」的特點。

　　順便論述一下詞的「酸餡味」和「蒜酪體（味）」的問題。楊慎所謂「晚宋酸餡味、教督氣」，就是指詞的「三家村」習氣，不雅正而流於粗俗的滑稽或拘泥不化的「故實」弊端。其後清人論詞也批評所謂「蒜酪體」（或曰「蒜酪味」）詞。清代沈雄《古今詞話》載曰：

　　蔣一葵曰：康伯可從駕時，重陽遇雨，口占望江南有云：「戲馬台前泥拍肚，龍山會上水平臍。直浸到東籬。落帽孟嘉尋箬笠，拂衣陶令覓蓑衣。兩個一身泥。」高宗大笑，問之，伯可對云，此蒜酪體也。沈雄曰：粗鄙之流為調笑，調笑之變為諛媚，是也。

清代劉體仁（1624-？）《七頌堂詞繹》〈易安詞本色當行〉條亦論曰：「柳七最尖穎，時有俳狎，故子瞻以是呵少游。若山谷亦不免，如『我不合太攔就』類，下此則蒜酪體也。惟易安居士『最難將息，怎一個愁字了得』，深妙穩雅，不落蒜酪，亦不落絕句，真此道本色當行第一人也。」所謂「蒜酪」味即是「俗」而不雅，而戲曲正需要一定的滑稽和「俗」趣，故明清人主張戲曲要有「蒜酪」味，這是值得注意的。

二、清代的「詞味」論

元明時期，由於曲的創作盛行，詞的創作較為衰微，而到了清代，詞的創作和詞學理論批評又興盛起來。主盟詞壇者，清代中葉以前是以朱彝尊（1629-1709）等為代表的浙西派，清代中葉以後是以張惠言（1761-1802）等為代表的常州派。

朱彝尊《詞綜發凡》說：「世人言詞，必稱北宋。然詞至南宋，始極而工，至宋季而始極其變，姜堯章氏最為傑出。」浙西派不取蘇、辛一路的詞，特別宗尚姜夔（白石）、張炎（玉田）二人，如朱彝尊編選的《詞綜》幾乎將《白石樂府》二十餘闋全部入選，認為「詞莫善於姜夔」（《曝書亭集》卷四十《黑蝶齋詩餘序》）。在前人（如嚴羽以禪喻詩的「妙悟」論等）的影響下，明代董其昌等畫家，提出畫分「南北二宗」的觀點，而且貶北宗而尚南宗，受此影響，浙西派詞人厲鶚提出詞的「南北宗」論：「嘗以詞譬之畫，畫家以南宗勝北宗。稼軒、後村諸人，詞之北宗也；清真、白石諸人，詞之南宗也。」（《樊樹山房文集》卷四《張今涪紅螺詞序》）這是由於在他們看來，姜夔的詞講究格律，含蓄委婉，境界要「清空」，而風格要「醇雅」。浙西派在一定程度上也流露出其以「婉約」為詞之正宗的觀念，反對前人所謂「詩餘」「詩降為詞」的觀點，如汪森的《詞綜序》就有這種看法。就總體而言，董其昌等崇尚南宗畫，王士禎力主「神韻」說，崇尚那種如畫

中「逸品」的詩，朱彝尊、厲鶚等追求詞的「醇雅」、「清空」（實本於張炎），有意排斥蘇、辛一路的詞作，而提倡所謂「南宗」詞，反映了較為共同的審美理想。這與康、乾之世的「文網」密織的政治現實背景具有一定的關係。

浙西派等人的「詞味」論，就是與他們的「醇雅」「清空」的審美理想密切結合在一起的，這在許昂霄（清康、乾年間人）的《詞綜偶評》中得到集中反映。許氏評詞，推尊朱彝尊，認為學詞應從《詞綜》入門。《詞綜偶評》是許氏的學生張載言根據聽講記錄而整理成書的，張載言在該書「附識」中說：「唯《詞綜》一書，竹垞先生博采唐宋，迄於金元，蒐羅廣而選擇精，舍此無從入之方也。」列舉其有關「詞味」論如下：

酒泉子（司空圖，「黃昏把酒祝東風，且從容」）：歐公浪淘沙起語本此。然刪去黃昏二字，便覺寡味。（評唐詞）

臨江仙（李石，前段）：數語較勝。無名氏踏莎行詞，所謂有景有情有味也。「一方明月中庭」，用劉禹錫詩。「扇子撲流螢」，用杜牧之詩。

解連環（引者按：評姜夔詞）：「玉鞍重倚」三句，冒起。「為大喬能撥春風」，以下倒敘。「柳怯雲松」二句，固知濃抹不如淡妝。「嘆幽歡未足」二句，與起處遙接。從合至離，他人必用鋪排，當看其省筆處。「問後約空指薔薇」三句，深情無限，覺少游「此去何時見也」，淺率寡味矣。

採桑子（陸游）：體格彷彿花間，但味較薄耳。南宋小令佳者，大抵皆然。

壽樓春（史達祖）：白石、梅溪，昔人往往並稱。驟閱之，史似勝

姜，其實則史稍遜堯章（引者按：姜夔）。昔鈍翁嘗問漁洋曰：「王、孟齊名，何以孟不及王。」漁洋答曰：「孟詩味之未能免俗耳。」吾於姜史亦云。倚聲者試取兩家詞熟玩之，當不以予為蚍蜉之撼。（以上五則評宋詞）

就「味」的範疇本身的理論內涵而言，許昂宵所論本無什麼發展，但結合詞的創作和鑑賞特點看問題，他的論述還是有一些新意的，在方法上也具有「細部批評」的特點。歐陽修《浪淘沙》詞上闋曰：「把酒祝東風，且共從容。垂楊紫陌洛城東，總是當時攜手處，遊遍芳叢。」許氏指出首二句本於司空圖《酒泉子》詞「黃昏把酒祝東風，且從容」，認為「刪去黃昏二字，便覺寡味」。為什麼呢？歐陽修這首詞是寫離情、相思之苦的，而「黃昏」之景，最容易使人感受到這種情感，同時，有「黃昏」二字，情境就更為具體。許氏認為「詞味」產生於情景交融的詞境，「所謂有景有情有味也」。而詞境與詩境不同，詞要講「鋪敘」，但又要不「質實」，出之以「清空」，而且要「雅正」（所謂「醇雅」），這樣才有詞之「味」，所以他仔細分析了姜夔的《解連環》等詞的鋪敘方法，包括結構的轉換、正敘與倒敘、「離合」（指起承轉接）、「濃淡」（指詳寫和略寫）的問題，從而說明如何能夠做到「深情無限」，具有含蓄不盡的美感。所謂「從合至離，他人必用鋪排，當看其省筆處」，這實際就是具體說明姜夔詞的「清空」之境的創造問題。就「詞品」而言，他認為姜夔的詞高於史達祖的詞，就在於姜詞的味「雅」而史詞的味「俗」。當然，雖可把許氏諸多評論視為浙西派的觀點，但許氏又有自己的獨到見地，這方面問題此處可置不論。

與清代的考據學（所謂「乾嘉學派」）盛行的同時，詩論上翁方綱等提倡「肌理即義理」的「肌理」說；桐城派從方苞、劉大櫆、姚鼐

到後來的曾國藩等，都提倡所謂「義法」，主張把義理、考據、文章結合起來；而在詞學上，常州派詞人提出詞要講「寄託」，要有詩的比興、諷諭的意義，反對浙西派一味崇尚「醇雅」「清空」的觀點，這些都反映清代中期以後的共同的創作傾向和審美觀念。

常州派的代表人物張惠言本身也是一個經學家，他不滿朱彝尊的《詞綜》，與其弟張琦另編一部《詞選》。朱彝尊的《詞綜》前三十卷，有十五卷是南宋詞，而其中姜夔、史達祖、高觀國、吳文英、蔣捷、周密、王沂孫、張炎等人的詞，入選比例最大，而蘇軾、秦觀、柳永、辛棄疾的詞入選很少。而張惠言論詞，以唐人詞為準的，特別推尊溫庭筠的詞。《詞選》選自唐至宋四十四家（計一百六十首詞，另有附錄一卷），其中溫庭筠、李煜、蘇軾、秦觀、辛棄疾的詞入選最多，而其所不喜的柳永、黃庭堅、劉過、吳文英四家詞一首也沒有入選，可見其門派之見較深，選詞褊狹。故道光十年（1830），張氏外孫董毅編選《續詞選》，前有張琦的序，其中說明擴大詞選的範圍來進行補選，乃其兄張惠言的「遺志」。《續詞選》共補選了五十二家詞，其中特別增補了柳永、劉過、吳文英等人的詞。在《詞選序》中，張惠言認為詞本源於詩（這與浙西派反對「詩餘」的觀點不同），具有「意內言外」的要求。——從考據的角度來立論：「詞，意內而言外也，從司從言。」因為要尋覓詞的「寄託」大義，故其《詞選》的品評中，就有不少穿鑿附會的解說，但其認為詞不能一味「醇雅」「清空」，要有「比興」「寄託」，在當時是具有一定積極意義的，金應珪在《詞選後序》中批評當時詞壇有「淫詞」「鄙詞」「游詞」這「三弊」，對當時詞的創作不良風氣，具有批評作用。從張惠言到賙濟等，都非常稱讚蘇、辛詞，直至晚清，常州派都占居詞壇的主要地位。總體上講，常州派詞主要糾正了浙西派脫離現實的偏頗，常州派的「詞味」論，同

樣也是與他們的宗旨即主張「比興」「寄託」的觀念緊密聯系在一起的。常州派的詞學理論家代表者有周濟（1781-1839）、陳廷焯（1853-1892）等。

周濟論詞基本觀點代表常州派的宗旨，但又有自己的見解，如他也反對浙西派以姜夔、張炎為宗，批評姜夔詞曰：「白石號為宗工，然亦有俗濫處、寒酸處、補湊處、敖衍處、支處、復處，不可不知。」又批評張炎的詞無「味」：「玉田（引者按：張炎）才本不高，專恃磨礱雕琢，裝頭作腳，處處妥當，後人翕然宗之。……宅句安章，偶出風致，乍見可喜，深味索然者，悉從沙汰。」主張詞要有「寄託」，有所謂「非寄託不入，專寄託不出」（《宋四家詞選目錄序論》）的著名觀點，而又推尊周邦彥（清真）、辛棄疾（稼軒）、王沂孫（碧山）和吳文英（夢窗）四家詞，這就又與張惠言的詞論有不同。在「詞味」論上，周濟也有不少論述，他說：

> 北宋主樂章，故情景但取當前，無窮高極深之趣。南宋則文人弄筆，彼此爭名，故變化益多，取材益富。……北宋含蓄之妙，逼近溫、韋，非點水成冰時，安能脫口即是。周、柳、黃、晁，皆喜為曲中俚語，山谷尤甚。此當時之軟平勾領，原非雅音。若托體近俳，而擇言尤雅，是名本色俊語，又不可抹煞矣。雅俗有辨，生死有辨，真偽有辨，真偽尤難辨。稼軒豪邁是真，竹山便偽。碧山恬退是真，姜、張皆偽。味在酸鹹之外，未易為淺嚐人道也。（《宋四家詞選目錄序論》）

周濟吸取司空圖的「味外之旨」的詩味論觀點，轉用於評詞，其主要認為詞要含蓄淡遠，有真情實感，不是「逐韻湊成」，要雅而不

俗、真而不偽，這樣才能有「味在酸鹹之外」的詞味。他還提出詞的「神味」「意味」的概念，其《宋四家詞選眉批》評周邦彥《過秦樓》（水浴清蟾）：「入此三句，意味深厚。」這與其後陳廷焯論詞的「厚味」「味外味」的觀點是較為接近的。其所謂「意味」，無非是説詞要含蓄的寄託而已。又評周邦彥《滿庭芳》（鳳老鶯雛）：「體物入微，夾入上下文中，似褒似貶，神味最遠。」評秦觀《金明池》（瓊苑金池）：「此詞最明快，得結語神味便遠。」（《宋四家詞選眉批》）其所謂「神味」，就是指詞的詠物寫景能夠細微入神（傳神）而已。鵾濟同張惠言等一樣，對姜夔、張炎詞的評論，並不是十分公允的，其間門派之見亦深。

　　晚清至近代的陳廷焯、劉熙載、況周頤等，在詞學研究上具有一定的貢獻，他們對「詞味」論也有很多論述，其主要宗旨大體本於常州詞派。陳廷焯論詞，與鵾濟不同，取徑較廣，對姜夔的詞也特別推重。他説：「熟讀溫、韋詞，則意境自厚。熟讀周、秦詞，則韻味自深。熟讀蘇、辛詞，則才氣自旺。熟讀姜、張詞，則格調自高。熟讀碧山詞，則本原自衛，規模自遠。本是以求風雅，何必遽讓古人。」（《白雨齋詞話》卷七）其《白雨齋詞話》〈自序〉曰：「夫人心不能無所感，有感不能無所寄，寄託不厚，感人不深，厚而不郁，感其所感，不能感其所不感。」所以他特別重視以「比興」之法「寄託」情懷，要求詞的創做作到「情長」而「味永」，沉鬱頓挫，繼承「風雅」傳統。陳氏論詞好言其「味」，略舉其《白雨齋詞話》有關者數則，以見其概：

　　飛卿更漏子三章，自是絕唱，而後人獨賞其末章梧桐樹數語。……不知梧桐樹數語，用筆較快，而意味無上二章之厚。（卷一）
　　美成詞有前後若不相蒙者，正是頓挫之妙。……後人為詞，好作

盡頭語，令人一覽無餘，有何趣味。（卷一）

　　黃思憲知稼翁詞，氣和音雅，得味外味。人品既高，詞理亦勝。
（卷一）

　　白石揚州慢（淳熙丙申至日過揚州）云：「自胡馬窺江去後，廢池
喬木，猶厭言兵。漸黃昏、清角吹寒，都在空城」數語，寫兵燹後情
景逼真。「猶厭言兵」四字，包括無限傷亂語。他人累千百言，亦無此
韻味。（卷二）

　　王碧山詞，品最高，味最厚，意境最深，力量最重。感時傷世之
言，而出以纏綿忠愛。（卷二）

　　稼軒詞有以朴處見長，愈覺情味不盡者。如水調歌頭結句云：「東
岸綠陰少，楊柳更須栽。」信手拈來，便成絕唱，後人亦不能學步。
（卷六）

　　「極沉鬱之致，窮頓挫之妙」（《白雨齋詞話》卷一評馮正中詞），
「貴情餘言外，含蓄不盡」（《白雨齋詞話》卷一吳賀詞），這幾句話
可以用來闡釋陳廷焯的「詞味」論的理論內涵。他說的「意味」「情
味」「厚味」等概念，主要就是從立意抒情方面而言的，強調的是要有
「寄托」而已；他說的「韻味」「趣味」「味外味」等，是從表現角度
而言的，就是要有「意境」，「情景逼真」，含蓄不盡，品格淡雅。能夠
如此，就是有「味」，有「味外味」。劉熙載（1813-1881）《藝概》〈詞
曲概〉認為：「詞也者，言有盡而意無窮也。」又曰：「詞之妙，莫妙
以不言言之，非不言也，寄言也。」因此他把司空圖說的「味外之旨」
推為詞的最高境界：

　　司空表聖云：「梅止酸，鹽止於鹹，而美在酸鹹之外。」嚴滄浪

云：「妙處透徹玲瓏，不可湊泊。如水中之月，鏡中之象。」此皆論詩也，詞以得詞境為超詣。（《藝概》〈詞曲概〉）

　　近人況周頤（1859-1926）論詞以「重」「拙」「大」為作詞「三要」：「重」即要厚重凝練而出之「自然」，且要能夠沉鬱頓挫；「拙」即要有真率樸直之美，至乃令人有頑鈍之感；「大」的含義較為複雜，或指「托旨」之大，或指境界渾厚，或指氣象博大等。由此，他說：「初學作詞，只能道第一義，後漸深入。意不晦，語不琢，始稱合作。至不求深而自深，信手拈來，令人神味俱厚。」（《蕙風詞話》卷一）又評莫子山的水龍吟、玉樓春詞，認為其「渾成而意味厚」（《蕙風詞話》卷二），把詞的「神味」與意境的渾厚聯繫起來。又曰：「澀之中有味、有韻、有境界，雖至澀之調，有真氣貫注其間。其至者，可使疏宕，次亦不失凝重，難與貌澀者道耳。」（《蕙風詞話》卷五）「重」而「拙」，故有「至澀」之審美感受，況周頤指出詞有「澀味」，較為有新意，「澀」而不滑，自然「雅」而不俗也。

　　清代論及「詞味」者尚多，限於篇幅，不再紹述。最後，可以陳廷焯所說的一段話結束本節的論述，因為這段話説明了「詞味」產生和賞鑑的特點：

　　美成詞極其感慨，而無處不郁，令人不能遽窺其旨。如蘭陵王（柳）「登臨望故國，誰識京華倦客」二語，是一篇之主。上有「隋堤上，曾見幾番，拂水飄綿送行色」之句，暗伏倦客之根，是其法密處。故下接云：「長亭路，年去歲來，應折柔條過千尺。」久客淹留之感，和盤托出。他手至此，以下便直抒憤懣矣，美成則不然。「閒尋舊蹤跡」二迭，無一語不吞吐。只就眼前景物，約略點綴，更不寫淹留

之故，卻無處非淹留之苦。直至收筆云：「沉思前事，似夢裡、淚暗
滴。」遙遙挽合，妙在才欲說破，便自嚥住，其味正自無窮。（《白雨
齋詞話》卷一）

所謂周邦彥《蘭陵王》〈柳〉一詞，能夠做到「只就眼前景物，約
略點綴，更不寫淹留之故，卻無處非淹留之苦」，所謂「遙遙挽合，妙
在才欲說破，便自嚥住，其味正自無窮」，真正會作「詞」者，都有這
種體會和追求。能夠仔細體會到上引陳廷焯的這段鑑賞批評「話語」
中的精妙，大概就能夠把握住「詞味」和「詩味」表現的不同之處。

第四節 「奇味」「異味」與小說的審美觀

從「味」這一美學範疇的歷史的與邏輯的發展角度看，中唐時期，
「奇味」「異味」的觀念開始突出出來。宋元明清時期，小說、戲曲的
創作日益繁榮，這種「奇味」「異味」的概念內涵就主要指向「俚俗」
的審美觀念，從而形成與「正味」（主要就是「雅淡」之味）雙向發展
的特點。如果說「奇味」「異味」的審美觀念主要體現在小說、戲曲批
評之中，那麼「雅淡」之「正味」的審美觀念，主要就體現為詩（還
有詞和文）、樂、書、畫等占正統地位的藝術門類的批評之中——這在
本書有關「詩味」論、「樂味」論、「畫味」論等分析論述中，已經得
到較為充分的說明，而關於「奇味」「異味」的審美觀念，本節和下節
將在討論小說和戲曲理論批評中的「味」論時，予以分析。

一、「奇味」「異味」的觀念的突出

「概念」的發展運動包含有「自在」「自為」的兩個階段。在「自
在」的階段上，潛藏在概念中的對立保持著原始的同一性；在「自為」

的階段上，潛藏在「自在」階段中的對立矛盾開始展開，最終到達新的對立統一的階段，這是德國哲學家黑格爾《邏輯學》的一個基本思想。捨棄其有關「絕對精神」的唯心主義的觀念，可以發現黑格爾這一論述中的合理性和思辨的深刻性。在中國古代「藝味」說中，有「和味」論，又有「無味」論；有「正味」論，又有「奇味」「異味」論。「奇味」與「異味」，有時是在差不多同等的意義上使用的，但就詞源而言，「奇味」與「異味」本有所別，不過「奇味」一定是超常的，故又可與「異味」混用。「正味」與「奇異」之味的雙向發展而走向新的對立統一的標誌，就是雅俗結合的審美要求在明清小說、戲曲理論批評中一再得到重新的強調。

「奇味」「異味」觀念雖然是在中唐時期開始突出出來，但就其源始可以追溯到先秦時期，最早突出地體現在莊子的思想中。《莊子》〈齊物論〉中的寓言性人物王倪回答齧缺的話曰：

且吾嘗試問乎汝：民濕寢則腰疾偏死，鰌然乎哉？木處則惴慄恂懼，猨猴然乎哉？三者孰知正處？民食芻豢，麋鹿食薦，蝍蛆甘帶，鴟鴉耆鼠，四者孰知正味？猨猵狙以為雌，麋與鹿交，鰌與魚游，毛嬙、西施，人之所美也；魚見之深入，鳥見之高飛，麋鹿見之決驟，四者孰知天下之正色哉？自我觀之，仁義之端，是非之途，樊然殽亂，吾惡能知其辯。

莊子的本意在於從相對主義的「齊物」思想出發，說明「道通為一」的道理，批評儒家的「仁義」「是非」之說。又，《莊子》〈天運〉篇記載師金回答顏淵的話（論孔子之道「窮」的問題）曰：「故夫三皇五帝之禮義法度，不矜於同而矜於治。故譬三皇五帝之禮義法度，其

猶柤、梨、橘、柚邪！其味相反而皆可於口。」這種「孰知正味」「其味相反而皆可於口」的觀點，就「味」這一美學範疇本身的邏輯開展而言，正是導致後代與主流「味」（「雅淡」）論分化的思想基礎。

在先秦至秦漢時期，還有一些思想家、哲學家，也討論到「正味」與「奇味」「異味」的問題。如《韓非子》卷十六《難四》：「或曰：屈到嗜芰，文王嗜菖蒲菹，非正味也，而二賢尚之，所味不必美。」《呂氏春秋》卷十四《孝行覽》〈遇合〉：「若人之於滋味，無不說甘脆，而甘脆未必受也。文王嗜昌蒲菹，孔子聞而服之，縮而食之，三年，然後勝之。」這種「文王嗜昌蒲菹」的典實，後來成為崇尚「奇異」之味者的理論依據（如柳宗元《讀韓愈所著〈毛穎傳〉後題》）。漢代揚雄《法言》卷二《吾子》曰：

或問：公孫龍詭辭數萬以為法，法與？曰：斷木為棋，捖革為鞠，亦皆有法焉。不合乎先王之法者，君子不法也。觀書者，譬諸觀山及水，升東嶽而知眾山之峛崺也，況介丘乎？浮滄海而知江河之惡沱也，況枯澤乎？舍舟航而濟乎瀆者末矣；舍五經而濟乎道者末矣。棄常珍而嗜乎異饌者，惡睹其識味也；委大聖而好乎諸子者，惡觀其識道也。

公孫龍子的著作，在揚雄看來就是不符合聖人之道的「異饌」，好「諸子」之說而不好孔子思想者，就是不識「正味」的人。揚雄這種觀念與其「詩人之賦麗以則，辭人之賦麗以淫」的「宗經」文學觀正是一致的。後代小說批評中，就用「異饌」說來稱讚小說的獨特審美趣味（如北宋曾慥《類說序》）。

漢代的王充《論衡》〈自紀〉篇曰：「充書既成，或稽合於古，不

類前人。」他反駁說：「美色不同面，皆佳於目；悲音不共聲，皆快於耳。酒醴異氣，飲之皆醉；百谷殊味，食之皆飽。謂文當與前合，是謂舜眉當復八采，禹目當復重瞳。」這種「酒醴異氣，飲之皆醉；百谷殊味，食之皆飽」的看法，與揚雄明顯不同，對後代文藝批評能夠寬容地對待各種不同審美之「味」的作品，是具有積極的影響的，而且在六朝時期，這種觀念就普遍為人所接受。如葛洪《抱朴子》外篇〈辭義〉曰：「五味舛而並甘，眾色乖而皆麗。近人之情，愛同憎異，貴乎合己，賤於殊途。夫文之體，尤難詳賞。苟以入耳為佳，適心為快，鮮知忘味之九成，《雅》《頌》之風流也。所謂考鹽梅之鹹酸，不知大羹之不致；明飄颻之細巧，蔽於沉深之弘邃也。」「文貴豐贍，何必稱善如一乎？」六朝文藝理論批評家普遍崇尚華美，在一定意義上，可以說拋棄了所謂「大羹」淡味的審美理想。「異味」「逸味」這兩個「語詞」也出現在六朝人的有關作品之中。如傅玄《李賦》有曰：「甘酸得適，美逾蜜房。浮彩點駮，赤者如丹，入口流澌，逸味難原。見之則心悅，含之則神安。乃有河沂黃建，房陵縹青，一樹三色，異味殊名。……玩斯味之奇瑋兮，然後知報之為輕。」（《全晉文》卷四十五）「異味」「逸味」，後來都成為運用於文藝批評中的美學範疇。

就中國古代文藝創作的實際情況看，也是不斷出現脫離「正味」軌道的具有「俚趣」「奇異」之味的作品的產生，在詩文等所謂占正統地位的藝術創作中，也具有這種情況。最早不同於「經典」的作品，是《離騷》等「楚辭」。劉勰對「雅俗」問題有非常精到的見解，《文心雕龍》〈通變〉曰：「斯斟酌乎質文之間，而櫽括乎雅俗之際，可與言通變矣。」所以他的文學觀念具有很大的包容性。《文心雕龍》〈辨騷〉篇專門分析《離騷》與儒家「經典」的「四同四異」的特徵，對屈原和《離騷》極口稱讚：「自風、雅寢聲，莫或抽緒，奇文鬱起，其

《離騷》哉！」又曰：「氣往轢古，辭來切今，驚采絕豔，難與並能也。」認為屈原「乃《雅》《頌》之博徒，而詞賦之英傑也」。《離騷》與「文質彬彬」的「典誥」之體的不同，在於具有一種「奇」（誇誕）、「豔」的美，相對於經典而言，就是「奇味」「異味」。盛唐大詩人李白的詩歌奇逸豪放，誇張奇特，想像豐富，具有所謂「奇」的審美特徵。殷璠《河岳英靈集》（卷上）評曰：「白性嗜酒，志不拘檢，常林棲十數載，故其為文章，率皆縱逸。至如《蜀道難》等篇，可謂奇之又奇。然自騷人以還，鮮有此體調也。」中唐大文豪韓愈的詩具有「怪」「奇」的特點，前人早有評論，韓愈自己也有表白。韓愈《調張籍》詩曰：「精誠忽交通，百怪入我腸。刺手拔鯨牙，舉瓢酌天漿。」（《昌黎先生集》卷五）又其《荊潭唱和詩序》曰：「搜奇抉怪，雕鏤文字。」（《昌黎先生集》卷二十）又其《薦士》詩曰：「有窮者孟郊，受材實雄驚。冥觀洞古今，象外逐幽好。橫空盤硬語，妥帖力排奡。」（《昌黎先生集》卷二）所謂「百怪入我腸」，「搜奇抉怪」，「橫空盤硬語，妥帖力排奡」云云，都可以視為韓愈自己的審美理想和創作特點。晚唐司空圖提出著名的「味外之旨」「韻外之致」的「韻味」論，但他自己明確說「嗜奇」（《司空表聖文集序》），又評價韓愈的詩曰：「其驅駕氣勢，若掀雷抉電，撐抉於天地之間，物狀奇怪，不得不鼓舞而徇其呼吸也。」（《司空表聖文集》卷二《題柳柳州集後》）這種「怪」而「奇」的詩歌與他所謂「右丞、蘇州趣味澄夐」（《司空表聖文集》卷一《與王駕評詩書》）的詩歌明顯有所不同，而是一種「異味」的美。柳宗元評價韓愈的《毛穎傳》的審美特點，稱之為有「奇異」味。「異味」「奇味」範疇後來便逐漸成為小說、戲曲理論批評中的具有代表性的「味」論範疇；更重要的還不在於使用這種「異味」「奇味」的概念，而在於這種「奇異」之味的審美觀念的影響。在宋元明清小說、戲曲

理論批評中，與「雅正」之「味」、「平淡」之「味」相對的「奇味」「異味」乃至「蛤蠣味」「蒜酪味」的美感觀念，得到較為普遍的認可。

二、「奇異」之味與小說的審美觀──小說理論批評中的「味」論

中國古代小說的審美觀一直受到正統詩文的功用論和「史」的真實論（所謂「實錄」）的影響，至唐代傳奇小說至明清講史、言情小說大量作品出現後，才逐步擺脫「小道可觀」之思想的束縛，認識到小說本身的愉悅情志的審美功能和獨特的教育功能，小說也才逐步獲得獨立的地位。「小說」一詞，最早見於《莊子》〈外物〉篇：「飾小說以干縣令，其於大達亦遠矣。」這裡的「小說」指瑣屑的言談，小的道理。漢代桓譚（約前23-後50）《新論》有論曰：「若其小說家，合叢殘小語，近取譬論，以作短書，治身理家，有可觀之辭。」[22]班固（32-92）《漢書》〈藝文志〉著錄所謂「小說」十五家（1380篇），並曰：「小說家者流，蓋出稗官，街談巷語，道聽塗說者之所造也。孔子曰：『雖小道，必有可觀者焉，致遠恐泥。是以君子弗為也。』然亦弗滅也。閭裡小知者之所及，亦使綴而不忘。如成一言可採，此亦芻蕘狂夫之議也。」之所以稱之為「小道」，正是與「經史」以及所謂「經國之大業」的「文章」的地位相比擬而產生的結論。

如果說莊子的「孰知正味」的觀點，是引發小說批評中重視「奇異味」之美感的思想基礎；那麼這種「奇異味」的觀念產生的直接理論根據，還是在於小說創作本身的逐步發展形成的審美特點。從《莊子》等先秦諸子著作中的寓言故事，以及《山海經》一類的著作的出現，再到由於人物品評風氣和傳譯過來的佛教故事的影響等方面的原

---

22 本節引用有關古代「小說」理論批評的原文，均據黃霖、韓同文選注的《中國歷代小說論著選》（上），江西人民出版社1982年版。

因，六朝時期志人志怪小說的產生，小說的那種「近取譬論」「道聽塗說」的特點就更為顯豁起來，因此與「經」之「雅正」不同的「怪」「奇」「異」的審美特點更加突出出來。

晉郭璞（276-324）《注山海經敍》指出：「世之覽《山海經》者，皆以其閎誕迂誇，多奇怪俶儻之言，莫不疑焉。」那麼郭璞是如何回答這種「疑問」的呢？他一方面運用《莊子》《周易》等哲學觀點說明這種怪異之物，仍然是陰陽化生的結果，「理無不然」，故不足怪，少見則多怪而已；另一方面他極力從史書的記載中尋覓有關「史實」來證明這些怪異之物的存在。這與劉勰把《離騷》與經典相比，得出「四同四異」的方法，實是基本相同的。不過郭璞關於「遊魂靈怪，觸象而構，流形於山川，麗狀於木石」（《注山海經敍》）的觀點，對後代小說創作的想像方法，產生一定的影響。晉干寶「撰集」《搜神記》，其《搜神記序》亦說該書「安敢謂無失實者」，「及其著述，亦足以明神道之不誣也」，也是強調小說的「實」與「信」的，這說明其時在審美觀念上，對小說的虛構性還認識不足。至唐代傳奇小說興盛，韓愈自覺認識到「駁雜無實之說，此吾所以為戲耳」（《答張籍書》，《昌黎先生集》卷十四）。他還找出《詩經》中「善戲謔兮，不為謔兮」作為論據（《重答張籍書》，《昌黎先生集》卷十四），說明自己撰寫一些如《獲麟解》這種嘲戲之作的理由，回答張籍的質疑。韓愈、柳宗元是唐代「古文」創作復興的領袖，韓愈《答李翊書》更是說自己開始學習寫作「古文」時，「非三代兩漢之書不敢觀，非聖人之志不敢存」（《昌黎先生集》卷十六），所以韓愈一旦寫出《毛穎傳》這樣的類似於傳奇小說、寓言故事一樣的文章，馬上遭到訾議。時柳宗元（773-819）已經貶為永州（湖南零陵）司馬，好不容易能夠讀到《毛穎傳》，即撰文稱讚之，這就是《讀韓愈所著〈毛穎傳〉後題》一文，其中論曰：

　　大羹玄酒，體節之薦，味之至者，而又設以奇異小蟲水草楂梨橘柚，苦鹹酸辛，雖蜇吻裂鼻，縮舌澀齒，而鹹有篤好之者。文王之昌蒲菹，屈到之芰，曾皙之羊棗，然後盡天下之味以足於口，獨文異乎？韓子之為也，亦將弛焉而不為虐歟？游焉而有所縱歟？盡六藝之奇味以足其口歟？而不若是，則韓子之辭若甕大川焉，其必決而放諸陸，不可以不陳也。且凡古今是非六藝百家，大細穿穴用而不遺者，毛穎之功也。韓子窮古書，好斯文，嘉穎之能盡其意，故奮而為之傳，以發其鬱積，而學者得之勵，其有益於世歟！（《柳河東集》卷二十一）

　　柳宗元自己就寫過《三戒》《羆說》《蝜蝂傳》《哀溺文》等寓言故事和《宋清傳》《梓人傳》《種樹郭橐駝傳》等類似人物故事的傳記，這些作品都有一點小說的特點。柳宗元認為《毛穎傳》猶如「奇異小蟲水草楂梨橘柚」，具有「苦鹹酸辛」之味，這種「味」是奇味、異味，人們品嘗之，即使有「蜇吻裂鼻」，「縮舌澀齒」之感，卻仍然「篤好之」，《毛穎傳》能夠「發其鬱積，而學者得之勵」，並強調《毛穎傳》是具有思想意義的文章，絕非什麼放情縱慾之作。

　　其後南宋曾慥（生卒年不詳）《類說序》提出「異饌」說：「小道可觀，聖人之訓也。……因集百家之說，採摭事實，編纂成書，分五十卷，名曰《類說》。可以資治體、助名教、供談笑、廣見聞，如嗜常珍，不費異饌，下箸之處，水陸具陳矣。覽者其詳擇焉。」不過這只是從「供談笑、廣見聞」等作用方面說的，但無疑也說明了小說的獨特審美趣味。

　　明清時期出現了講史小說的代表作品《三國演義》、神話小說的代表作品《西遊記》、英雄傳奇小說的代表作品《水滸傳》、諷刺小說的

代表作品《儒林外史》和言情小說的代表作品《金瓶梅》《紅樓夢》等，類似這類題材的作品很多，小說理論批評（特別是評點）非常繁榮。明胡應麟《少室山房筆叢》（《莊岳委談》下）說當時人和他自己都特別喜好《水滸傳》，認為「其排比一百八人，分量重輕，纖毫不爽，而中間抑揚映帶，回護詠歎之工，真有超出語言之外者。」認為其描寫人物非常成功，是「極足尋味」的作品。又說：「《水滸》余嘗戲以擬《琵琶》，謂皆不事文飾，而曲盡人情耳。」可見其認為《水滸傳》有「味」，在於其巨大的藝術成就。不過胡氏卻不喜好《三國演義》，斥之為「絕淺鄙可嗤也」。明謝肇淛（明中後期人）等也有類似的意見。謝氏對《水滸傳》《西遊記》等都很稱讚，但認為「惟《三國演義》與《錢唐記》《宣和遺事》《楊六郎》等書，俚而無味矣。何者？事太實則近腐，可以悅裡巷小兒，而不足為士君子道也。」謝氏為何認為《三國演義》「俚而無味」呢？這是與他的小說觀直接相關的，所謂「事太實則近腐」，蓋謝氏認為《三國演義》太拘泥史實。他認為：「凡為小說及雜劇戲文，須是虛實相半，方為遊戲三昧之筆。亦要情景造極而止，不必問其有無也。」（《五雜俎》卷十五）謝氏認識到小說即使講史小說也要具有「虛構性」，這是小說審美觀的一個重大進步。

　　至於小說的「俚味」「俚趣」，大多數論者與胡應麟所論不同，都予以充分肯定，並且認為這正是小說（如講史小說）必須存在的理由。如明代庸愚子（蔣大器）《三國志通俗演義序》認為《三國志通俗演義》：「文不甚深，言不甚俗，事紀其實，亦庶幾乎史。蓋欲讀誦者，人人得而知之，若《詩》所謂裡巷歌謠之義也。」湯顯祖（1550-1616）《點校虞初志序》認為：「《虞初》一書，……以奇僻荒誕、若滅若沒、可喜可愕之事，讀之使人心開神釋、骨飛眉舞。雖雄高不如《史》《漢》，簡淡不如《世說》，而婉孌流麗，洵小說之珍珠船也。……意有

所激盪，語有所托歸，律之風流之罪人，彼固歉然不辭矣。使呫呫讀古，而不知此味，即日垂衣執笏，陳寶列俎，終是三館畫手，一堂木偶耳，何所討真趣哉！」認為這種小說有「真趣」。宣揚「童心」說的李贄，其《容與堂本李卓吾先生批評忠義水滸傳回評》有論曰：

> 李和尚曰：有一村學究道：李逵太凶狠，不該殺羅真人；羅真人亦無道氣，不該磨難李逵。此言真如放屁。不知《水滸傳》文字當以此回為第一。試看種種摩寫處，那一事不趣？那一言不趣？天下文章當以趣為第一。既是趣了，何必實有是事並實有是人！若一一推究如何如何，豈不令人笑殺（第五十三回）。

從上面的引文中，可以說明李贄所提出的「趣」的概念，其含義比較複雜，主要是指人物個性、語言等表現出來的真實性和生動性的特徵；他認為《水滸傳》中李逵的形象塑造有「趣」，並由這種「趣」的強調，揭示出小說藝術要具有虛構性的特點，所謂「既是趣了，何必實有是事並實有是人」。其後清代幔亭過客（袁於令）《西遊記題辭》曰：「文不幻不文，幻不極不幻。是知天下之事，乃極真之事，極幻之理，乃極真之理。故言真不如言幻，言佛不如言魔。魔非他，即我也。我化為佛，未佛皆魔。……此《西遊》之所以作也。」這就對小說的虛構性與藝術的真實性特點及其關係，認識得較為清楚。

可見，明清時期的小說的序跋和評點中，逐漸把「味」「趣」用來具體分析人物形象、語言表現等方面的美感特點，小說的審美觀，逐步走向「藝術的自覺」境地；同時傳統的「雅正」理想、信實的要求、教化人心的功用的觀點，也一直得到一定程度的堅持，要求雅俗結合，「俚」而不入於猥鄙，「趣」而不失其「理」，這也是基本值得肯定

的觀念。如（明末）鍾離睿水《十二樓序》曰：

> 蓋自說部逢世，而侏儒牟利，苟以求售，其言猥褻鄙靡，無所不至，為世道人心之患者無論矣，即或志存扶植，而才不足以達其辭，趣不足以輔其理，塊然幽悶，使觀者恐臥而聽者反走，則天地間又安用此無味之腐談哉！今是編以通俗語言，鼓吹經傳，以入情啼笑，接引頑痴……

這裡所謂「鼓吹經傳」云云，固乃迂論，也不切合實際，但要求小說有「趣」有「味」而不流於鄙靡，還是非常好的意見。又如：清代的靜恬主人《金石緣序》從藝術角度對作小說者提出要求曰：

> 作者先須立定主見，有起有收，迴環照應，點清眼目[23]，做得錦簇花團，方使閱者稱奇，聽者忘倦。切序事多直接，意味索然，又忌人多混雜，眉目不楚。

這就是說要把小說寫得符合情理，先定「主見」，起收照應自然，才能令讀者獲得審美享受。又如《脂硯齋重評石頭記批語》第四十三回「說畢，又磕幾個頭，才爬起來」等句下夾批（脂京本），曰：

> 忽插入茗煙一篇流言，粗看則小兒戲語，亦甚無味，細玩則大有深意。試思寶玉之為人，豈不應有一極伶俐乖巧小童哉。此一祝亦如《西廂記》中雙文降香第三炷，則不語，紅娘則待（代）祝數語，直將

---

23 該句原作「一點清眼目」，「一」或衍，或當作「一一」。

雙文心事道破。

　　粗看此處茗煙所説的話及其行為，似「無味」，仔細一思卻大有「深意」（即有「味」），因為這就把寶玉的性格、茗煙的伶俐乖巧以及此處特定的情境表現出來。這種分析可謂非常細緻入微。自號護花主人的王希廉，其《紅樓夢批序》曰：

　　物從其類，嗜有不同，麋鹿食薦，蜩且（蛆）甘帶，其視薦帶之味，固不異於粱肉也。余菽麥不分，之無僅識，人之小而尤小者也。以最小之人，見至小之書，猶麋鹿蜩且適與薦帶相值也，則余之於《紅樓夢》愛而讀之，讀之而批之，固有情不自禁者矣。

　　這明顯是從莊子「孰知正味」論出發，説明《紅樓夢》具有令人達到「情不自禁」的感人藝術魅力。
　　蒙古族人哈斯寶用蒙文選譯《紅樓夢》，其《新譯紅樓夢迴評》第三十五回（譯自百二十回本第一百八、一百九回）評曰：

　　文章必有餘味未盡才可謂妙。瀟湘一事，業已煙滅灰飛，還定要掀起餘波，先寫翠竹青蔥，繼寫如聞哭聲，更寫寶玉一副神態，便勾動人心，猶如自己也置身園中。

　　這一分析十分精到，從具體描寫的情節發展和筆法上，來分析小説某段「文章」有「餘味」，很有道理。
　　《儒林外史》是我國一部傑出的諷刺小説，不少評論者對其冷峻的諷刺筆法有很好的理解。如無名氏《臥閑堂本儒林外史回評》在其第

四、第五回關於嚴貢生、嚴監生及王仁、王德兄弟等人物形象的評論，就能抉發作者的用心。無名氏認為「關帝廟中小飲一席話，畫工所不能畫，化工庶幾能之。……古人讀杜詩『江漢思歸客』，再三思之不得下語，及觀『乾坤一腐儒』，始叫絕也。」金聖歎《水滸傳序一》提出「文章三境」說：「心之所至手亦至焉者，文章之聖境也；心之所不至手亦至焉者，文章之神境也；心之所不至手亦不至焉者，文章之化境也。」這裡無名氏就是認為《儒林外史》已經達到「化境」的最高境界。又曰：

才說不占人寸絲半粟便宜，家中已經關了人一口豬。令閱者不繁言而已解。使拙筆為之，必且曰：看官聽說，原來嚴貢生為人是何等樣。文字便索然無味矣。

確實，《儒林外史》諷刺嚴貢生的貪婪冷酷、嚴監生的吝嗇庸俗以及王氏兄弟的無恥、假仁假義、無仁無德等個性與品格特點，是入木三分的，而且描寫又含蓄不露，耐人咀嚼深思，獲得深會於心的審美快感，這就是有「味」，正如無名氏所說：「文章妙處，真是在語言文字之外。」金聖歎（1608-1661）《讀第五才子書法》曾說：「《水滸傳》寫一百八個人性格，真是一百八樣。」強調小說要塑造人物的個性，其觀點為其後不少論者所繼承。如李百川《綠野仙蹤自序》說自己「最愛談鬼，每於燈清夜永際，必約同諸友，共話新奇，助酒陣詩壇之樂」，並曾「廣覓稗官野史」，常得「噴飯」之樂，「後讀《情史》《說邪（郛）》《豔異》等類數十餘部，較前所寓目者，似耐咀嚼。……彼時亦欲破空搗虛，做一《百鬼記》。因思一鬼定須一事，若事事相連，鬼鬼相異，描神畫吻，較施耐庵《水滸》更費經營。且拆襪之才，自

知線短，如心頭觸膠盆，學犬之牢牢、雞之角角，徒為觀者姍笑無味也。」這意思就是說如作《百鬼記》，只有像《水滸傳》寫一百單八將那樣，各有個性，才有「味」，否則就如「學犬之牢牢、雞之角角」（一個套路），讀者必感「無味」。馮鎮鸞非常稱頌金聖歎對《水滸傳》及《西廂記》的評論，其《讀聊齋雜說》認為「《聊齋》之妙，同於化工賦物，人各面目，每篇各具局面，排場不一，意境翻新，令讀者每至一篇，另長一番精神。……不似他手，黃茅白葦，令人一覽而盡。」又把《聊齋誌異》與紀昀《閱微草堂筆記》相比，認為紀著「生趣不逮」《聊齋》。馮氏指出《聊齋》「意境翻新」，有「生趣」——指人物描寫，「意境」等，給人一種活潑潑的新鮮感和真實感。《聊齋》寫了那麼多的鬼、狐故事，十分成功，「化工賦物，人各面目」，既不重複，更不落俗套，不是「令人一覽而盡」，而是耐人反覆體會，有無限的趣味。諸如上述所論，還可舉列很多例證，此不細述。

　　總之，早期為了論證小說的獨特功用和審美特點，論者常用「奇味」「異味」來做整體的說明，後期（主要是明清時期）評論者常常具體分析小說的人物、情節、語言乃至結構等藝術特點，在具體的批評中，運用「味」的範疇來分析其美感特點。「味」雖然不是小說理論批評的中心範疇，但無疑是其重要審美範疇之一，而且這些「味」的範疇，明顯是與小說的審美觀緊密結合在一起的，從其「味」的範疇角度，分析小說審美觀的發展變化，具有重要的理論價值。

第五節　戲曲理論批評的「趣味」論

　　在中國古代戲曲理論批評中，「味」是一個主要審美範疇。戲曲是要表演給一般大眾看的，所以戲曲語言乃至情節內容的「通俗性」一

直成為一個基本要求；戲曲是綜合性藝術，戲曲文學的種種體制與特點，是與音樂、演唱以及欣賞對象的要求結合在一起的。討論戲曲理論批評中的「味」的範疇和有關觀點，不能脫離戲曲的音樂性、通俗性以及獨特的「意境」特點來分析。因為無論是宋元時期的雜劇、南戲，還是明清傳奇，其理論批評中「味」的美學範疇，都包含這方面的審美內容。

　　這裡首先附帶說明一下，六朝以後關於雅樂的「味」論，就「味」的審美內涵而言，主要就是崇尚「雅淡」，沒有多大發展。對這種「雅淡」的「樂味」的論述，可以唐代的白居易和明代的徐上瀛關於琴樂的理論觀點為代表。如白居易（772-846）《廢琴》詩曰：「絲桐合為琴，中有太古聲。古聲淡無味，不稱今人情。」（《白香山詩集》卷一）又《鄧魴張徹落第詩》曰：「古琴無俗韻，奏罷無人聽。」（《白香山詩集》卷一）又《夜琴》詩曰：「入耳淡無味，愜心潛有情。」（《白香山詩集》卷七）等等，反覆說明琴音以「雅淡」為審美的最高境界。晚明的徐上瀛（生卒年不詳）的《溪山琴況》，仿司空圖《二十四詩品》，創琴之二十四「況」論，對古琴演奏技巧和作品鑑賞做了理論上的總結。這二十四況為：和、靜、清、遠、古、淡、恬、逸、雅、麗、亮、采、潔、潤、圓、堅、宏、細、溜、健、輕、重、遲、俗。一般認為前九況體現其精神主旨，後十五況乃屬於音質的具體要求和演奏技法等。清和雅淡，可謂是《溪山琴況》的主要琴樂觀念。如其論「恬」況曰：「諸聲淡，則無味。琴聲淡，則益有味。味者何？恬是已。味從氣出，故恬也。……不味而味，則為水中之乳泉；不馥而馥，則為蕊中之蘭茝。吾於此參之，恬味得矣。」（按：「恬淡」的概念本於《莊子》〈天道〉篇）又論「雅」況曰：「但能體認得靜、遠、淡、逸四字，有『正始』風，斯俗情悉去，臻於大雅矣。」（徐青山訂正《琴譜》）古

琴的這種「雅淡」之音，無疑與琴器本身發音的品質有關，但白居易、徐上瀛的這種「雅淡」論，更主要地還是與其音樂審美觀念聯繫在一起的。這種「雅淡」的「無味」之「味」論，與戲曲的「俗樂」審美觀念是明顯不同的。

一、「蛤蜊味」與「蒜酪味」論

與詩論、詞論乃至書論、畫論中的「味」論相比，戲曲理論批評中的「味」的範疇，其「新的內涵」突出地表現為強調通俗的「俚趣」。戲曲音樂與屬於「雅樂」的琴樂等崇尚「雅淡」之味不同，是要能夠雅俗共賞的；其曲詞也要「本色」，不能過於文雅。因為戲曲面對的是人民大眾，元代戲曲中的不少作品，其反映的內容也常常是直接與人民大眾的現實生活密切聯繫的（如關漢卿的一些作品等）。這種具有通俗等要求的審美特點，應該是包含在元代著名戲曲理論批評家鍾嗣成所説的「蛤蜊味」的內涵之中的。鍾嗣成（約1279-約1360）〈錄鬼簿序〉曰：

余因暇日，緬懷故人，門第卑微，職位不振，高才博識，俱有可錄，歲月彌久，堙沒無聞，遂傳其本末，吊以樂章；復以前乎此者，敍其姓名，述其所作，冀乎初學之士，刻意詞章，使冰寒於水，青勝於藍，則亦幸矣。名之曰《錄鬼簿》。嗟乎！……若夫高尚之士，性理之學，以為得罪於聖門者，吾黨且啖蛤蜊，別與知味者道。[24]

這段話説明元代的戲曲家多是「門第卑微，職位不振」者，但「高

24　本節所引戲曲論著，除特別註明外，均見《中國古典戲曲論著集成》，中國戲劇出版社1959年版。

才博識，俱有可錄」，他們的才識表現在其戲曲文學的創作上，與那些宣揚程朱理學的經學家們截然不同。鍾嗣成把戲曲創作和審美趣味的追求比喻為「蛤蜊味」。「蛤蜊味」，絕非大羹玄酒的淡味，而是一種別具適口的「奇異」之味。早在六朝時期，人們就特別喜食蛤蜊、蟹蚶，並曾為清談雅士者所好，成為其行為脫俗超常的一種標誌。如王羲之《雜帖》之一曰：「蚶二斛，屬二斛，前示啖蚶得味，今旨送此，想啖之故以為佳。比來食日幾許，得味不？具示。」（《全晉文》卷二十四）又梁元帝蕭繹《謝賚車螯蛤蠣啟》：「車螯味高食部，名陳物誌；蛤蜊聲重前論，見珍若士。」（《全梁文》卷十六）宋代蘇轍《賦園中蒲桃》詩有「初如早梅酸，晚作酪味」之句（引據《佩文韻府》卷六十四「味」字條）鍾嗣成所謂「吾黨且啖蛤蜊，別與知味者道」，其中不無像王羲之等人那樣欣然「自得」之意（但鍾嗣成「啖蛤蜊」說，絕非要標舉魏晉名士的清談的風流精神），表明了他自己的審美理想，這既是對「性理之學」的批判，也是對戲曲藝術的讚美。

如果說，鍾嗣成的「蛤蜊味」論，還只是籠統地說明戲曲藝術的審美趣味是與「性理之學」乃至正統的詩文作品不同的，那麼明代何良俊（1506-1573）提出戲曲要有「蒜酪味」，就繼承並發展了鍾嗣成的觀點，結合具體作品，做了稍微具體的分析。其《曲論》曰：

> 高則成才藻富麗，如《琵琶記》「長空萬里」，是一篇好賦，豈詞曲能盡之！然既謂之曲，需要有蒜酪，而此曲全無，正如王公大人之席，駝峰、熊掌，肥腯盈前，而無蔬、筍、蜆、蛤，所欠者，風味耳。

明清人從「雅正」的角度，反對詞的「蒜酪體（味）」，而何良俊卻認為曲要有「蒜酪味」，這正是從戲曲的審美特點出發提出的要求。

何良俊這裡所謂「蒜酪味」，聯繫其《曲論》有關論述，蓋主要就是指戲曲要做到「諧於俗」，語言要「本色」「自然」，還要「蘊藉有趣」，這種「趣」是俗趣、俚趣（但並不庸俗），能使「愚夫愚婦」（沒有文化的一般百姓）皆能聽懂看懂。何良俊對王實甫《西廂記》、高明《琵琶記》曾批評説：

> 金、元人呼北戲為雜劇，南戲為戲文。近代人雜劇以王實甫之《西廂記》，戲文以高則誠之《琵琶記》為絕唱，大不然。……蓋《西廂》全帶脂粉，《琵琶》專弄學問，其本色語少。蓋填詞須用本色語，方是作家。（《曲論》）

王國維論「元南戲之文章」曰：「元人南戲，推《拜月》《琵琶》。明代如何元朗（引者按：即何良俊）、臧晉叔、沈德符輩，皆謂《拜月》出《琵琶》之上。」確實[25]，王實甫《西廂記》和高明《琵琶記》，其戲曲語言屬於「文詞」一派，跟關漢卿等「本色」派不同。何良俊《曲論》認為王實甫《絲竹芙蓉亭》「雜劇仙呂一套，通篇皆本色，詞殊簡淡可喜。……夫語關閨閣已是濃豔，須得冷言剩句出之，雜以訕笑，方才有趣；若既著相，辭復濃豔，則豈畫家所謂『濃鹽赤醬』者乎？畫家以重設色為『濃鹽赤醬』，若女子施朱傅粉，刻畫太過，豈如靚妝素服，天然妙麗者之為勝耶！」這就是主張戲曲要發於真情，語言要通俗易懂，本色自然，反對「濃鹽赤醬」的雕飾，其中所説的「簡淡」，是指曲詞的簡潔、通俗、自然，不是「雅淡」的意思。又曰：「鄭德輝所作情詞，亦自與人不同。如《㑇梅香》頭一折《寄生草》：『不

25　王國維：《宋元戲曲史》第十五章，上海古籍出版社1998年版，第120頁。

爭琴操中單訴你飄零，卻不道窗兒外更有個人孤零。」《六么序》：「卻原來群花弄影，將我來唬一驚」，此語何等蘊籍有趣。」為何「蘊藉有趣」？也正是因為鄭德輝的這些「情詞」，非常通俗，而且符合人物個性，貼切生動，語語明白。

　　明代曾有以八股時文的方法創作戲曲者，宣揚封建禮教思想，受到有識之士的批評。徐渭（1521-1593）《南詞敘錄》就說：「以時文為南曲，元末、國初未有也，其弊起於《香囊記》。《香囊》乃宜興老生員邵文明作，習《詩經》，專學杜詩，遂以二書語句勻入曲中，賓白亦是文語，又好用故事作對子，最為害事。夫曲本取於感發人心，歌之使奴、童、婦、女皆喻，乃為得體；經、子之談，以之為詩且不可，況此等耶？直以才情欠少，未免賡補成篇。吾意與其文而晦，曷若俗而鄙之易曉也。」徐復祚《曲論》也說：「《香囊》以詩語作曲，處處如煙花風柳。如『花邊柳邊』『黃昏古驛』『殘星破暝』『紅入仙桃』等大套，麗語藻句，刺眼奪魄。然愈藻麗，愈遠本色。《龍泉記》《五倫全備》，純是措大書袋子語，陳腐臭爛，令人嘔穢，一蟹不如一蟹矣。」戲曲要具有俚趣俗味，在明代得到不少士大夫文人的認同。李開先（1501-1568）《詞謔》說：

　　有學詩文於李崆峒（引者按：李夢陽）者，自旁郡而之汴省。崆峒曰：「若似得以傳唱《鎖南枝》，則詩文無以加矣。」請問其詳，崆峒告以「不能悉記也。只在街市上閒行，必有唱之者」。越數日，果聞之，喜躍如獲重寶，即至崆峒處謝曰：「誠如尊教！」何大復（引者按：何景明）繼至汴省，亦酷愛之……。若以李、何所取時詞為鄙俚淫褻，不知作詞之法、詩文之妙者也。詞錄於後，以俟識者有鑑裁：「傻酸角，我的哥，和塊黃泥兒捏咱倆個。捏一個兒你，捏一個兒我。

捏的來一似活托，捏的來同床上歇臥。將泥人兒摔碎，著水兒重和過，再捏一個你，再捏一個我——哥哥身上也有妹妹，妹妹身上也有哥哥。」

《鎖南枝》這首曲詞，語言是多麼通俗明白，感情又是多麼真摯深切，而且特別幽默有趣。王世貞的《曲藻》有不少關於戲曲之「味」的觀點，如說：「馬致遠『百歲光陰』，放逸宏麗，而不離本色，押韻尤妙。」又如說元人歸隱詞《沉醉東風》，「頗有味而佳」。他還對周德清所謂「作詞十法」，進行了「修正」。如「十法」的第一法是所謂「造語」，《曲藻》曰：

> 謂可作者：樂府語、經史語、天下通語。予謂經史語亦有可用不可用。不可作者：俗語、蠻語、謔語、嗑語、市語、方語、書生語、譏誚語。愚謂謔、市、譏誚，亦不盡然，顧用之何如耳。又語病、語澀、語粗、語嫩，皆所當避。

其「修正」處頗有道理，比周德清只重視「雅」而忽略「俗」，明顯較為合理。

何良俊強調戲曲要有「蒜酪味」，主要是從俚趣、通俗的角度而言的，他對《西廂記》和《琵琶記》的批評，也是就其過於重視「文采」方面說的，但此二作，總體上講，是成功的名作。所以王驥德（?-1623）的看法就不同，其《曲律》說：

> 弇州（引者按：王世貞）謂「《琵琶》『長空萬里』完麗而多蹈襲」，似誠有之。元朗謂其『無蒜酪氣，如王公大人之席，駝峰、熊

掌，肥腯盈前，而無蔬、筍、蜆、蛤，遂欠風味」。余謂：使盡廢駝峰、熊掌，抑可以羞王公大人耶？此亦一偏之說也。（《雜論》）

蓋王驥德是主張雅俗結合的，他在《曲律》〈論家數〉中說：「曲之始，止本色一家，觀元劇及《琵琶》《拜月》二記可見。自《香囊記》以儒門手腳為之，遂濫觴而有文詞家一體。……大抵純用本色，易覺寂寥；純用文調，復傷雕鏤。……至本色之弊，易流俚腐；文詞之病，每苦太文。雅俗淺深之辨，介在微茫。」王驥德論曲，多折中以立言。

明代有以沈璟（1553-1610）為代表的吳江派和以湯顯祖為代表的臨川派，前者重視曲律（沈璟著有專論崑曲音律的《南詞全譜》），而後者重視「意趣」，所謂「凡文以意、趣、神、色為主，四者到時，或有麗詞俊音可用，爾時能一一顧九宮四聲否？」（《湯顯祖集》卷四十《答呂姜山》）。對此，王驥德評論說：

臨川之於吳江，故自冰炭。吳江守法，斤斤三尺，不令欲一字乖律，而毫鋒殊拙；臨川尚趣，直是橫行，組織之工，幾與天孫爭巧，而屈曲聱牙，多令歌者咋舌。（《曲律》〈雜論〉）。

由此可見，王驥德從折中的立場出發，對吳江派和臨川派都有所肯定和批評。王驥德還認為：「詞曲雖小道哉，然非多讀書，以博其見聞，發其旨趣，終非大雅。」但他反對賣弄學問，主張「用事」要自然明白，用之而令人不覺，認為「賣弄學問，堆垛陳腐，以嚇三家村人，又是種種惡道。」（《曲律》〈論須讀書〉）又曰：「又有一等事，用在句中，令人不覺，如禪家所謂撮鹽水中，飲水乃知鹽味，方是妙手。」

（《曲律》〈論用事〉）與王驥德相友善的呂天成（1580-1619）[26]，是沈璟的學生，撰有《曲品》（其所謂「曲」就是指明代由宋元南戲發展而來的傳奇戲曲）上下二卷，上卷論作家（還附論散曲作家二十五人），下卷評作品，均分為「神」「妙」「能」「具」四品。其下卷對具體作品的品評中使用「味」的範疇較多，列舉數則如下：

> 《能品》評《白兔》曰：「詞極古質，味亦恬然，古色可挹。世稱《蔡》《荊》《劉》《殺》，雖不敢望《蔡》《荊》，然斷非今人所能作。」
>
> 《能品》評《殺狗》曰：「事俚，詞質。舊存惡本，予為校正。詞多有味。此真寫事透徹，不落惡腐，所以為佳。」
>
> 卷下「新傳奇」評顧道行《風教編》曰：「一記分四段，仿《四節》體。趣味不長，然取其犯世。」（上中品）
>
> 卷下「新傳奇」評鄭豹先《白練裙》：「曲未入格，然詼諧甚足味也。」（上下品）

上列數則所說的「味」，有的是側重指戲曲語言的「本色」美，有的是結合情節內容和表現的特點來說的，強調「寫事透徹，不落惡腐」，要「詼諧」生動，這樣才有所謂戲曲的「趣味」。可見強調「趣」「趣味」，是戲曲理論批評家普遍重視的，當然各家所論又有不同，或偏向強調「雅」，或偏向強調「俗」，但主流意見是強調「雅俗」結合的「趣味」，這在明代可以王驥德的觀點為代表，已如上述。又如徐渭雖說「與其文而晦，曷若俗而鄙之易曉也」，但實際上他也是主張要雅俗結合的。他說：「填詞如作唐詩，文既不可，俗又不可，自有一種妙

26　文中所注呂天成生卒年，據吳樹蔭《呂天成和他的作品考》所考結論，參見《曲品校注》，中華書局1990年版，第422頁。

處，要在人領解妙悟，未可言傳。」清代黃周星（1611-1680）《制曲枝語》對戲曲的「趣味」，作了總結性的理論説明：

　　制曲之訣，雖盡於「雅俗共賞」四字，仍可以一字括之，曰：「趣」。古云：「詩有別趣」，曲為詩之流派，且被之絃歌，自當專以趣勝。今人遇情境之可喜者，輒曰：「有趣！有趣！」則一切語言文字，未有無趣而可以感人者。趣非獨於詩酒花月中見之，凡屬有情，如聖賢、豪傑之人，無非趣人；忠、孝、廉、節之事，無非趣事。知此者，可與論曲。

　　黃周星關於「趣」的解釋有他自己的獨特看法，此可置不論，不過他強調要有「雅俗共賞」之「趣」，可謂是具有代表性的意見；另外，他指出這種「趣」，不僅表現在文字語言上，還表現在人物形象的塑造和故事情節的內容上，也是比較全面的看法。總之，從鍾嗣成的「蛤蜊味」、何良俊的「蒜酪味」直到黃周星的「雅俗共賞」等觀點，説明了真正懂得戲曲藝術特點的批評家，對戲曲文學的俚俗之趣味的認識，是明確的，這正是戲曲的獨特的美感，是其「味」論範疇所包含的重要內容。

二、戲曲理論批評中的「趣味」論與「境界」論

　　戲曲理論批評中的「味」的範疇，就其內涵的「新意」而言，除上面所述的「俚趣」外，還表現為「寫情則沁人心脾，寫景則在人耳目，述事則如其口出」這種獨特「意境」所產生的美感。當然，在具體批評文本中，這種「味」的內涵所指，側重點常常是不同的。

　　明清的戲曲理論批評家就常常從戲曲的「意境」（「境界」）表現的總體角度，分析戲曲的獨特的「味」的美感，這突出地體現在呂天

成的《曲品》、祁彪佳的《遠山堂曲品》和《遠山堂劇品》以及清代李
漁的《閒情偶寄》等戲曲理論批評著作中。王國維先生認為元雜劇和
南戲的文章佳處，就是「自然」，有「意境」，其論「元劇之文章」曰：

> 然元劇最佳之處，不在其思想結構，而在其文章。其文章之妙，
> 亦一言以蔽之，曰：有意境而已矣。何以謂之有意境？曰：寫情則沁
> 人心脾，寫景則在人耳目，述事則如其口出是也。古詩詞之佳者，無
> 不如是。元曲亦然[27]。

戲曲是綜合性藝術，從其要有故事情節的內容特點説，具有「敘
事文學」的特點，這就使戲曲的「意境」與主要屬於抒情詩、詞乃至
中國古代山水畫的「意境」特徵，有所不同。詩的「意境」要素主要
是「情」和「景」，而戲曲的「意境」除「情」和「景」外，還有一個
重要構成元素，王國維先生簡稱之為「事」——這主要是由各具個性
的人物演繹出來的故事和故事發生、發展直至結局的「背景」（人物的
環境和演繹故事的場景等）有關的。這種戲曲中的「事」，在中國古代
戲曲中，主要就是通過人物口中的演唱和科（動作）、白（賓白）表現
的，其中通過人物演唱的歌詞內容來表現矛盾衝突、塑造人物形象，
是其主要方法。王國維先生認為「述事則如其口出」（不僅自然明白，
而且生動形象，符合人物的個性同時也揭示人物的個性），與「寫情則
沁人心脾」和「寫景則在人耳目」三者結合起來，就是戲曲中的「意
境」，當然這是就主要方面而言的。另外，前人所論戲曲的「意境」，
不僅可以指戲劇作品中的某一曲詞，更多地是其「整體」內容的。因
此在明清戲曲理論批評中，分析戲曲「意境」所產生的「味」的美感，

27　王國維：《宋元戲曲史》第十二章，第99頁。

與詩詞乃至繪畫「意境」所產生的「味」的美感是不同的，如果説，對於詩詞乃至繪畫藝術等，古人追求的「味」，是由「象外之象」「景外之景」的「意境」所產生的「味外之旨」「韻外之致」，那麼，對於戲曲（乃至小説）「味」的美感要求，主要是由「情」「景」「事」三個方面結合而成的「意境」（或曰「境界」「境」）所產生的一種觀賞的「趣味」美。

王國維先生論詞的「境界」（或曰「意境」），有他自己的理論創建，如《人間詞話》提出的「有我之境」與「無我之境」「隔」與「不隔」「一切景語皆情語」等理論觀點；其關於戲曲的「意境」論，也具有他的獨創性。不過，從「情」「景」「事」三個方面結合起來，論戲曲的「意境」問題，明代後期的呂天成、祁彪佳等人就已經作過較為深入的論述。如呂天成《曲品》卷下「新傳奇」僅列沈璟、湯顯祖二人為「上上品」，其評沈璟《分錢》曰：「全效《琵琶》，神色逼似。第廣文（按指劇中人物楊廣文）不能有其妾，事情近酸，然苦境可玩。」又評沈璟《合衫》曰：「苦楚境界，大約雜摹古傳奇。」如果説這兩處引文中的「境」「境界」，還偏向指戲曲人物的處境、情境的話，那麼下面其所説的「局境」「有境有情」等，較為明確地指整部作品所表現的藝術「境界」。如評沈璟《鴛鴦》曰：「聞有是事，局境頗新。」又，評湯顯祖《還魂》（按：即《牡丹亭》）曰：「杜麗娘事，果奇。而著意發揮懷春慕色之情，驚心動魄。且巧妙疊出，無境不新，真堪千古矣。」又，《曲品》卷下「新傳奇」「上中品」中，評陸采（天池）《明珠》曰「抒寫處有境有情」，又評陸采《祝髮》「境趣悽楚逼真」等。

晚明祁彪佳（1602-1645），撰有《遠山堂曲品》和《遠山堂劇品》。《遠山堂曲品》是就呂天成《曲品》加以擴展的。體例大致同於呂書，而分為「妙」「雅」「逸」「豔」「能」「具」六品，此外又有「雜調」

一類，專收弋陽諸腔劇本。略舉其有關「曲」（傳奇戲）的「意境」（「境界」）和「味」「趣」的論述如下：

《逸品》評單本《露綬》之作云：「全是一片空明境界地，即眼前事、口頭語，刻寫入髓，決不留一寸餘地，容別人生活。此老全是心苗裡透出聰穎，真得曲中三昧者。」

《能品》史槃《唾紅》：「能就尋常意境，層層掀翻，如一波未平，一波又起。詞以淡為真，境以幻為實，《唾紅》其一也。」

《能品》評無名氏《百花》之作云：「內傳元時安西謀逆，江女右花、江生六雲以被擒為內應；而安西之百花郡主，辛與六雲偕合巹。結構亦新，但意味尚淺。」

《能品》評汪廷訥《長生》曰：「汪醛使奉呂祖惟謹，一日忽若以玄解授之者，乃敘其入道成仙，以至顯化濟世之事。井然有條，詞亦濃厚可味，但於結構之法，不無稍疏。

《遠山堂劇品》，體例和《曲品》相同，共品錄雜劇二四二種。亦略舉其有關「劇」（主要是明人雜劇）的「意境」（「境界」）和「味」「趣」的論述如下：

《妙品》評周藩誠齋《團圓夢（北四折）》云：「只是淡淡說去，自然情與景會，意與法合。蓋情至之語，氣貫其中，神行其際。膚淺者不能，鏤刻者亦不能。」

《妙品》評周藩誠齋《煙花夢（北四折）》云：「一劇中境界凡十餘轉，境本平常，詞則珠圓玉潤，咀之而味愈長。內多用異調，且有兩楔子，皆元人所無也。」

　　《能品》評無名氏《小春秋（南五折）》曰：「謔語亦堪解頤。但曲本平實，便覺趣味不長。」

　　《遠山堂曲品》和《遠山堂劇品》中此例尚多，此不贅列。綜括呂天成、祁彪佳論戲曲（傳奇與雜劇）的「意境」（「境界」）的內容，約略可以歸為三點：第一，戲曲的「意境」主要是「情」「景」「事」等方面的有機結合。如所謂「杜麗娘事，果奇。……且巧妙疊出，無境不新」（呂天成語），所謂「情與景會，意與法合」（祁彪佳語）等。第二，整體「意境」要有新意，這體現在人物個性、情境、環境乃至整體的故事情節、結構等多方面的藝術創新上，要「逼真」傳神，抒情感人，給人新鮮的感受，不落俗套，所謂「無境不新」「局境頗新」（呂天成語），所謂「能就尋常意境，層層掀翻」（祁彪佳語）等。第三，強調表現這種戲曲「意境」的語言要有「趣味」——上文所舉呂、祁所論以及前面分析「俚趣」之味的例證，明顯是偏重從戲曲語言的角度看問題的，但實際上，戲曲的「意境」是通過戲曲「語言」（人物的唱詞、賓白）來表現的，不能截然分開。如祁彪佳所謂「只是淡淡說去，自然情與景會，意與法合。蓋情至之語，氣貫其中，神行其際」等，就是把語言與「意境」緊密聯繫在一起進行論述的。他們從「意境」角度反覆強調語言要有「趣」、有「味」。

　　關於戲曲理論批評中的「趣」之概念的內涵，有時也指「情節」的曲折生動之「趣」。清代李漁（1611-1679或1680）論戲曲的「趣」味，提出「機趣」的概念，《閒情偶寄》〈詞曲部〉〈詞采〉提出「重機趣」觀點，曰：「『機趣』二字，填詞家必不可少。機者，傳奇之精神；趣者，傳奇之風致。少此二物，則如泥人土馬，有生形而無生氣。」《閒情偶寄》〈詞曲部〉〈格局〉論「大收煞」曰：「全本收場，名為『大

收煞』。此折之難，在無包括之痕，而有團圓之趣。」情節的發展能夠做到在情理之內，而出意料之外，一波三折而又非常自然，這就有「趣」「味」。而呂、祁二人運用的戲曲「意境」範疇，從其邏輯的內涵上講，也就已經包括李漁所說的「無包括之痕」的理論內容，如祁彪佳所謂「一劇中境界凡十餘轉，境本平常，詞則珠圓玉潤，咀之而味愈長」等批評論述。

另外，戲曲理論批評中還有一些「味」的範疇，是專從「音樂」體制方面、演唱特點等方面說的。現存論述金元時代戲曲的一部古典戲曲聲樂論著，是元人燕南芝庵（生卒年不詳）的《唱論》，其中論曰：「成文章曰『樂府』，有尾聲名『套數』，時行小令喚『葉兒』。套數當有樂府氣味，樂府不可似套數。」這裡「氣味」的含義，主要就是指音樂方面的體制要求和審美特點。又如明代著名戲曲表演家魏良輔（生卒年不詳），在其所著《曲律》中說：「雙疊字，上兩字，接上腔，下兩字，稍離下腔。如《字字錦》：『思思想想，心心唸唸』，又如《素帶兒》『他生得齊齊整整，裊裊停停』之類，要抑揚。於此演繹，方得意味。」這裡的「意味」，就包含如何根據音律、歌詞和人物的情境乃至個性的特點，來進行演唱，表現出特定的美感。老戲迷看戲聽曲，就是要體會出這種「意味」。

總之，從總體上講，戲曲理論批評的「味」（美感）論，與小說理論批評一樣，體現一種與正統詩文、書畫、雅樂不同的審美觀念，而這種不同主要就表現對「俗」的理想境界的追求，它是對戲曲文學審美特點的概括，其中反映了一般民眾的審美需求和審美趣味；而戲曲理論家多數還是要求以「雅俗共賞」作為標準，這既是對部分具有庸俗的低級趣味的作品的批評，同時，也反映了作為統治階級的封建文人士大夫的所謂「雅趣」的理想。

第四章

「藝味」說的發展和總結（下）

　　本章的三節內容主要討論書、畫理論批評中「味」論。六朝以後書法「韻味」論，無論在理論深度還是內容的豐富性上，都有一定的發展，書法「韻味」論，從一開始，就是與書法本質論和「意象」化的批評方法聯系在一起的，本章第一節對此問題作了簡要的討論。中國古代繪畫理論批評中的「味」論尤為豐富，本章第二、三節作了集中分析。畫論中「味」的範疇，有「氣味」「意味」「神味」「趣味」和「味外味」等，這些美學範疇，或側重講主體脫俗的精神境界，或側重講「意在筆先」的繪畫構思、佈局和取勢，或側重講筆墨運用的技巧與繪畫境界等。正如沈子丞先生所說：「我國繪畫，派別甚多，各家主張，殊不一致，甚或絕對相反，是丹非素，各有短長。」[1]可見，要系統分析繪畫理論批評中的種種「味」的美學範疇，殊非易事，而

1　沈子丞：《歷代論畫名著彙編·例言》，文物出版社1982年版。

一一列舉解釋，也沒有什麼意義。就主要方面來說，「畫味」的問題直接與「畫境」的創造與品鑑相關，繪畫理論批評中的「味」論，主要是圍繞如何創造「畫境」而使之產生「味」的美感問題來進行討論的。畫（特別是山水畫）要有「味外味」的觀點，是在宋代文人畫興起時提出的，此後成為明清繪畫「南北宗」論的一個重要觀點，反映了其崇尚「天真幽淡」的「南宗畫」的審美理想，而即使對董其昌等人的「南北宗」論持批評意見者，同樣也有不少論者認為「畫境」須有「味外味」。故本章討論「畫味」論，主要就以其「味外味」論為中心展開分析。

第一節　書法「韻味」論的發展

　　宗白華先生談書法藝術的用筆、結體、章法的美學思想時，說道：「中國文字的發展，由模寫形象裡的『文』，到孳乳浸多的『字』，象形字在量的方面減少了，代替它的是抽象的點線筆畫所構成的字體。通過結構的疏密，點畫的輕重，行筆的緩急，表現作者對形象的情感，發抒自己的意境，就像音樂藝術從自然界的群聲裡抽出純潔的『樂音』來，發展這樂音間相互結合的規律。用強弱、高低、節奏、旋律等有規律的變化來表現自然界社會界的形象和自心的情感。」[2]所論特別精闢。中國藝術精神最為重要一點，就是特別強調藝術（無論是文學還是音樂、書畫）都是主觀情志、主觀精神境界的表現，並且將此視為藝術的本質。書法「韻味」論的產生與發展，是與書法的「意象」化的批評方法緊密結合在一起的；而書法批評之所以採用「意象」

2　宗白華：《藝境》，北京大學出版社1987年版，第282頁。

化的批評方法，也是與書法藝術表現情志的特點分不開的。六朝以後的書法「韻味」論的最重要的發展特點，就是把書法的「韻味」美與書法的「意境」美的創造聯繫在一起。

一、書法本質論與「意象」化的批評方法問題

清代梁《評書帖》曰：「晉尚韻，唐尚法，宋尚意，元、明尚態。」無論是「尚韻」「尚法」，還是「尚意」「尚態」，都是從審美主體的立場出發的。

蔡邕（133-192）《筆論》曰：「書者，散也。欲書先散懷抱，任情恣性，然後書之。」釋「書」為「散」，直接將「書」與抒發「懷抱」「情性」聯繫起來。孫過庭（唐代垂拱年間書法家）《書譜》曰：「真以點畫為形質，使轉為情性；草以點畫為情性，使轉為形質。」又曰：「雖篆、隸、草、章，工用多變，濟成厥美，各有攸宜。篆尚婉而通，隸欲精而密，草貴流而暢，章務檢而便。然後凜之以風神，溫之以妍潤，鼓之以枯勁，和之以閒雅。故可達其情性，形其哀樂。」這就具體從用筆要求出發，說明「書」何以能夠表現主體的「情性」「哀樂」的緣由。張懷瓘（唐代開元年間書法家）《書議》曰：「夫翰墨及文章至妙者，皆有深意以見其志，覽之即了然。」清劉熙載《藝概》〈書概〉曰：「揚子以書為心畫，故書也者，心學也。心不若人而欲書之過人，其勤而無所也，宜矣。」又曰：「寫字者，寫志也。故張長史授顏魯公曰：『非志士高人，詎可與言要妙？』」這些觀點，可謂是以表現情志、抒發心靈為書法之藝術本質的代表性意見，有無這種高度的思想認識，乃是書法家和書藝匠人的首要區別之所在，也是書法能否具有高雅「韻味」的關鍵之所在。

郭紹虞先生曾說：「大抵象徵的比喻，多本於六朝之品書法而躔為之者。湯惠休謂謝靈運詩如出水芙蓉，顏延年詩似鏤金錯采，即已用

此方法，不過偶以舉例，其體未廣。」而「此種風氣，一至宋代則更為流行，蔡絛、敖陶孫輩無不為之，遂成為文學批評的一種方法了。此種方法，雖近遊戲之作，且多模糊影響之談，要亦不失為鑑賞的批評之一種」[3]。郭先生所謂「多本於六朝之品書法而踵為之者」的「象徵的比喻」方法，亦即我們所說的「意象」化的批評方法。這種批評方法在書法批評中運用很早。如蔡邕《筆論》曰：「為書之體，須入其形，若坐若行，若飛若動，若往若來，若臥若起，若愁若喜，若蟲食木葉，若利劍長戈，若強弓硬矢，若水火，若雲霧，若日月，縱橫有可像者，方得謂之書矣。」晉成公綏《隸書體》曰：「皇頡作文，因物構想，觀彼鳥跡，遂成文字。」又說：隸書「或若蚪龍盤遊，蜿蜒軒翥，鸞鳳翺翔，矯翼欲雲；或若鷟鳥將擊，並體抑怒，良馬騰驤，奔放向路。仰而望之，郁若霄霧朝升，游煙連雲；俯而察之，漂若清風厲水，漪瀾成文。垂象表式，有模有楷，形功難詳，粗舉大體」。衛夫人所撰的《筆陣圖》認為：「心存委曲，每為一字，各像其形，斯造妙矣，書道畢矣。」無須過多引證，這些「意象」化的批評論述直接影響其後中國書法藝術的創作和品鑑。書法的創作需要「因物構想」，表現獨特的審美意象，從而來表現書法家的思想情感，達到「書者，散也」的抒發懷抱的目的。所以，品評書法，運用「意象」化批評的方法，能夠很好地揭示書法家運用點線筆畫表現出的審美情感。

雖然在詩文及音樂、繪畫批評方法中，也運用這種「意象」化的批評方法，但這種方法不僅在書法批評中顯得更為突出，而且也特別重要。因為雖然漢字是以「象形」為基礎的，但其發展是「象形字在量的方面減少了，代替它的是抽象的點線筆畫所構成的字體」，書法藝

3　郭紹虞：《中國文學批評史》上冊，百花文藝出版社1999年版，第238-240頁。

術畢竟是一種較為「抽象」的藝術，是通過線條，通過「結構的疏密，點畫的輕重，行筆的緩急，表現作者對形象的情感，發抒自己的意境」的。就繪畫批評來講，大體上六朝時期講「氣韻」「傳神」「骨氣」「風骨」等，也是側重於人物畫而言的，隨著唐代及其後代的山水畫特別是文人畫興盛後，開始重視「意境」（「境界」）的體現。──可以說，中國古代的藝術，共同追求藝術的「意境」，這種「意境」強調的是主觀感受的真實（心理真實），並不注重客觀「模擬」的「真實」。通過上文分析，可以說明，詩歌重在「言志」「緣情」，追求「言外之意」「韻外之致」，強調「韻」的「餘意」，所謂「近而不浮，遠而不盡」，逐步向表現「味外之味」的方向發展，書法與繪畫也是逐步朝這一方向發展的。另外，蔡邕等人所運用的書法「意象」化的品鑑方法，發展到南朝時期，開始突出地表現為一種與人物品評和「清談」風氣密切聯繫的趨勢，體現為一種將人格的精神風貌與書法的藝術風貌聯繫起來的特點。「韻味」說就是沿著上述的發展理路而產生的。如王僧虔的《論書》、袁昂的《古今書評》等，是最明顯的例證。《古今書評》基本都是採用這種「意象」化的批評方法，除上文曾分析其所謂「殷鈞書，如高麗使人，抗浪甚有意氣，滋韻終乏精味」外，又如說：「王右軍書如謝家子弟，縱復不端正者，爽爽有一種風氣。」「王子敬書如河、洛少年，雖皆充悅，而舉體沓拖，殊不可耐。」「羊欣如大家婢為夫人，雖處其位，而舉止羞澀，終不似真。」「徐淮南書如南岡士大夫，徒好尚風範，終不免寒乞。」等等。

「意象」化的批評方法，如果不能深有會心地加以運用，是容易助長「准的無依」而不能顯「優劣」的批評風氣的，加以受到人物品第論的影響，南朝相繼出現了鍾嶸的《詩品》（分詩為三品）、謝赫的《古畫品錄》（分畫家為六品）等。於是，在書法品鑑上，也產生了庾肩吾

的《書品》等。這樣就把「意象」化的批評方法與「定品第」的方法結合起來，使書法的批評更加客觀、科學了。唐朝李嗣真（？-696）《書品後》[4]序曰：「吾作《詩品》，猶希聞偶合神交、自然冥契者，是才難也。及作《書評》而登逸品數者四人，故知藝之為末，信也。……始於秦氏，終於唐世，凡八十一，分為十等。」實質分為四品，即「逸品」、「上品」（分上中下三等）、「中品」（分上中下三等）、「下品」（亦分上中下三等），每品之後有「評」和「贊」。在「逸品」下，先列李斯（小篆），稱其「小篆之精，古今妙絕」，然後列張芝（章草）、鍾繇（正書）、王羲之（三體及飛白）、王獻之（草、行書、半章行書），認為此「四賢之跡」，「皆可稱曠代絕作也」。其後張懷瓘《書斷》（完成於西元727年），其序曰：「爰自黃帝、史籀、蒼頡，迄於皇朝黃門侍郎盧藏用，凡三千二百餘年，書有十體源流，學有三品優劣，今敘其源流之異，著十贊之論，較其優劣之差，為神、妙、能三品，人為一傳，亦有隨事附著。通為一評，究其臧否，分成上、中、下三卷，名曰《書斷》。」《書斷上》論書體源流，《書斷中》和《書斷下》分「神」「妙」「能」三品，論列古今能書者，末附總「評」。在畫論上，中唐時期的朱景玄（主要活動於元和、會昌年間）撰《唐朝名畫錄》，開始合李嗣真、張懷瓘兩家之論，定畫家為「神」「妙」「能」「逸」四品，前三品又各分上、中、下三品。其後張彥遠的《歷代名畫記》列畫家為「自然」「神」「妙」「精」「謹細」五個等級，推「自然」（類似於「逸品」）為最高品第。到北宋初的黃休復撰《益州名畫錄》，分畫家為「四格」（即四品），為「逸」「神」「妙」「能」，置「逸格」於首。此後「逸」「神」「妙」「能」等品第，基本成為書畫品鑑的通則。

4　《法書要錄》作《書品後》，或作《書後品》，原名或當為《書評》或《書品》。

明清書畫品鑑批評受到司空圖《詩品》和嚴羽《滄浪詩話》「以禪喻詩」的「妙悟」說的影響較大。劉熙載《藝概》〈書概〉說：「司空表聖《二十四詩品》，其有益於書也，過於庾子慎之《書品》。蓋庾《品》只為古人標次第，司空《品》足為一己陶胸次也。此惟深於書而不狃於書者知之。」又說：「書與畫異形而同品。畫之意象變化，不可勝窮，約之，不出神、能、逸、妙四品而已。」其實，在明清書法論著中，基本還是把「意象」化的方法和「定品第」的方法結合起來，進行具體的批評論述的。不過，六朝以後書法理論批評，就「意象」化的批評方法而言，開始從重視人格精神的審美表現，轉為重視整體「意境」的審美感受、「性情」的表現和「意象」的完整等。——這正是唐以後書法理論批評中的「韻味」說的新的美學內涵。但這是就主流傾向來講的，並不等於說六朝書法理論家把人格精神境界和書法作品的精神風貌美聯繫起來的批評方法（也是一種理論觀點），就完全消歇了，其實這一思考的理路不僅仍然滲透在多數理論批評家的論著中，有時還會為一些理論批評家所特別強調，這是因為書法作為一種線條性的抽象化的藝術，「骨力」等問題是始終存在的，也是與人的性格情志密切相關的，而我國古代的書法理論家從把書法自覺地作為藝術進行審美創造和審美品鑑時，就明確認為書法藝術的本質是抒發情志的。如唐朝著名書法家徐浩（703-782）《論書》，就繼承了前人的書法「風骨」論等。

二、唐宋時期的書法「韻味」論

這裡主要就唐宋書法論著中有關「韻」「趣」「味」等觀點的介紹，簡要分析書法「韻味」論的發展及其特點。元、明、清三代，雖然以「味」論「書」者較多，但就「味」這一範疇本身的美學內涵講，並無多少拓展，而且多為拾蘇、黃的「話頭」而已，故基本從略不論。

　　唐代書法論著中雖然很少直接運用「韻味」這一術語，但其論「味」「風味」「韻」「趣」等，可謂是六朝「韻味」説的繼承和發展，主要是從「文質」兼備的角度，要求書法能夠具有「自然」而「妍美」、有「風神骨氣」而又能做到「意象」生動等；同時，有關書法的「趣」「味」論，已經開始與書法的「意境」美聯繫起來。

　　孫過庭《書譜》曰：「夫質以代興，妍因俗易。……質文三變，馳騖沿革，物理常然。」唐李嗣真《書品後》「上上品」評索靖書曰：「索有〈月儀〉三章，觀其趣況，大為遒竦，無愧圭璋特達。」又，「下上品」評陸機、李夫人、謝朓、庾肩吾書曰：「陸平原、李夫人猶帶古風，謝吏部、庾尚書創得今韻。」這裡講的「趣況」和「今韻」，都是從書法作品的整體特徵的角度説的，「古風」與「今韻」並重，也就是主張「質文」沿時而發的意思。張懷瓘《書議》「以風神骨氣者居上，妍美功用者居下」，首列「其有名蹟俱顯者一十九人」，其中評王羲之曰：「逸少筆跡遒潤，獨善一家之美，天質自然，豐神蓋代。且其道微而味薄，固常人莫之能學；其理隱而意深，故天下寡於知音。」他非常推崇逸少（王羲之）的真書和行書，列為第一，認為王羲之的草書不如王獻之（字子敬，是王羲之的第七子）：「逸少則格律非高，功夫又少，雖圓豐妍美，乃乏神氣，無戈戟銛鋭可畏，無物象生動可奇，是以劣於諸子。」其《六體書論》曰：「臣聞形見曰象，書者法象也。……其趣之幽深，情之比興，可以默識，不可言宣。」又其《書斷》「神品」論晉索靖善章草，「趣皆自然，勸用不賞」。又，《書斷》「妙品」中，評齊王僧虔書曰：「虞和云：僧虔尋得書術，雖不及古，不減隙家所制。然述小王尤尚古，宜有豐厚淳樸，稍乏妍華，若溪澗含冰，岡巒被雪，雖甚清肅，而寡於風味。子曰：『質勝文則野。』是之謂乎。」可見，張懷瓘説王羲之書「道微而味薄」（「薄」即深微之意），説王僧

虔書「寡於風味」，索靖書「趣皆自然」等，其所說的「味」的具體內涵，就是指書法要具有風神骨氣、自然而豐妍的美，意象生動、筆跡遒潤（遒和潤要兼備）等。

唐代書法家在討論書法的「趣」「味」時，已經開始從書法「意境」美的角度分析問題；或者說，其提到的「韻」「味」「趣」等範疇，包括有這樣的內涵。清代周星蓮（清道光年間書法家）《臨池管見》曾說：「古人作書，於聯絡處見章法；於灑脫處見意境。右軍書轉左側右，變化迷離，所謂狀若斷而復連、勢如斜而反正者，妙於離合故也。歐、虞、褚、薛各得其秘，而歐書尤為顯露。其要在從謹嚴得森挺，從密栗得疏朗，或行或楷，必左右揖讓，偶儻權奇，戈戟銛銳，物象生動，自成一家風骨。」這段論述可以幫助我們較為切實地理解書法「意境」、「物象生動」與書法的用筆、結構、章法的關係。

確實如前人所說，唐人重「法」，但正是從重「法」的研究中，才能真正把握住書法「意境」美的特徵。張懷瓘《書斷》「妙品」中論梁蕭子雲書曰：

　　少善草、行、小篆，諸體兼備，而創造小篆飛白，意趣飄然，點畫之際，有若前驚舉，妍妙至極，難與比肩，但少乏古風，抑居妙品。

所謂「意趣飄然」的飛白的趣味，正是一種「味」在「書」外（筆畫之外）的特點。張懷瓘在《文字論》中對他自己的書法創作有很自負的自評，這與其書法成就是否相稱的問題可置不論，但他在批評方法上，追求對「神彩」的「玄鑒」，所謂「深識書者，惟觀神彩，不見字形，若精意玄鑒，則物無遺照」；在書法創作上，崇尚「創意物象，近於自然」的境界，要求「以筋骨立形，以神情潤色」，「靈便無常，

務於飛動」，做到「探彼意象，入此規模」，突出地表現了他對書法整體「意境」的美感追求。

中唐時期寶蒙為其兄寶泉所撰《述書賦》而作的《〈述書賦〉字格》，其中說，「百般滋味曰妙」「五味皆足曰穠」，可以說明所謂說書法的「味」，乃是一種整體美感的體現，其說「體外有餘曰麗」「意居形外曰媚」「深而意遠曰沉」「孤雲生遠曰閑」等等，也涉及書法的「意境」美問題。

唐代以後特別是宋代的書法理論家普遍崇尚書法作品的「蕭散簡遠」、「筆畫之外」的「韻味」美。——追求「平淡」的、有「餘意」的境界，其「平淡」是「絢爛之極」後的「平淡」；其「餘意」就是「妙在法度之外，其韻自遠」的「韻味」，這可以宋代蘇軾、黃庭堅及范溫等人為代表。

在書法和繪畫理論上，蘇軾、黃庭堅都非常重視「蕭散簡遠」的韻味美，東坡《書黃子思詩集後》曰：「予嘗論書，以為鍾、王之跡，蕭散簡遠，妙在筆畫之外。至唐顏、柳，始集古今筆法而盡發之，極書之變，天下翕然，以為宗師。而鍾、王之法益微。」（《蘇東坡集》後集卷九《書黃子思詩集後》）他非常讚賞司空圖的「味外之旨」「韻外之致」的觀點，以此來論書畫、詩文，崇尚「天成」「自得」，追求「遠韻」，認為「纖穠」與「簡古」、「至味」與「澹泊」具有辯證的統一性。可以說，以「澹泊」為「至味」、以「簡古」為「至味」，這也是蘇軾對六朝以來書法「韻味」說的一個新的發展和貢獻。其《書唐氏六家書後》曰：「永禪師書骨氣深隱，體兼眾妙，精能之至，反造疏淡。如觀陶彭澤詩，初若散緩不收，反覆不已，乃識其奇趣。」又曰：「褚河南書清遠蕭散，微雜隸體。」又曰：「張長史草書頹然天放，略有點畫處而意態自足，號稱神逸。」（《蘇東坡集》前集卷二十三）反

覆強調了他的這一觀點。

清代錢泳深受阮元「南北書派論」的影響[5]，所撰《書學》論宋四家（蘇黃米蔡）書，認為「東坡學李北海，而參之以參寥；山谷學柳誠懸，而直開畫蘭畫竹之法；元章學褚河南，又兼得弛驟縱橫之勢；學魯公者惟君謨一人而已。」認為東坡書有「禪機」、有「天趣」：「坡公書昔人比之飛鴻戲海，而豐腴悅澤，殊有禪機。余謂坡公天分絕高，隨手寫去，修短合度，並無意為書家，是其不可及處。其論書詩曰：『我雖不善書，曉書莫如我。苟能通其意，自謂不學可。』又曰：『端莊雜流麗，剛健含婀娜。』真能得書家玄妙者。然其戈法殊扁，不用中鋒，如書《表忠觀碑》《醉翁亭記》《柳州羅池廟碑》之類，雖天趣橫溢，終不是碑版之書。」這些論述較為精到。其實，不僅是東坡的書法創作本身受到禪宗思想的影響，他的「遠韻」「至味」觀點的思想根基也是莊、禪思想。黃庭堅《題摹燕郭尚父圖》曰：

> 凡書畫當觀韻。往時李伯時為余作李廣奪胡兒馬，挾兒南馳，取胡兒弓引滿，以擬追騎，箭鋒所值，發之，人馬皆應弦也，伯時笑曰：「使俗子為之，當作中箭追騎矣。」余因此深悟畫格，此與文章同一關紐，但難得人人神會耳。

黃庭堅《題絳本法帖》又曰：「觀魏晉間人論事，皆語少而意密，大都猶有古人風澤，略可想見。論人物要是韻勝，為尤難得。蓄書者

5　其《書學》論「書法分南北宗」一節說：「畫家有南北宗，人盡知之，書家亦有南北宗，人不知也，嘉慶甲戌春三月，余至淮陰謁阮芸台（阮元），先生出示《南北書派論》一篇，……真為確論。」清代阮元《南北書派論》曰：「南派乃江左風流，疏放妍妙，長於啟牘，減筆至不可識。……北派則是中原古法，拘謹拙陋，長於碑榜。」

能以韻觀之，當得彷彿。」（《豫章黃先生文集》卷二十八）其所說的「韻」也就是要在「筆畫之外」具有一種拔俗的蕭散灑落的精神，這與司空圖說的「味外之旨」的「味」，在精神實質上是一致的。

其後，范溫論書法之「韻」曰：

　　至於書之韻，二王獨尊。唐以來顏、揚（楊）惟勝。故曰：若論工不論韻，則王著優於季海，不下大令；若論韻勝，則右軍、大令之門，誰不服膺。又曰：觀顏魯公書，回視歐、虞、褚、薛，皆為法度所拘；觀楊少師書，覺徐、沈有塵埃氣。夫惟曲盡法度，而妙在法度之外，其韻自遠。近時學高韻勝者，惟老坡；諸公尊前輩，故推蔡君謨惟本朝第一，其實山谷以謂不及坡也。坡之言曰：蘇子美兄弟大俊，非有餘，乃不足，使果有餘，則將收藏於內，必不如是盡發於外也；又曰：美而病韻如某人，勁而病韻如某人。米元章書如李北海，道麗圓勁，足以明世，然道未免於作為。故自蘇子美以及數子，皆於韻為末優也。至於山谷書，氣骨法度皆有可議，惟偏得《蘭亭》之韻。或曰『子前所論韻，皆生於有餘，今不足而韻，又有說乎？』蓋古人之學，各有所得，如禪宗之悟入也。山谷之悟入在韻，故關（開）辟此妙，成一家之學，宜乎取捷徑而徑造也。如釋氏所謂一超直入如來地者，考其戒、定、神通，容有未至，而知見高妙，自有超然神會，冥然吻合者矣。是以識有餘者，無往而不韻也。[6]

　　范溫在上述品評論述中，通過對晉代至「當代」（宋代）著名書法家的書法的具體分析，論證了他的一個重要觀點：「有餘意謂之韻」。

6　范溫《潛溪詩眼》已佚，輯本見郭紹虞《宋詩話輯佚》上冊，中華書局1980年版。

其《論韻》開篇云：

王偁定觀好論書畫，常誦山谷之言曰：「書畫以韻為主。」予謂之曰：「夫書畫文章，蓋一理也。然而巧吾知其為巧，奇吾知其為奇；佈置關（開）闔，皆有法度；高妙古澹，亦可指陳。獨韻者，果何形貌耶？」

接著范溫否定了王定觀提出的「不俗之謂韻」「瀟灑之謂韻」「筆勢飛動」為「韻」的三種觀點，指出「有餘意之謂韻」，「（韻）生於有餘」，認為：以文章言之，「有巧麗，有雄偉，有奇，有巧，有典有富，有深，有穩，有清，有古。有此一者，則可以立於世而成名矣；然而一不備焉，不足以為韻，眾善皆備而露才用長，亦不足以為韻。必也備眾善而自韜晦，行於簡易閒澹之中，而有深遠無窮之味，觀於世俗，若出尋常。」同樣，書法也要做到「備眾善」而「出尋常」，才能有所謂「韻」，其具體含義就是要能夠「曲盡法度，而妙在法度之外」。所謂「行於簡易閒澹之中，而有深遠無窮之味」，這種「韻味」，正是與蘇軾等所提倡的「蕭散簡遠」的審美特徵和藝術精神相一致的。

劉熙載《藝概》〈書概〉曰：「凡論書氣，以士氣為上，若婦氣、兵氣、村氣、市氣、匠氣、腐氣、傖氣、俳氣、江湖氣、門客氣、酒肉氣、蔬筍氣，皆士之棄也。」又曰：「黃山谷論書最重一『韻』字，蓋俗氣未盡者，皆不足以言韻也。觀其書嵇叔夜詩與侄榎，稱其詩無一點塵俗氣，因言：『士生於世，可以百為，惟不可俗，俗便不可醫。』是則其去俗務盡也，豈惟書哉！即以書論，識者亦覺《鶴銘》之高韻，此堪追嗣矣。」這裡所說的「氣」即「氣味」的意思，指書法作品的境界品格特徵。其所謂「士氣」，也就是說要用「書法」來表現一種拔俗

的精神情懷（文人畫的精神也就在此），這也就是黃庭堅所說的「韻」，蘇軾所說的「高風絕塵」，范溫所解釋的「有餘意」。可見，唐宋以來的書法「韻味」論，與書法「意境」的創造聯繫在一起，而且反映的也是文人士大夫的那種高雅的人格精神和審美理想。

第二節　「畫味」論及其審美理想

明代董其昌、莫是龍、陳繼儒等人提出繪畫上的「南北宗」論，有意貶抑「北宗」，而崇尚「南宗」，明清繪畫無論是創作還是批評，受其影響甚大，而「味外味」論，乃是支撐其學說的一個重要觀點，直接反映了其對「畫境」創造原則的要求和審美理想。如明代莫是龍《畫說》（此條或謂董其昌所論，詳下）曰：「趙大年畫平遠，絕似右丞，秀潤天成，真宋之大夫畫。此一派又傳之倪雲林，雲林工致不敵，而著色蒼古勝矣。今作平遠及扇頭小景，一以此二人為宗，使人玩之不窮，味外有味可也。」[7]關於「畫之南北二宗」論，董其昌之後的明清論畫者，雖然贊同者甚多，但其所論亦時有差異，而且也有不少持反對意見者。其實，與其說「南北宗論」是畫史論，毋寧直接以之作為一種具體畫派的「理論宣言」──其實質就是崇尚「天真幽淡」的所謂「南宗畫」。只不過「南宗畫」的審美理想，也在一定程度上反映了中國繪畫特別是山水畫的發展史實，而且在明清時代幾乎成為創作主流而已。畫境的「味外味」論，雖然明顯受到晚唐司空圖首先在

7　本節及下節所引古代畫論，主要見於以下三種資料：（1）俞劍華：《中國古代畫論類編》，人民美術出版社1975年版，文中簡稱《類編》；（2）沈子丞：《歷代論畫名著彙編》，文物出版社1982年版，文中簡稱《彙編》；（3）吳孟復主編：《中國畫論》（卷一），安徽美術出版社1995年版，均直接於文中註明書（篇）名。

詩論中提出的而被宋代蘇軾等人加以推崇的「味外味」論的影響，但就繪畫發展史本身而言，它也是在繼承宋代以前的繪畫理論批評的基礎上提出的，例如其觀念可以追溯到顧愷之的「傳神寫照」和謝赫的「氣韻生動」論，其思想淵源也是直接與先秦道家的「自然之道」和「形神」論分不開的。因此，本節擬從繪畫審美理想出發，探討明清以前「畫味」論朝向「味外味」論方向發展的過程，綜述性地討論一下繪畫理論批評中的「味」論內容及其相關範疇；下一節主要討論「南宗畫」的審美理想和「味外味」論的關係問題等。

一、從山水畫的興起到文人畫的產生——繪畫理論批評中「味外味」論的前期發展

「味外味」論與謝赫的「六法」論特別是其中的「氣韻生動」論，具有較為直接的關係，而結合有關明代以前畫論特別是山水畫論，分析其關於「氣韻生動」論的不同解說，可以大體瞭解山水畫逐漸取代人物畫的中心地位並走向文人畫創作道路的發展過程。——對此，可以以唐代張彥遠和宋代郭若虛等人的論說為代表進行分析。

1. 人物畫與山水畫——「傳神寫照」與「氣韻生動」論及其有關「趣」「味」的觀念

晚唐以前的中國繪畫史的發展，張彥遠在其名著《歷代名畫記》（成書於西元847年）中，有簡要而客觀的論述。其卷一《敘畫之源流》指出：在遠古時期，「書畫同體而未分，象制肇創而猶略。無以傳其意，故有書。無以見其形，故有畫。……《廣雅》云：畫，類也。《爾雅》云：畫，形也。《說文》云：畫，畛也。象田畛畔所以畫也。《釋名》云：畫，掛也。以彩色掛物象也。故鼎鐘刻則識魑魅而知神奸；旂章明則昭軌度而備國製。……記傳所以敘其事，不能戴其容。賦頌有以詠其美，不能備其象，圖畫之制所以兼之也」（《中國畫論》，下

同）。最終繪畫與書法分離，成為一門獨立的藝術門類，並且日益擺脫「見善戒惡」的狹隘的實用觀念，走向藝術自覺的道路。其卷一《敍畫之興廢》曰：「圖畫之妙，爰自秦漢，可得而記。降於魏晉，代不乏賢。泊乎南北哲匠間出。曹（不興）、衛（協）、顧（愷之）、陸（探微），擅重價於前。董（伯仁）、展（子虔）、孫（尚子）、楊（契丹），垂妙跡於後。張（僧繇及其子善果）、鄭（鄭法士和鄭法輪兄弟）兩家，高步於隋室。大安兄弟（閻立德、閻立本），首冠於皇朝，此蓋尤所煊赫也。」（引文括號內文字為引者所加）這些畫家主要成就在於人物畫的創作上，六朝時期，我國的繪畫以人物畫的創作為主流，山水畫尚處於初期實踐階段。

南齊人物畫家謝赫（約459-約532）撰《古畫品錄》（《中國畫論》本）品評六朝時期畫家近三十人（按：今本僅二十七人，據《歷代名畫記》至少缺顧景秀和劉胤祖二人），從其評語看，主要是從人物畫的創作要求進行批評的，當然也兼及山水畫，如其列宗炳為第六品，謂其「明於六法」，而宗炳是有山水畫作品的。

《古畫品錄》前的「小序」提出「繪畫六法」，成為其後中國繪畫創作和批評的原則，其曰：

> 雖畫有六法，罕能盡該，自古及今，各善一節。六法者何？一、氣韻生動是也；二、骨法用筆是也；三、應物象形是也；四、隨類賦彩是也；五、經營位置是也；六、傳移模寫是也。唯陸探微、衛協備該之矣。

錢鍾書先生認為上述引文在「氣韻」「骨法」「應物」「隨類」「經營」及「傳移」下應該點斷，後文是對前文的解釋，如「氣韻」就是

指「生動」的意思[8]。關於「韻」與六朝人物品評和清談風氣的關係，上文已經討論過，此不贅言。這裡聯繫《古畫品錄》中對有關畫家的具體品評，對「氣韻生動」論略加分析。其第一品評曹不興曰：「不興之跡，殆莫復傳。唯秘閣之內，一龍而已。觀其風骨，名豈虛成？」同品評張墨、荀勖曰：「風範氣候，極妙參神，但取精靈，遺其骨法。若拘以體物，則未見精粹；若取之象外，方厭高腴，可謂微妙也。」第二品評顧景秀（按：據《歷代名畫記》，原作評顧駿之語，乃誤）曰：「神韻氣力，不逮前賢，精微謹細，有過往哲。殆變古則今，賦彩制形，皆創新意。」同品評陸綏曰：「體韻遒舉，風采飄然，一點一拂，動筆皆奇。傳世蓋少，所謂希見捲軸故為寶也。」第三品評毛惠遠曰：「畫體周瞻，無適弗該。出入窮奇，縱橫逸筆，力遒韻雅，超邁絕倫，其揮毫必也極妙。」同品評戴逵曰：「情韻連綿，風趣巧拔。善圖賢聖，百工所范。」第五品評晉明帝曰：「雖略於形色，頗得神氣。筆跡超越，亦有奇觀。」（引文有節略）這裡面出現的「氣」「神」「力」「韻」「風骨」「體韻」「情韻」「風趣」「神氣」「神韻」等系列性範疇，都與「氣韻生動」論密切相關。從這些具體評論中，也能説明錢鍾書先生認為「氣韻」即為「生動」之意，可謂確論，也就是説畫家所畫的人物能夠栩栩如生，不僅刻畫出人物外貌，而且能表現出人物的神情，就達到「氣韻生動」的要求。實質上「氣韻生動」的要義，也就是顧愷之説的「傳神」，而「傳神」離不開「寫形」，是形似與神似的統一；但中國畫論自顧愷之始，就主張不拘泥於「形貌」，用謝赫的話説，就是要不「拘以體物」，而能「取之象外」，要能「筆跡超越」。這種理論觀念的進一步發展，就是蘇軾、黃庭堅崇尚「遠韻」的審美理

8　錢鍾書：《管錐編》第四冊，中華書局1979年版，第1353頁。

想，也就是范溫《論韻》所謂「有餘意謂之韻」的意思。元人楊維楨（1296-1370）《圖繪寶鑑序》曰：「故論畫之高下者，有傳形，有傳神。傳神者，氣韻生動是也。」（《類編》）以「傳神」來解釋「氣韻生動」的內涵，是相當準確的。顧愷之的畫論，保留在《歷代名畫記》中的有《論畫》《魏晉勝流畫贊》與《畫雲台山記》三篇，非常珍貴。溫肇桐先生分析其《魏晉勝流畫贊》説，顧愷之共評價二十一幅作品，是著眼於其能否表現「生氣」「自然」「骨法」「天骨」「骨趣」「天趣」「置陳布勢」「巧密精思」（本為《論畫》一文中語，俞劍華先生認為《論畫》和《魏晉勝流畫贊》篇名當對調）等方面的內容[9]。《世說新語》〈巧藝〉記載説：「顧長康畫人，或數年不點目精。人問其故，顧曰：『四體妍蚩，本無關於妙處，傳神寫照，正在阿堵中。』」可見顧愷之的核心美學觀點就是「傳神」。後代「寫意」的畫法（有小寫意與大寫意之説），實本於此，但過於追求「寫意」而不重「形似」，就會帶來弊端，清人對此弊端亦有批評。

這種崇尚「天趣」「自然」和「傳神」的美學思想，是與老莊道家的「自然之道」和「形神」觀念分不開的，也明顯直接受到六朝玄佛思想的影響。莊子認為「自然大道」是無限的、絕對自由的，是自在自為的，是自然如此的，人如果能夠通過「心齋」「坐忘」的心靈修練功夫，去除「智」心與「欲」念，達到與「道」合一的境界，也就能夠體驗到自由的境界，「天地與我並生，萬物與我為一」。莊子筆下的得道之人被稱為「至人」「真人」「聖人」，《莊子》〈德充符〉描繪了這些得道者都是外貌醜惡的人，如哀駘它、甕盎大癭等等，體現其形與神的對立，表現出「重神輕形」的思想意識。漢代由劉安門客編撰

9　參閱溫肇桐：《中國繪畫批評史略》，天津人民美術出版社1982年版，第15頁。

而成的《淮南子》，其主要思想屬於道家，也繼承了這種「重神輕形」的思想，其《精神訓》云：「故心者，形之主也；而神者，心之寶也。」其《說山訓》有論云：「畫西施之面，美而不可說，規孟賁之目，大而不可畏，君形者亡焉。」所謂「君形者」就是指「神」而言的，這是較早從「形神」角度來討論畫的表現問題的。六朝時期，隨著玄佛思潮的影響，這種思想得以廣泛流行，《世說新語》中有很多例證，能夠說明當時人們品評人物重「神」重「韻」的審美精神。

　　張彥遠對「六法」的解說，應該說是集中反映了唐人對「六法」特別是「氣韻生動」論的看法，他在《論畫六法》一文中說：

　　古之畫或能移其形似而尚其骨氣，以形似之外求其畫，此難與俗人道也。今之畫縱得形似而氣韻不生，以氣韻求其畫，則形似在其間矣。……顧愷之曰：「畫人最難，次山水，次狗馬，其臺閣一定器耳，差易為也。」斯言得之。至於鬼神人物，有生動之可狀，須神韻而後全，若氣韻不周，空陳形似，筆力未遒，空善賦彩，謂非妙也。

　　這就是從「傳神」以及「神似」與「形似」的關係上解釋了「氣韻生動」的內涵，並且聯繫「應物象形」和「隨類賦彩」進行了闡說，因為要講「形似」，要「以形寫神」，就離不開「應物象形」和「隨類賦彩」。接著張彥遠又說：「至於『經營位置』，則畫之總要。……至於『傳模移寫』，乃畫家末事。然今之畫人，粗善寫貌，得其形似，則無其氣韻，具有其彩色，則失其筆法，豈曰畫也！」（《歷代名畫記》卷一《論畫六法》）可見，張彥遠認為「氣韻生動」不僅為「六法」第一，而且也是繪畫創作的中心原則。

　　張彥遠的這種解說是符合中國繪畫的創作實踐的，而且這種觀念

早在六朝時期的山水畫的創作中，也得到貫徹，只是它還體現在藉助山水景貌來表現審美主體的心靈中的高雅氣韻（精神境界）和追求「暢神」的審美理想上，還沒有能夠完全將山水這一審美對象加以「氣韻生動」的傳神描寫。這從南朝劉宋時期宗炳和王微的畫論中可以得到說明。宗炳（375-443）《畫山水序》曰：

> 聖人含道應物，賢者澄懷味象。至於山水質有而趣靈，是以軒轅、堯、孔、廣成、大隗、許由、孤竹之流，必有崆峒、具茨、藐姑、箕首、大蒙之遊焉。又稱仁智之樂焉。夫聖人以神法道，而賢者通；山水以形媚道，而仁者樂，不亦幾乎？……夫以應目會心為理者，類之成巧，則目亦同應，心亦俱會。應會感神，神超理得，雖復虛求幽巖，何以加焉？……於是閒居理氣，拂觴鳴琴，披圖幽對，坐究四荒，不違天勵之叢，獨應無人之野。峰岫嶢嶷，雲林森渺，聖賢於絕代，萬趣融其神思，余復何為哉？暢神而已。神之所暢，孰有先焉！（《類編》）

其中論主體的「澄懷味象」境界，成為後代畫論中「氣味」論的源頭，而其「山水質有而趣靈」之論，成為後代畫論中論山水有無「趣味」（能否入畫）論的濫觴。王微（415-453）《敘畫》曰：「夫言繪畫者，竟求容勢而已。且古人之作畫也，非以案城域，辨方州，標鎮阜，劃浸流，本乎形者融靈，而動變者心也[10]。……望秋雲神飛揚，臨春風思浩蕩；雖有金石之樂，圭璋之琛，豈能彷彿之哉！」（《類編》）二人都共同認為山水中有「道」有「趣」，追求繪畫給審美主體帶來的「暢

10　或標點為「本乎形者融，靈而動變者心也」，似不當。

神」之樂。

2. 唐代山水畫的創作與有關「趣」「味」的觀念

在《歷代名畫記》卷一《論山水樹石》中，張彥遠將魏晉至「近代」（即中晚唐時期）的「山水樹石」的繪畫創作分為三個階段：第一個階段是魏晉至唐以前——「魏晉以降，名蹟在人間者，皆見之矣。其畫山水，則群峰之勢，若鈿飾犀櫛，或水不容泛，或人大於山，率皆附以樹石，映帶其地，列植之狀，則若伸臂布指。」第二個階段是初唐時期——「國初二閻（閻立德、閻立本）擅美匠學，楊（契丹）、展（子虔）精意宮觀，漸變所附。尚猶狀石則務於雕透，如冰澌斧刃，繪樹則刷脈鏤葉，多棲梧菀柳，功倍愈拙，不勝其色。」從其所謂「鈿飾犀櫛」「冰澌斧刃」云云來看，在前兩個階段，山水畫的創作無論是佈局還是筆墨運用都較為死板，特別是沒有把山水樹石的活潑潑的精神、生命意識表現出來。當然，在第一個階段，據王微《敘畫》所論，已經開始突破前人「案城域，辨方州，標鎮阜，劃浸流」的地圖式的實用觀念；在第二個階段又向前發展一步，能夠「精意宮觀，漸變所附」。第三個階段是盛唐至晚唐以前，這是「山水之變」的重要時期，出現了吳道子、二李（李思訓、李昭道父子）和張璪、王維等名家：

　　吳道玄者，天付勁毫，幼抱神奧，往往於佛寺畫壁，縱以怪石崩灘，若可捫酌，又於蜀道寫貌山水。由是山水之變始於吳，成於二李（李將軍、李中書）；樹石之狀，妙於韋鷗，窮於張通（張璪也）。通能用紫毫禿鋒，以掌摸色，中遺巧飾，外若混成。又若王右丞之重深，楊僕射（引者按：指楊炎）之奇贍，朱審之濃秀，王宰之巧密，劉商之取象，其餘作者非一，皆不過之。近代有侯莫陳廈（引者按：「侯莫陳」乃三字姓）、沙門道芬，精緻稠沓，皆一時之秀也。（《歷代名畫

記》卷一《論山水樹石》）

這裡品評到被後來列為北宗之始的「二李」和列為南宗之始的王維，最為值得重視，結合《歷代名畫記》卷九和卷十中張彥遠對這些畫家的論述，可以發現明代董其昌等人的「南北宗論」，並不完全符合史實，如其推王維為文人畫始祖，這尚無可非議，但有意貶抑北宗，並不太妥當。其卷九評吳道子説：「張懷瓘云：『吳生之畫，下筆有神，是張僧繇後身也。』可謂知言。」又説他「因寫蜀道山水，始創山水之體，自為一家」。評大李説：「其畫山水樹石，筆格遒勁，湍瀨潺湲，雲霞縹緲，時睹神仙之事，窅然巖嶺之幽。時人謂之大李將軍其人也。」評小李説：「變父之勢，妙又過之。」其卷十評王維説：

有高致，信佛理，藍田南置別業，以水木琴書自娛。工畫山水，體涉今古。人家所蓄，多是右丞指揮工人布色，原野簇成遠樹，過於樸拙，復務細巧，翻更失真。清源寺壁上畫輞川，筆力雄壯。常自製詩曰：「當世謬詞客，前身應畫師。不能捨餘習，偶被時人知。」誠哉是言也。余曾見破墨山水，筆跡勁爽。

所謂「破墨山水」，當即是南宗畫論者所謂「渲淡」等用筆運墨的方法。又，該書卷十評張璪説：「尤工樹石山水，自撰《繪境》一篇，言畫之要訣，詞多不載。初，畢庶子宏擅名於代，一見驚嘆之。異其唯用禿毫，或以手摸絹素，因問璪所受。璪曰：『外師造化，中得心源。』畢宏於是閣筆。彥遠每聆長者説，璪以宗黨，常在予家，故予家多璪畫。曾令畫八幅山水障，在長安平原裡，破墨未了，值朱泚亂，京城騷擾，璪亦登時逃去。家人見畫在幀，蒼忙揢落，此障最見張用

思處。」董其昌等人視張璪（約750前後在世）為王維的傳人，大約就是從「破墨」的筆法角度講的。

　　藝術的「意象」乃是心物交融的結果，張璪說的「外師造化，中得心源」八字，成為中國後代山水畫創作的基本綱領，把「造化」與「心源」結合起來，表現了畫家對山水「意象」的再創造的意識，也說明山水畫的創作開始重視「意境」的創造，宋元時期的文人畫的創作正是沿著這條道路發展而至成熟階段的。另外，從張彥遠對所謂「近代」一些畫家的具體品評中，也可以發現當時畫家和繪畫理論批評家重視審美趣味的追求，提出「趣」「簡」「意趣」「情趣」「雅趣」「逸思」等一系列的概念，開始呈露寫意、簡逸、寄興的作風，向追求筆畫之外的意趣方向發展，這正是文人畫的前奏。如《歷代名畫記》卷十評齊皎說其「意趣雖高，筆力未勁」；評高江、車道政說其「二人並善寫貌。道政兼善佛事，跡簡而筆健」；評陳曇說其「工山水，有情趣，但峰巒少奇，往往繁碎」；評劉商說其「工畫山水樹石。初師於張璪，後自造真為意」；評蕭悅說其「工竹，一色，有雅趣」；評張志和說其「性高邁，不拘撿，自稱煙波釣徒。著《玄真子》十卷，書跡狂逸，自為漁歌便畫之，甚有逸思」；評王默說其「風顛酒狂，畫松石山水，雖乏高奇，流俗亦好。醉後以頭髻取墨，抵於絹畫。……落筆有奇趣」等。

二、五代宋元時期的文人畫及其與「味」的觀念——關於畫境的「景外意」「意外妙」「三遠」論與「味外味」「餘味」的美感追求

　　1.文人畫的簡逸的筆法和「寄興」的情趣與審美主體的「氣味」論

　　先主要根據沈子丞先生所論，略述五代至宋元時期繪畫的概況。五代山水作家，「要以荊浩、關仝為領袖。山水畫自唐吳道玄、李思訓、王維一變之後，至荊、關而又一變也。」荊浩「作山水氣勢雄橫，

鉤皴佈置，筆意森然，毫無滯凝之跡。……故卒集眾之長，窮我國山水畫之變，為宋元以來各家所宗仰。」關仝的山水畫，參法王維，「所作多秋山寒林、村居野渡，設色古淡」。其時還有花鳥畫家徐熙和黃荃的分立，徐熙用寫意之法，而黃荃重工筆之寫，後人將之類比於山水畫的南北宗，以徐熙類南宗畫，而以黃荃入北宗一路。宋代有院內院外兩派之競爭，北宋「院內如李唐、趙伯駒、馬興祖、劉思議等，咸一時名手。在院外者，前有李公麟、文同、蘇軾等，後有趙昌、易元吉等，各擅所長」。宋代山水畫成就很高，「自五代荊、關別創新意，一洗前習，迨董源、李成、范寬衍其緒而益發光大，我國山水畫格法始備，號為北宋三大家，堪稱古今絕響」。董源設色山水如李思訓，水墨山水類王右丞，多寫江南風景，巨然、劉道士傳其衣缽。李成善寫「平遠寒林，雪景尤奇」，深得遠近明暗之法，其後許道寧、李宗成、郭熙、高克明、宋迪等，傳其畫法。范寬畫山水，師荊浩而法李成，而又能自成一家，「落筆雄偉老硬，不取繁飾」。此外，還有郭忠恕、米芾、燕文貴三家。所謂院內畫者，即是董其昌等人所說的北宗一派者，「法尚纖細工整，蓋都奉李思訓金碧青綠一派」，「至若宋人之論畫，則以理法為主，以神趣為歸，重心靈之描寫，故創『精一神定』之說，立論最多者為郭若虛，郭熙次之，李成、韓拙、鄧椿各有闡發」。元代的主要畫家有元初的錢選、趙子昂、高克恭，其後有黃公望、王蒙、倪瓚、吳鎮四大家，崇尚水墨渲淡的畫法與作風。元代是蒙古族入主中原的時代，沈子丞先生特別指出：「因宗教文化俱與漢族有殊，故人民心理遂變，繪畫受其影響，亦頓呈特殊之象。蓋宋代繪畫因受理學之陶冶，重理想，講筆墨，已開文人寄興畫之端。入元以後，一班氣節之士，咸不甘為異族之奴隸，遂多借筆墨以抒其抑鬱之情，於是所謂文人畫乃大昌。非以寫愁，即以寄恨，所作不必有其對

象，憑意虛構，用筆傳神，非但不重形似，不尚真實，乃至不講物
理，純於筆墨上求神趣，各表性靈，極不兢兢以工整濃麗為事。」[11]從
五代至元代是山水畫創作的成熟階段，也是文人畫創作的形成時期。
明清時期繪畫的「味外味」説，一方面表現了其時理論批評家崇尚南
宗畫的審美理想和對畫境的美感要求，另一方面也是直接對宋元山水
畫、文人畫的實踐進行批評總結而得出的一個重要結論。

　　其實，從宗炳的「暢神」説到宋元文人畫追求「寄興」的創作發
展，就繪畫特別是山水畫本身的藝術發展而言，是一件順理成章的事，
因為在蒙古族入主中原的元代以前，中國繪畫已經走向文人畫的創作
道路。荊浩的《筆法記》提出「氣」「韻」「思」「景」「筆」和「墨」
的「六要」説，還有「神」「妙」「奇」「巧」四等説等。其解釋「氣」
與「韻」尤為值得重視：「氣者，心隨筆運，取象不惑。韻者，隱跡立
形，備儀不俗。」（《類編》）這實際上就是從審美主體的角度來闡述其
內涵的。北宋郭若虛撰《圖畫見聞志》，其卷一《論氣韻非師》對謝赫
「六法」特別是關於「氣韻生動」的解釋，明顯與張彥遠不同，他認
為：

　　六法精論，萬古不移。然而骨法用筆以下五者可學，如其氣韻，
必在生知，固不可以巧密得，復不可以歲月到，默契神會，不知然而
然也。嘗試論之，竊觀自古奇蹟，多是軒冕才賢，岩穴上士，依仁游
藝，探跡鉤深，高雅之情，一寄於畫。人品既已高矣，氣韻不得不
高。氣韻既已高矣，生動不得不至。所謂神之又神，而能精焉。……

11　以上引文見沈子丞《五代繪畫概述》《宋畫概述》《元畫概述》，《歷代論畫名著彙編》，
　　第47、54-59、150-152頁。

本自心源，想成形跡，跡與心合，是之謂印，爰及萬法，緣慮施為，隨心所合，皆得名印。……書畫豈逃乎氣韻高卑？夫畫猶書也。揚子曰：「言心聲也，書心畫也，聲畫形，君子小人見矣。」（《中國畫論》）

　　張彥遠是從能否表現審美對象的「神」的角度解釋「氣韻」的，而郭若虛是從人品的精神境界的角度來解釋「氣韻」的，這不僅是漢代揚雄的「心聲心畫」說的發展，也是對宗炳「澄懷味象」論的繼承，更是以「寄興寫心」為重要特點的文人畫的實踐總結。宋代鄭剛中也是從這一角度提出了審美主體的「氣味」論，認為「故胸中有氣味者，所作必不凡，而畫工之筆，必無神觀也。」（《北山論鄭虔閻立本優劣》，《類編》）這就反映了「宋代繪畫因受理學之陶冶，重理想，講筆墨」的「文人寄興畫」的審美精神。宋代著名書畫家米芾，認為「山水心匠自得處高也」（《海岳論山水畫》，《類編》）極力張揚繪畫要能夠表現審美主體的精神情懷。其子米友仁《題瀟湘奇觀卷》曰：「余墨戲頗不凡，他日未易量也。」又其《題瀟湘奇觀圖卷》曰：「大抵山水奇觀，變態萬層，多在晨晴晦雨間，世人鮮復知此。余平生熟瀟湘奇觀，每於登臨佳處，輒復寫其真趣，成長卷以悅目，不使驅使為之，此豈悅他人物者乎？」（《類編》）視繪畫為「墨戲」，其所謂「真趣」，既是「造化」之趣，更是心靈之趣。其後，元代的黃公望（1296-1354）[12]，主張繪畫要去除「邪、甜、俗、賴四個字」（《寫山水訣》，《類編》）。以繪畫為墨戲，寄懷寫興，崇尚「真趣」、神奇之趣，祛除甜、俗之味，追求超越塵俗的境界，乃是文人畫的重要精神實質。

12　黃公望生卒年，據陳傳席考，見《中國山水畫史》，江蘇美術出版社1988年版，第468頁。

　　宋初黃休復撰《益州名畫錄》，以「逸」「神」「妙」「能」四格
品畫，以「逸格」為最高境界，認為「畫之逸格，最難其儔，拙規矩
於方圓，鄙精研於彩繪，筆簡形具，得之自然，莫可楷模，出於意表」
（《中國畫論》）。元初趙孟頫（1254-1322）認為：「作畫貴有古意，……
吾所作畫，似乎簡率，然識者知其近古，故以為佳。」又曰：「舜舉作
著色花，妙處正在生意浮動耳。」（《松雪論畫》，《類編》）「筆簡形具」
「簡率」之論，發展到元代的倪瓚（1306-1374）的繪畫，就變成「逸筆
草草，不求形似」的「逸品」。倪瓚說：「僕之所謂畫者，不過逸筆草
草，不求形似，聊以自娛耳。」所謂「自娛」也就是以繪畫為墨戲，以
寄懷得失，故可不求「形似」。倪瓚又說：「余之竹聊以寫胸中逸氣耳。
豈復較其似與非，葉之繁與疏，枝之斜與直哉！」（《雲林論畫山水》，
《類編》）我們看流傳下來的米芾、倪瓚等人的水墨山水畫，主觀意味
特別強烈，用筆簡逸，有不求精工的特點。當然，這些宋元人的繪
畫，並非完全不講「形似」，其所謂「不求形似」，應該理解為超越「形
似」、不拘泥「形似」的意思。「不求形似」方能得「形似」之外的神
韻，所創造的畫境才能獲得「味外之味」。

　　2. 從北宋郭熙的《林泉高致》到南宋鄧椿的《畫繼》──繪畫之
「味外味」論的產生

　　從《歷代名畫記》看，時人對王維山水畫的認識，並沒有宋代以
來所評價的那樣高。張彥遠認為王維的畫在造境上有「重深」的特點，
又讚許其破墨山水「筆跡勁爽」，可見沒有從其平淡天真、「蕭散簡遠，
妙在筆畫之外」的角度來推崇他，而且還認為王維的畫有一定的缺
點。宋人特別是蘇軾極力讚美王維的繪畫，所謂「味摩詰之詩，詩中
有畫；觀摩詰之畫，畫中有詩。」張彥遠批評王維繪畫有所謂「原野簇
成遠樹，過於樸拙，復務細巧，翻更失真」的不足，可能正是東坡及

其後人所讚賞的地方，蓋「樸拙」「細巧」者，亦可轉而理解為平淡天真的體現；而「失真」者，可以視為用筆「簡逸」而不求「形似」的追求。歐陽修論詩崇尚平淡之境，追求「真味久愈在」的詩味，這種觀念也體現在其畫論中。其《鑑畫》曰：

蕭條淡泊，此難畫之意。畫者得之，覽者未必識也。故飛走遲速，意淺之物易見，而閒和嚴靜，趣遠之心難形。若乃高下向背，遠近重複，此畫工之藝爾，非精鑑者之事也。（《歐陽文忠公文集》卷一百三十）

其《盤車圖》詩又曰：「古畫畫意不畫形，梅詩詠物無隱情，忘形得意知者寡，不若見詩如見畫。」（《歐陽文忠公文集》卷六）這與蘇軾的觀點如出一轍。在宋代，雖然蘇軾、歐陽修都不是專門的畫家和繪畫理論批評家，但他們在文學藝術上的崇高地位，使之成為董其昌之前最為重要的文人畫的主張者；同時，蘇軾還是一個文人畫創作的實踐者。蘇軾《書鄢陵王主簿所畫折枝二首》之一曰：

論畫以形似，見與兒童鄰；賦詩必此詩，定非知詩人。詩畫本一律，天工與清新；邊鸞雀寫生，趙昌花傳神。何如此兩幅，疏澹含精勻；誰言一點紅，解寄無邊春。」（《蘇東坡集》前集卷十六）

蘇軾喜歡畫竹，提出「畫竹必先得成竹於胸中」（《蘇東坡集》前集卷三十二《文與可畫篔簹谷偃竹記》）這一著名的觀點，又其《跋蒲傳正燕公山水》認為：

　　畫以人物為神，花竹禽魚為妙，宮室器用為巧，山水為勝。而山水以清雄奇富、變態無窮為難。燕公之筆，渾然天成，粲然日新，已離畫工之度數，而得詩人之清麗也。」（《東坡題跋》卷下）

　　把蘇軾的「詩畫本一律」「離畫工之度數，而得詩人之清麗」等觀點，與其《書黃子思詩集後》稱頌司空圖「味外味」的觀點聯繫起來看，可以說明東坡已經論述了繪畫（包括書法）也應該具有「味外味」的問題。上節曾經指出在書畫理論上，蘇軾、黃庭堅都非常重視「蕭散簡遠」的韻味美，范溫所謂「有餘意謂之韻」，引而申之，可以說「有餘意」即可謂之具有「味外味」。其實這種觀念也如前所論，共同體現了中晚唐以後在詩、樂、書、畫等理論上追求平淡之境和平淡之味的主流傾向，這種傾向明顯受到莊禪思想和理學思想的影響。

　　宋代郭熙的「畫之景外意」「畫之意外妙」論以及鄧椿的畫要有「餘味」的觀點，乃是在上述這樣一種大的藝術理論背景下產生的。溫肇桐先生曾明確指出郭若虛的《圖畫見聞志》是文人畫實踐經驗的總結，也同時成為文人畫的理論基礎[13]，這是正確的結論；同時，北宋人郭熙（生卒年不詳）《林泉高致》（或稱為《林泉高致集》）也同樣可作如是觀，而且更為典型。當然，無論是《圖畫見聞志》這部畫史著作，還是以創作理論的研究為特色的《林泉高致》，也都不限於文人畫，無疑也應該視為中國繪畫理論與批評的進一步的發展。

　　郭熙曾因宰相富弼（1004-1083）的薦拔，任畫院藝學，並主持過畫院考選天下畫工的工作，他也很推崇蘇軾的繪畫；而蘇軾、黃庭堅以及對繪畫具有很多精闢見解的沈括等，也都很讚賞郭熙創作的山水

13　參見《中國繪畫批評史略》第46-47頁。

畫。《林泉高致》在山水畫的「境界」（或者説「意境」）的探討研究上，取得了重要的成就。《林泉高致》〈畫意〉云：「更如前人言『詩是無形畫，畫是有形詩』，哲人多談此言，吾人所師。余因暇日閲晉唐古今詩什，其中佳句有道盡人腹中之事，有裝出目前之景，然不因靜居燕坐，明窗淨几，一炷爐香，萬慮消沉，則佳句好意亦看不出，幽情美趣亦想不成，即畫之主意亦豈易！及乎境界已熟，心手已應，方始縱橫中度，左右逢原。世人將就率意，觸情草草便得，思因記先子嘗所誦道古人清篇秀句，有發於佳思而可畫者。」（《中國畫論》）郭熙列舉的詩句，如王維的「行到水窮處，坐看雲起時」；杜甫的「遠水兼天淨，孤城隱霧深」；姚合的「天遙來雁小，江闊去帆孤」；韋應物的「春潮帶雨晚來急，野渡無人舟自橫」；鄭谷的「相看臨遠水，獨自坐孤舟」等等，這些確實能夠體現蘇軾所説的「詩中有畫」的藝術特徵，而且我們如果把這些詩句與《與李生論詩書》中司空圖所列舉自己的詩句進行比較分析，也可謂都是具有「味外味」的美感的，情景交融，有言外之意，所謂「近而不浮，遠而不盡」。蘇軾《書摩詰藍田煙雨圖》曾列舉王維的詩，曰：「藍溪白石出，玉川紅葉稀，山路元無雨，空翠濕人衣。」（《東坡題跋》下卷）其意蓋為「詩中有畫」提出證據。歐陽修曾説：「詩之為巧，猶畫工小筆爾，以此知文章與造化爭巧可也。」（《歐陽文忠公文集》卷一百三十《溫庭筠嚴維詩》）從歐陽修和蘇軾等論述中，可以看到郭熙深受「詩畫本一律」的觀點的影響，而且很崇尚一種「幽情美趣」的美。郭熙認為山水畫要能夠創作出可居可游的「境界」。他説：

世之篤論，謂山水有可行者，有可望者，有可游者，有可居者。畫凡至此，皆入妙品。但可行可望不如可居可游之為得，何者？觀今

山川，地占數百里，可游可居之處十無三四，而必取可居可游之品。君子之所以渴慕林泉者，正謂此佳處故也。故畫者當以此意造，而鑑者又當以此意窮之，此之謂不失其本意。（《林泉高致》〈山水訓〉）

郭熙的這種觀點與郭若虛從人品境界解釋「氣韻生動」論明顯也有貫通之處，沒有「渴慕林泉」的精神境界，也就創作不出山水畫的「可居可游之品」。從審美主體的主觀精神角度出發，體現的是「以心造境」的審美觀念和創作原則。這種思想也直接受到宋代理學家的影響，所謂「大其心則能體天下之物」（張載《正蒙》〈大心篇〉）。元代著名詩學理論家方回（1227-約1306）明確地說：

顧我之境與人同，而我之所以為境，則存乎方寸之間，與人有不同焉者耳。……心即境也，治其境而不於其心，則跡與人境遠，而心未嘗不近；治其心而不於其境，則跡與人境近，而心未嘗不遠。（《桐江集》卷二《心境記》）

只有從「心境」論的角度才能真正體會中國古代藝術境界（意境）理論的精神實質和獨特美學內涵，這種思想也為近代的梁啟超和王國維所繼承。梁啟超說：「境者，心造也。」（《飲冰室專集》卷二《自由書》〈惟心〉）王國維《人間詞話》認為：「有有我之境，有無我之境。」又說：「詩人必有輕視外物之意，故能以奴僕命風月。又必有重視外物之意，故能與花鳥共憂樂。」當然，強調「以心造境」，並非就不講心物交融，屏棄「外物」，置「造化」於不顧。其實，中國古代藝術家和藝術理論批評家是普遍重視「心源」與「造化」的合一的，如明王履（1332-？）《畸翁畫敘》提出：「吾師心，心師目，目師華山」的觀點，

但心中華山，又不等於目中的華山。故清代的鄭燮（1693-1765）説：

> 江館清秋，晨起看竹，煙光、日影、露氣，皆浮動於疏枝密枝之間。胸中勃勃，遂有畫意。其實胸中之竹，並不是眼中之竹也。因而磨墨展紙，落筆倏作變相，手中之竹又不是胸中之竹也。總之，意在筆先者定則也，趣在法外者化機也。獨畫云乎哉！（《板橋題畫蘭竹》，《類編》）

鄭板橋所謂「眼中之竹」不是「胸中之竹」，是強調所畫之竹乃是心靈的塑造，寄託了審美主體的精神情懷。「以心造境」論，是一個審美心理的問題，講的是審美意象的創造問題。如果我們僅從唯物主義的世界觀出發，以方回的「心境」論為謬誤，顯然就沒有真正弄懂其原意。

強調「以心造境」，所以審美主體精神境界的頤養與審美體驗的高下，成為一個密切相關的問題。郭熙説：「世人止知吾落筆作畫，卻不知畫非易事。莊子説畫史『解衣盤礴』，此真得畫家之法。人須養得胸中寬快，意思悦適，如所謂易直子諒，油然之心生，則人之笑啼情狀，物之尖斜偃側，自然布列於心中，不覺見之於筆下。晉人顧駿之必構層樓以為畫所，此真古之達士！不然，則志意已抑鬱沉滯，局在一曲，如何得寫貌物情，攄發人思哉！」（《林泉高致》〈畫題〉）正是由於強調審美主體的審美體驗，所以郭熙《林泉高致》〈畫訣〉就認為：「一種畫春夏秋冬各有始終曉暮之類，品意物色便當分解，況其間各有趣哉！其他不消拘四時，而經史諸子中故事又各須臨時所宜者為可。」這種「不拘四時」的觀點，沈括（1031-1095）有更好的論説：

　　書畫之妙，當以神會，難可以形器求也。世之觀畫者，多能指摘其間形象、位置、彩色瑕疵而已，至於奧理冥造者，罕見其人。如彥遠《畫評》言王維畫物，多不問四時，如畫花往往以桃、杏、芙蓉、蓮花同畫一景。予家所藏摩詰畫《袁安臥雪圖》，有雪中芭蕉。此乃得心應手，意到便成，故造理入神，迥得天意，此難可與俗人論也。謝赫云：「衛協之畫，雖不該備形妙，而有氣韻，凌跨群雄，曠代絕筆。」又歐陽文忠《盤車圖》詩云：「古畫畫意不畫形，梅詩詠物無隱情。忘形得意知者寡，不若見詩如見畫。」此真為識畫也。（《夢溪筆談》卷十七《書畫》）

　　沈括品鑑書畫的「神會」方法，與黃庭堅品鑑書畫的「觀韻」方法，其實也是一致的，以此方法來觀畫，才能懂得王維《袁安臥雪圖》有「雪中芭蕉」的深刻寓意──寄懷寫興的特點。從沈括上述的論述中，他還明確把謝赫的「氣韻」論和歐陽修的「畫意不畫形」論，視為同一種精神──也就是追求「傳神」而不粘滯於「形似」，這與詩歌創作中追求「不著一字，盡得風流」的精神也是相互貫通的。這種「不拘四時」的繪畫創作，這種「可居可游」的山水畫境，追求的是審美主體的心靈寄托，所謂「畫意」而不是著重「畫形」，或者說「畫形」的目的也是「畫意」，目的在於要表達出「筆畫之外」的某種精神情懷。所以郭熙指出：

　　春山煙雲連綿人欣欣，夏山嘉木繁陰人坦坦，秋山明淨搖落人蕭蕭，冬山昏霾翳塞人寂寂。看此畫令人生此意，如真在此山中，此畫之景外意也。見青煙白道而思行，見平川落照而思望，見幽人山客而思居，見岩扃泉石而思游。看此畫令人起此心，如將真即其處，此畫

之意外妙也。(《林泉高致》〈山水訓〉)

　　能夠創造出這種「畫之景外意」的精神境界,具有這種「畫之意外妙」的審美趣味,也就有了「味外味」的美感。雖然郭熙沒有運用「味外味」這一「術語」,但他的這種理論其實就是「味外味」的理論基礎。正是從這種「可居可游」的境界創造角度出發,郭熙總結出繪畫的「三遠」之法,他說:

　　山有三遠:自山下而仰山巔,謂之高遠;自山前而窺山後,謂之深遠;自近山而望遠山,謂之平遠。高遠之色清明,深遠之色重晦;平遠之色有明有晦;高遠之勢突兀,深遠之意重疊,平遠之意沖融而縹縹緲緲。其人物之在三遠也,高遠者明了,深遠者細碎,平遠者沖淡。明了者不短,細碎者不長,沖淡者不大,此三遠也。(《林泉高致》〈山水訓〉)

　　在北宋時代,稍晚於郭熙的另一位重要繪畫理論家韓拙,非常贊同郭熙的「三遠」之論,又補充說:「愚又論三遠者,有山根邊岸水波互望而遙(者),謂之闊遠;有野霞(煙霧)暝漠野水隔而彷彿不見者,謂之迷遠;景物至絕而微茫縹緲者,謂之幽遠。」(《山水純全集》〈論山〉,《中國畫論》)郭熙的「三遠」是側重從繪畫的透視方法——中國繪畫的一種「整體透視」方法出發的,而韓拙是側重從山水畫的意境表現、用筆運墨角度出發的,兩種「三遠」的解說,並不矛盾,也都直接涉及山水畫的構圖造勢的問題。對於西方以「滅點透視」的方法來創作的油畫家來說,「自山前而窺山後」等表現方法,是不可思議的。沈括指出,中國山水畫的視覺表現方式(透視方式)是一種「以

大觀小」的方法，其奧秘在於中國畫家運用的是一種想像中的「空中視點」來觀照自然的。他説：

　　又李成畫山上亭館及樓塔之類，皆仰畫飛簷，其説以謂自下望上，如人平地望塔簷間，見其榱桷。此論非也。大都山水之法，蓋以大觀小，如人觀假山耳。若同真山之法，以下望上，只合見一重山，豈可重重悉見？兼不應見其溪谷間事。又如屋舍，亦不應見其中庭及後巷中事。若人在東立，則山西便合是遠境；人在西立，則山東卻合是遠境。似此如何成畫？李君蓋不知以大觀小之法。其間折高、折遠，自有妙理，豈在掀屋角也！（《夢溪筆談》卷十七《書畫》）

　　西方的「滅點透視」（或稱為文藝復興透視、線形透視方式等）的繪畫方法，表現了東西方不同的文化傳統觀念和藝術的真實性理念。如美國布魯墨女士（Carolyn Bloomer）認為東方藝術偏愛「設想一個高懸於空中的視點」[14]，追求的是一種心靈的真實，而不是對「造化」的純粹客觀的摹寫，所以強調畫境要具有「味外味」的美感；而西方畫家用「滅點透視」繪畫，畫家不是在畫他所瞭解的世界，而是隱身於表現視網膜對某時、某點的映像，「在這個場合是真實的，換了一個場合就不真實了，這種透視法把寫實主義侷限於僅僅複寫視網膜映像」[15]。布魯墨又指出這種表現「滅點透視」的真實性傳統，是與西方從文藝復興以來追求「運用同一程序」就可以對「真理」進行驗證的傳統有關，其觀念在西方根深柢固。結合布魯墨女士的這種分析，我

14　布魯墨：《視覺原理》中譯本，張功鈐譯，北京大學出版社1987年版，第78頁。

15　布魯墨：《視覺原理》中譯本，第90頁。

們能夠更好地理解中國繪畫理論批評中「味外味」論的具體美學內涵及其重要的美學價值。從一定意義上説，繪畫理論批評中的「味外味」論，也與司空圖主張詩歌要有「味外味」的觀點一樣，反映了共同的審美理想，體現了中國藝術精神的重要的本質特徵。

繼承郭若虛的「景外意」「意外妙」理論觀點，兩宋之際人鄧椿在《畫繼》中明確提出畫要有「餘味」的觀點。他説：

光州防禦史令穰，字大年，雅有美才高行，讀書能文。……其所作多小軸，甚清麗。雪景類世所收王維筆，汀渚水鳥有江湖意。又學東坡作小山叢竹，思致殊佳，但覺筆意柔嫩，實年少好奇耳。若稍加豪壯，及有餘味，當不在小李將軍下也。（《畫繼》卷二《侯王貴戚》）

所謂「稍加豪壯」，是指用筆運墨而言的，就是要變「筆意柔嫩」為「老到」，但同時表現鄧椿也重視人生閱歷和精神境界問題，因為令穰繪畫的「筆意柔嫩」，也是與其「年少好奇」聯繫在一起的；所謂「餘味」，也就是繪畫要有「味外味」，做到「工奪造化」，有「妙外之趣」。鄧椿非常贊成郭若虛對「氣韻生動」的解説（《畫繼》〈序〉），《畫繼》卷一《徽宗皇帝》説：其《奇峰散綺圖》，「意匠天成，工奪造化，妙外之趣，咫尺千里。其晴巒疊秀，則閬風群玉也；明霞紓彩，則天漢銀潢也；飛觀依空，則仙人樓居也。」《畫繼》卷三《軒冕才賢》評蘇軾説：「據德依仁之餘，游心茲藝，所作枯木，枝幹虯屈無端倪，石皴亦奇怪，如其胸中盤郁也。……（山谷）題《竹石》詩云：『東坡老人翰林公，醉時吐出胸中墨。』先生自《題郭祥正壁》亦云：『枯腸得酒芒角出，肺肝槎牙生竹石；森然欲作不可留，寫向君家雪色壁。』則知先生平日非乘酣以發真興，則不為也。」（《畫繼》，見《中國畫論》）

可見鄧椿非常重視審美主體的精神境界，強調繪畫要能夠寄懷寫興，體現了文人畫的創作精神在南宋時代得到進一步的張揚。

至於元代畫家的創作和理論，前文已經作了評介，沈子丞先生認為：「綜觀元代畫家，大多寄興之作，而純受文學化。至其作風之簡淡高古，又能一變宋格而啟明清二代南宗畫之大輅。蓋元人能集古人之長而融洽己意，故視其筆墨要無不有其來歷，然亦不能明指為何家。論者謂學古入化，惟元人能之。觀當時各家之作品，洵不虛也。」[16]通過上文的分析，不難看出明代董其昌等人提出繪畫的「南北宗」論，並非全然妄說，實在是對宋元以來文人畫的創作和批評的一種發展，而且其所崇尚的「天真幽淡」的審美理想和對「味外味」的美感追求，也是對前人繪畫理論批評的繼承，在宋明人普遍認為「論詩如論禪」的風氣下，比附禪之「南北宗」而提出繪畫也有「南北宗」的觀點，也同樣並非鑿空之論。

第三節　南宗畫與「味外味」論

關於南北宗畫派論的提出，有一個「所屬權」的問題，俞劍華先生有將其所屬權歸於莫是龍之意，他通過考辨認為董其昌《畫旨》等中有關南北宗論的數條，特別是「禪家有南北二宗，唐時始分，畫之南北二宗，亦唐時分也，但其人非南北耳」一條，當為莫是龍《畫說》中文字，為後人所改竄。但其《畫論類編》所編選的《畫旨》中仍有關於南北宗畫派的論述，本身立論似不堅實，故俞先生此說曾遭到不少學者從各種不同角度提出的質疑。對此問題還可以作進一步研究，

---

16 沈子丞：《元畫概述》，《歷代論畫名著彙編》，第152頁。

這裡所引莫是龍（？-1587）《畫說》和董其昌（1555-1636）《畫旨》及《畫眼》等，據俞先生所選，暫不再加以辨證。

1. 明清繪畫概況與南北宗畫派論的提出

為說明問題，仍先據沈子丞先生所論，並結合有關史料，略述明清繪畫（主要為山水畫）創作概況。明代山水畫之流派大別為三：一浙派，二院派，三吳派。「大約自國初迄嘉靖之間，盛行浙院兩派，嘉靖以後，則吳派獨盛。」浙派的畫家先有王履、張觀、沈遇、丁遇川等，至戴文進出而浙派之名目始出，其後有吳偉、陳景初、蔣嵩、宗臣、王儀、藍瑛等，院派「率奉李希古、劉松年，而是時以冷謙、周臣、唐寅為領袖，咸兼擅青綠金碧，作風較浙派為細巧縝密，而其柔淡雅秀處近於吳派。蓋諸人遂出北宗，而筆墨已與吳派中之文、沈相融合。」院派還有仇英、周延祚、尤求、石銳、陳裸、沈昭、張澳等。所謂吳派，「以吳人而宗王摩詰及荊、關、董、巨、李、米諸家者也」。其名家前有沈周、文徵明，中有董其昌、陳繼儒，後有顧正宜、趙左、沈士充等。顧正宜、趙左、沈士充分別創立華亭派、蘇松派和雲間派，實均吳派支流而已。

清代前期，「南宗畫派獨盛」；中後期，國家多故，內憂外患，繪畫亦呈衰退局面；「迨光緒間，海禁開放，西洋美術大量傳入中國，一般喜新遷異者咸趨習之」。西畫傳入，對中國畫的變革創新產生了深刻的影響，但在當時也遭到固守國畫傳統的畫家和繪畫理論批評家的「抵制」，對有關觀點，下文將略加介紹。山水畫「自明季末期以來，南宗畫派已風靡一時」。清初（順治、康熙年間）有王時敏、王鑑（王時敏族侄，王世貞之孫）、王翬（王時敏和王鑑的弟子）和王原祁（王時敏之孫），號稱「四王」。王時敏（1562-1680）年少董其昌三十七歲，二人可謂是忘年交，可以說，「四王」的模古作風，與董其昌有莫大關

係。順、康以後，「四王」後學者很多，有宗王時敏的婁東派，有宗王
翬的虞山派。還有作風與「四王」及其傳人類似的「金陵八家」，即吳
歷、樊圻、高岑、鄒喆、吳宏、葉欣、胡慥及謝蓀八位畫家，其他有
華亭派（查士標、程正揆、曹岳、馮景夏等）、新安派（釋宏仁、高
翔、祝昌等）、松江派（趙文虎）、姑熟派（蕭雲從）及江西派（羅枚）
等，諸派「其實皆南之支流耳」。另外，為名家而不入諸派者，有八大
山人朱耷、苦瓜和尚石濤以及惲南田、笪重光等。乾嘉之際，又有屬
南宗派一路的鎮江派等。[17]

　　可見，董其昌等人提出的繪畫「南北宗」論，張揚「南宗畫」的
創作方法和審美理想，使南宗畫成為明清時期繪畫創作的主流，同時
在繪畫理論批評上影響也十分深遠。董其昌等人之所以提出繪畫上的
「南北宗」論，具有深刻的社會根源和思想原因，其中明代文藝創作及
其理論批評上的崇古風氣，是其重要的理論背景。莫是龍《畫說》曰：
「畫家以古為師，已自上乘，進此當以天地為師。」其實，莫是龍、董
其昌等人在崇尚南宗畫的同時，是非常重視「師古」的，而且直接影
響到清代「四王」的繪畫創作上的模古作風和理論上的「復古」主張。
不過，難能可貴的是董其昌等人還是十分強調「以天地（自然造化）
為師」的，這與清代的「四王」還是有明顯分別的。就詩學而言，蘇
軾所謂「暫借好詩消永晝，每逢佳處輒參禪」，揭示出藝術創作的審美
心理與「參禪」心境的貫通性，「論詩如論禪」不僅在宋代成為文藝批
評的普遍「話頭」，也深受明代文人士大夫的認同。在王陽明「心學」
盛行的明代，南宗禪的「頓悟」思想，本身也較為流行。而嚴羽《滄

17　以上兩段中的引文均見沈子丞《明畫概述》《清畫概述》，《歷代論畫名著匯編》，第
　　208-210，280-282頁。

浪詩話》〈詩辨〉所謂「大抵禪道惟在妙悟，詩道亦在妙悟」的「妙悟」論及其「別材別趣」説，對明清時期的文藝創作與批評影響很大，可以說，南北宗畫派論也直接受到嚴羽的詩學觀念的影響。

2.「南北宗」論與畫之「味外味」論的關係及其他有關「畫味」論的分析

如前所説，畫要有「味外味」，本身就是董其昌等人提出的南北宗畫派論中的一個觀點，而明清以來許多繪畫理論批評家都主張畫要有「味外味」，並從不同的角度來提出這一「畫味」論的觀點，而這些觀點又都與南北宗畫派論有關。因此我們在此不妨從董其昌等人（包括清代的一些繼承者）關於南北宗畫派論的具體內容出發，分析畫之「味外味」的具體美學內涵。

第一，「南北宗論」的「畫史」説、「天真幽淡為宗」的審美理想與「味外味」論。董其昌等人提出的「南北宗」論，目的在於進一步張揚宋元以來的「文人畫」的創作精神和審美理想，從繪畫藝術本身的創作實踐及其審美觀念上講，也都不值得奇怪，並不是什麼突兀的觀點，也不能全然視為「謬論」。前文曾説，與其説「南北宗」論是畫史論，毋寧直接以之作為一種具體畫派的「理論宣言」。因為他們要張揚「南宗畫」這樣一種文人畫的創作精神和審美觀念，所以要以此來尋找「畫史」上的依據。請看董其昌等人的論説：

禪家有南北二宗，唐時始分，畫之南北二宗，亦唐時分也，但其人非南北耳。北宗則李思訓父子著色山水，流傳而為宋之趙幹、趙伯駒、伯驌，以至馬、夏輩。南宗則王摩詰始用渲淡，一變鉤斫之法，其傳為張璪、荊、關、郭忠恕、董、巨、米家父子，以至元之四大家。亦如六祖之後，馬駒、云門、臨濟兒孫之盛，而北宗微矣。要之

摩詰所謂雲峰石跡，迴出天機，筆意縱橫，參乎造化者。東坡贊吳道子、王維畫壁亦云：「吾於維也無間然。」知言哉！（莫是龍《畫說》）

　　文人之畫自王右丞始，其後董源、巨然、李成、范寬為嫡子，李龍眠、王晉卿、米南宮及虎兒，皆從董、巨得來，直至元四大家黃子久、王叔明、倪元鎮、吳仲圭皆其正傳。吾朝文、沈則又遠接衣缽。若馬、夏及李唐、劉松年，又是大李將軍之派，非吾曹當學也。（董其昌《畫旨》）

　　趙大年平遠，寫湖天森茫之景極不俗，然不奈多皴。雖云學維，而維畫正有細皴者，乃於重山疊嶂有之，趙未能盡其法也。張伯雨題倪迂畫云：「無畫史縱橫習氣。」予家有此幀。又其自題《師子林圖》云：「予此畫真得荊、關遺意，非王蒙輩所能夢見也。」其高自標置如此。又顧漢中題迂畫云：「初以董源為宗，及乎晚年，畫益精詣，而書法漫矣。」蓋迂書絕工致，晚年乃失之聚精於畫，一變古法，以天真幽淡為宗，要亦所謂漸老漸熟者；若不從董北苑築基不容易到耳。縱橫習氣，即黃子久未斷，幽淡兩言，則趙吳興猶遜迂翁，其胸次自別也。（莫是龍《畫說》）

　　從上面的引文中，可以看出董其昌等人之所以傾心於王維的「破墨山水」「渲淡」之法，目的在於創造和表現出「天真幽淡為宗」這一審美理想。換句話說，董其昌等人正是從「天真幽淡為宗」這一審美理想出發，來建構其「畫史」論的，從而羅列出從王維到「張璪、荊、關、郭忠恕、董、巨、米家父子，以至元之四大家」這一所謂「南宗畫」的畫家系列。明代沈顥（生卒年不詳）論畫深受董其昌等人的影響，其《畫麈》論「分宗」曰：

禪與畫俱有南北宗，分亦同時，氣運復相敵也。南則王摩詰裁構淳秀，出韻幽淡，為文人開山。若荊、關、宏、璪、董、巨、二米、子久、叔明、松雪、梅叟、迁翁，以至明之沈、文，慧燈無盡。北則李思訓風骨奇峭，揮掃躁硬，為行家建幢。若趙幹、伯駒、伯驌、馬遠、夏珪以至戴文進、吳小仙、張平山輩，日就狐禪，衣缽塵土。

所謂王維畫「裁構淳秀，出韻幽淡」，也就是能以「天真幽淡為宗」的意思。董其昌等人強調「畫平遠師趙大年」，就是因為「趙大年畫平遠，絕似右丞，秀潤天成」，「味外有味」。董其昌等人及明清許多其他畫家所主張的「味外味」的「畫味」說，其主要美學內涵就是要表現「天真幽淡」的審美境界和審美理想，這正是其區別於宋元人論「畫味」的地方，並從不同角度討論了表現這種審美境界和審美理想的方法和原則。

第二，要表現出「天真幽淡為宗」的審美理想和「味外味」的美感，明清的南北宗畫派論者認為必須「無畫史縱橫習氣」，祛除甜俗，張揚「士氣」。同時不少論者也繼承宋代郭若虛所謂「人品既已高矣，氣韻不得不高。氣韻既已高矣，生動不得不至」的觀點，主張有拔俗之心胸才能體驗自然之「真趣」「天趣」「發景外之趣」，表現出「味外味」的「畫味」來。元代黃公望所提出繪畫要去除「邪、甜、俗、賴四個字」（《寫山水訣》）這一觀點，深為明清持南北宗畫派論者所贊同。董其昌說：

士人作畫，當以草隸奇字之法為之。樹如屈鐵，山如畫沙，絕去甜俗蹊徑，乃為士氣；不爾，縱儼然及格，已落畫師魔界，不復可救藥矣。若能解脫繩束，便是透網鱗也。（《畫旨》）

其所謂「士氣」的主要意思，就是他們所說的「無塵俗之氣」，如莊子所謂「虛靜」體「道」，「恬淡」自然，「肌膚若冰雪，綽約若處子」（《莊子》〈逍遙游〉），這才是他們認為的「幽淡」的境界，表現出這種「幽淡」的境界，畫境就具有「天真」自然的趣味，就是「味外有味」。明代吳寬（成化中會試廷試皆第一，生卒年未詳）說：

　　至今讀右丞詩者則曰有聲畫，觀畫者則曰無聲詩。以余論之，右丞胸次灑脫，中無障礙，如冰壺澄澈，水鏡淵渟，洞鑒肌理，細現毫發，故落筆無塵俗之氣，孰謂畫詩非合轍也。（《匏翁論畫》，《類編》）

　　清代沈宗騫（生卒年不詳）論畫要「避俗」曰：「畫與詩皆士人陶寫性情之事，故凡可入詩者，皆可入畫，然則畫而俗如詩之惡，何可不急為去之耶？夫畫俗約有五：曰格俗、韻俗、氣俗、筆俗、圖俗。……無從尋其筆墨之趣者，謂之韻俗。」（《芥舟學畫編》〈論山水〉，《類編》）清代范璣（生卒年不詳）撰有《過雲廬畫論》（成書於1795年），其論畫亦曰：「士夫氣磊落大方，名士氣英華秀髮，山林氣靜穆淵深，此三者為正格。其中寓名貴氣，煙霞氣，忠義氣，奇氣，古氣，皆貴也。若涉浮躁煙火脂粉皆塵俗氣，病之深者也，必痛服對症之藥，以清其心，心清則氣清矣。更有稚氣、衰氣、霸氣，三種之內稚氣猶有取焉。又邊地之人多野氣，釋子多蔬筍氣，雖難厚非、終是變格。匠氣之畫，更不在論列。」（《過雲廬論畫山水》，《類編》）吳寬、沈宗騫、范璣等，都是董其昌等人繼承者，或者說都是明清持南北宗畫派論者，他們推崇的「士夫氣」「名士氣」「山林氣」「名貴氣」「煙霞氣」「忠義氣」「奇氣」「古氣」等等，用一句話說，也就是董其昌所說的「士氣」。在他們看來，畫有「士氣」，畫也就具有「味

外味」的美感，這是從審美主體的精神境界的角度進行論述的，反映的是文人士大夫的藝術趣味。中國繪畫在明清時代日益衰微而缺少創新的活力，是與他們固守在這樣一種審美境界中有關的。

第三，要表現出「天真幽淡為宗」的審美理想和「味外味」的美感，明清的南北宗畫派論者們還從用筆運墨、立意佈局、繪畫境界等許多方面提出創作要求，有些是屬於繪畫創作中帶有普遍意義的很有價值的觀點，體現了中國古代的藝術精神，富有藝術哲學的辯證思想。

在用筆運墨上，董其昌等人主張運用「渲淡」之法和「簡逸」的筆法技巧來表現「幽淡」的趣味和境界，所謂「南宗則王摩詰始用渲淡，一變鉤斫之法」，其後此法一直傳到元代的「四大家」。這是有一定理論根據的，前文曾經討論過宋元文人畫家所運用的「簡逸」筆法和「味外味」的關係問題。董其昌等人把王維抬出來作為文人畫的鼻祖，其實主要得自宋元畫家關於文人畫的理論論述，其親目所見並加以「師古」創作的也主要是宋元人的水墨山水等作品。從張彥遠《歷代名畫記》到元代黃公望等人的有關論述來看，王維始用「破墨」方法，創作水墨山水畫，並為張璪等繼承。元代文人畫家確實沿襲了這種運墨方法。如黃公望說：「畫石之法，先從淡墨起，可改可救，漸用濃墨者為上。石無十步真。石看三面，用方圓之法，須方多圓少。董源坡腳下多有碎石，乃建康山勢。董石謂之麻皮皴，坡腳先向筆畫旁皴起，然後用淡墨破。董源小山石謂之礬頭，山中有雲氣，此亦金陵山景。皴法要滲軟，下有沙地，用淡墨掃，屈曲為之，再用淡墨破。」（《寫山水訣》）運用淡墨、破墨創作的水墨畫，能夠表現一種筆墨之外的「幽淡」趣味，成為明清所謂「南宗畫」的一個主要創作手段。明清畫家對此論述甚多，如明代的崇尚南宗畫的沈顥《畫麈》認為：「米襄陽用王洽之潑墨，參以破墨、積墨、焦墨，故融厚有味。」（《類

編》）清代畫家邵梅臣（1776- ？）明確反對「重南宗輕北宗」之論，
但他對「幽淡」的境界和用墨的關係，有十分精到的見解，他說：

> 五代前無水墨畫，五代後雖有用純墨作畫者，粗筆則竟用濃墨，
> 細筆亦必由淡而濃，至精神飽滿，氣味醇厚而後已。

> 淡之一字，真繪素家一粒金丹。然所謂淡者，為層層烘染，……
> 淡中仍有濃，有陰陽，有向背，有精神，有趣味。……蕭條淡漠，是
> 畫家極不易到功夫，極不易得境界。蕭條則會筆墨之趣，淡漠則得筆
> 墨之神。寫意畫必有意，意必有趣，趣必有神。無趣、無神則無意，
> 無意何必寫為？（以上見《畫耕偶錄論畫》，《類編》）

這就把「渲淡」筆墨與畫味的「幽淡」關係講得很透徹。南宗畫
之所以具有一種「味外味」的美感，確實是與畫家運用這種方法進行
創作而營造出一種特殊的幽淡境界分不開的，所以他們不崇尚「著色
山水」的道理，亦在於此。

從前文分析可以說明，從王維到「張璪、荊、關、郭忠恕、董、
巨、米家父子，以至元之四大家」等人，他們的繪畫創作確實有先後
繼承關係，董其昌等人的「新論」，首先在於給這一系列畫家統一命名
為「南宗」畫派，力圖以此勾勒出一條文人畫創作的歷史發展過程；
其次在於宣揚「南宗畫」具有「天真幽淡」的審美特點，這是有一定
問題的，因為這些畫家並非都是以「天真幽淡」為宗的，這實際上主
要是董其昌等人自己的美學理想。而以此審美標準為依據，他們認為
宋人和元人不同，其實他們心目中是認為元人要高於宋人的，因為元
畫確實更具有「天真幽淡」的特點。所以，董其昌說：

以境之奇怪論，則畫不如山水；以筆墨之精妙論，則山水決不如畫。東坡有詩曰：「論畫以形似，見與兒童鄰。作詩必此詩，定非知詩人。」余曰：「此元畫也。」晁以道詩云：「畫寫物外形，要物形不改。詩傳畫外意，貴有畫中態。」余曰：「此宋畫也。」（《畫旨》）

董氏之意在於認為元畫比宋畫更注重追求脫略「形似」，講究「寫意」，運用「簡逸」的筆法來表現「畫外意」，而有了這種「畫外意」，也就有了「味外味」的美感。明代「後七子」的領袖、比董其昌大三十歲的王世貞，在詩學上強調「格調」之說，在繪畫上也極力讚揚文人畫的創作。其論畫有跟董其昌等人相類似的觀點，如《藝苑卮言》云：「畫家稱大小李將軍謂思訓、昭道也。畫格本重大李而舉世只知有小李將軍，不得其說，吾嘗於徐封所見小李《海天落照圖》，真是妙品，後一辱權門，再入內府，聞已就毀矣。大抵五代以前畫山水者少，二李輩雖極精工，微傷板細。右丞始能發景外之趣，而猶未盡。至關仝、董源、巨然輩，方以真趣出之，氣概雄遠，墨暈神奇，至李營丘成而絕矣。」（《類編》）大小李將軍「精工」而「板細」，猶如北宗之「漸修」；而「右丞始能發景外之趣」，繼承者如元代「彥敬（引者按：高克恭）等直以寫意取氣韻而已，今時人極重之，宋體為之一變。」（《藝苑卮言》）「直以寫意取氣韻而已」，猶如南宗之「頓悟」。而其所謂「景外之趣」，其實就是「味外有味」的意思。

在繪畫的立意佈局特別是在畫境的創造上，南宗畫家們極力追求境界的「空靈」之美，乃至崇尚一種「荒寒」之境，視之為有「味外味」的極致[18]。試略舉明清有關論說如下：

18　清黃鉞《二十四畫品》特列〈荒寒〉一品，曰：「邊幅不修，精采無既，粗服亂頭，有名士氣。野水縱橫，亂山荒蔚。蒹葭蒼蒼，白露晞未。洗盡鉛華，卓爾名貴。佳茗留甘，諫果回味。」（《類編》）

　　畫疊嶂層崖，其路徑村落寺宇，能分得隱見明白，不但遠近之理了然，且趣味無盡矣。更能藏處多於露處，而趣味愈無盡矣。蓋一層之上更有一層，層層之中復藏一層。善藏者未始不露，善露者未始不藏。（唐志契《繪事微言》）

　　畫山水大幅，務以得勢為主。……至於野橋、村落、樓觀、舟車、人物、屋宇，全在想其形勢之可安頓處，可隱藏處，可點綴處，先以朽筆為之，復詳玩似不可易者，然後落墨，方有意味。（趙左《文度論畫》）

　　予創作《十筆圖》以聞同社，尚繁者芟洗日淨，頹林斷渚，味外取味，如經所云：「霹靂火中清冷雲也。」（沈顥《畫麈》）

　　古人南宗、北宗各分眷屬，然一家眷屬內，有各用龍脈處，有各用開合起伏處，是其氣味得力關頭也，不可不細心揣摩。……作畫以理、氣、趣兼到為重，非是三者不入精、妙、逸之品，故必於平中求奇，綿裡有針，虛實相生。古來作家相見，彼此合法，稍無言外意，便云有傖夫氣。（王原祁《雨窗漫筆》）

　　又一種位置高簡，氣味荒寒，運筆渾化，此畫中最高品也。須絢爛之極，方能到此。……清空二字，畫家三昧盡矣。學者心領其妙，便能跳出窠臼，如禪機一棒，粉碎虛空。（王昱《東莊論畫》）

　　嘗論《玉版十三行》章法之妙，其行間空白處，俱覺有味，可以意會不可言傳，與畫參合亦如此。大抵實處之妙皆因虛處而生，故十分之三天地位置得宜，十分之七在雲煙鎖斷。」（蔣和《學畫雜論》）

　　若為董、巨、元四家，思翁、煙客輩，只取荒率之景，以寫吾蒼茫之思。觀畫之取徑而知筆墨之高下矣。（華翼綸《畫說》）

　　禪家云：「色不異空，空不異色，色即是空，空即是色。」真道出畫中之白，即畫中之畫，亦即畫外之畫也。特恐初學未易造此境界仍

當於不落言詮之中，求其可以言詮者而指示之。」（華琳《南宗抉秘》）

（以上均據《類編》）

　　以上所列舉的明清數人，都是傾心於董其昌所提倡的南宗畫的論者，上引所論，雖然各有其論述的角度，要之，可以華琳《南宗抉秘》所謂「畫外之畫」一句話做總結，有了虛實相生的「畫外之畫」的「畫境」，也就有了「味外有味」的「畫味」。

　　宋代嚴羽崇尚的「盛唐興趣」的詩歌境界，——所謂「盛唐詩人惟在興趣，羚羊掛角，無跡可求，故其妙處瑩徹玲瓏，不可湊泊，如空中之音，相中之色，水中之月，鏡中之象，言有盡而意無窮」，這種對藝術境界的空靈趣味的闡述，繼承了司空圖提出的「四外」説（「味外之旨」「韻外之致」「象外之象」「景外之景」）的觀點，不僅在詩學上為明代前、後「七子」主張「文必秦漢，詩必盛唐」觀點提供了立論依據，而且也影響了南北宗畫派論者對於繪畫境界的進一步探討，其實，明清時代的畫論家較為普遍地認為繪畫境界乃是「實境」和「空境」的統一，強調一幅山水畫中的「空白」對境界構成的美學意義。清笪重光（順治年間進士）對此説過一段妙論：

　　林間陰影無處營心，山外清光何從著筆？空本難圖，實景清而空景現；神無可繪，真境逼而神境生。位置相戾，有畫處多屬贅疣；虛實相生，無畫處皆成妙境。（《畫筌》）

　　無論是司空圖的「四外」説、嚴羽的「興趣」説，還是明清畫論中這種崇尚境界的「空靈」之美的種種觀點，都是以莊禪思想為其主要理論基礎的。南宗畫論者追求這樣一種「畫境」和「畫味」，目的在

於寄懷寫興，表現自己那種「天真幽淡」的脫俗的人生境界而已。自稱「余法南宗」的清代畫家華翼綸認為：「文、沈本家筆甚無趣味，惟法董、巨及元四家，能窺古人堂奧。……董思翁上追北苑，不屑與文、沈爭衡，用筆蒼茫，濕而不滯，厚而不俗，五百年來一人而已。」（《畫說》）正是從「抒其性靈」的角度，讚美南宗畫的「天趣」「清和宕逸之趣」，並由此把董思翁（即董其昌）推為明清畫家的第一人。

3. 清代其他畫家對「南宗畫」及其流弊的批評以及對畫之「味外味」論的發展

自董其昌等人提出繪畫南北宗論以來，明清大多數畫家受其影響，但「天真幽淡為宗」的審美理想發展到極端時，就使本來設格很寬的寄懷寫興的文人畫，也僅成為畫中一格；而過於追求「寫意」，逸筆草草，也會產生忽略「形象」描寫的弊端。特別是晚清時期，西畫傳入我國，北宗畫的那種精工摹寫，就更引起一些畫家和繪畫理論批評家的重視。由此，清代有一些畫家認為有「味外味」的畫，只是畫中的「逸品」，當然仍然是極其看重的，評價也是很高的，這或者也可說明即使批評者也並不能完全跳出「南北宗」論的藩籬。早在明代，高濂（生卒年不詳）論畫就提出「天趣、人趣、物趣」之說，對當時主流所崇尚的「士氣」說提出過批評。他說：

今之論畫，必曰士氣，所謂士氣者乃士林中能作隸家畫品，全在用神氣生動為法，不求物趣，以得天趣為高。觀其曰寫而不曰描者，欲脫畫工院氣故爾。此等謂之寄興取玩一世則可，若云善畫，何以比方前代而為後世寶藏。（《燕閒清賞箋論畫》，《類編》）

而清代提出批評（或修正）意見者較多。清代李修易（1796-1861）

在《小蓬萊閣畫鑑》中，明確說：「近世論畫，必嚴宗派，如黃、王、倪、吳知為南宗，而於奇峰絕壁即定為北宗，且若斥為異端。不知南宗北宗由唐而分，亦由宗而合。如營邱、河陽諸公，豈可以南北宗限之？吾輩讀書弄翰，不過抒寫性靈，何暇計及某家皴某家點哉！」（《類編》）認為「高逸一種，不必以筆墨繁簡論也。總須味外有味，令人嚼之不見，咽之無窮。」也就是說「味外有味」的畫，屬於「高逸」一品，並且認為不必以「繁簡」的筆法來品鑑其有味無味。他又說：

> 余每喜以北宗丘壑，運南宗筆墨，蓋恐流於率意也。山水自畫禪室說法，人皆奉為圭臬，迄今未變。若能於營邱、河陽兩家准酌古今，定其指歸，畫法當變而愈上，知其解者，不易得也。（《小蓬萊閣畫鑑》，《類編》）

所謂「流於率意」就是指過於追求「寫意」而不重視「形似」的弊端，他批評說：「佛者苦梵網之密，逃而為禪。仙者苦金丹之難，逃而為玄。儒者苦經傳之博，逃而為心學。畫者苦門戶之繁，逃而為逸品。」（《小蓬萊閣畫鑑》，《類編》）

清代鄭績撰有《論畫》二卷，成書於一八六六年，他認為：「作畫須先立意，……先立其意而後落筆，所謂意在筆先也。然筆意亦無他焉，在品格取韻而已。品格取韻則有曰簡古，曰奇幻，曰韶秀，曰蒼老，曰淋漓，曰雄厚，曰清逸，曰味外味，種種不一，皆所謂先立其意而後落筆，而墨之濃淡焦潤，則隨意相配，故圖成而法高，自超乎匠習之外矣。」（《夢幻居畫學簡明論山水》，《類編》）將「味外味」列為十種畫格之一。鄭績又具體解釋說：

　　何為味外味？筆若無法而有法，形似有形而無形。於僻僻澀澀中藏活潑潑地。固脫習派且無矜持，只以意會難以言傳，正謂此也。或曰：「畫無法耶？畫有法耶？」予曰：「不可有法也，不可無法也，只可無有一定之法！（《夢幻居畫學簡明論山水》，《類編》）

　　鄭氏這種理解，實際也就是認為有「味外味」的畫屬於「逸品」而已。清代畫家邵梅臣指出：「唐以前畫家無分宗之說。筆墨一道，各有所長，不必重南宗輕北宗也。南宗渲染之妙，著墨傳神；北宗鉤斫之精，涉筆成趣。」（《畫耕偶錄論畫》，《類編》）這種評價可謂公允。邵梅臣也同樣主張畫要有「趣味」，認為：「一望即了，畫法所忌，花卉人物家最易犯此病。然所以不了者，其訣在趣味深長，精神完固，非細密之謂也。精神在學力，亦關天分，趣味則必須天分高者，始能摸索得著，山水家秘寶，止此『不了』兩字。」（《畫耕偶錄論畫》，《類編》）所謂「趣味深長」而「不了」，就是畫境的表現要能做到虛實相生、「畫外有畫」之意。如果我們不受董其昌等人畫論的束縛，「味外有味」本是中國繪畫特別是山水畫的特有的美感原則和藝術精神，而且畫要有「味外味」，宋代的蘇軾已經提出，本來也並非董其昌等人所謂「天真幽淡為宗」的南宗畫所可限制，是具有普遍的理論意義的。清代戴熙（1801-1860）論畫說：「士夫恥言北宗，馬、夏諸公不振久矣。余嘗欲振起北宗，惜力不逮也。有志者不當以寫意了事，刮垢磨光，存乎其人耳。」又說：「筆墨在境象之外，氣韻又在筆墨之外，然則境象筆墨之外，當別有畫在。」（《習苦齋題畫》）所謂「筆墨之外」有「境象」，也就是具有「味外味」的畫。

　　晚清時期的畫家松年（蒙古人，生卒年不詳），有《頤園論畫》，撰於一八九七年（光緒二十三年），其時正是西畫較多地傳入我國之

時，他評價說：

　　西洋畫工細酷肖，賦色真與天生無異，細細觀之，純以皴染烘托而成，所以分出陰陽，立見凹凸，不知底蘊，則喜其工妙，其實板板無奇，但能明乎陰陽起伏，則洋畫無餘蘊矣。中國作畫，專講筆墨勾勒，全體以氣運成，形態既肖，神自滿足。古人畫人物則取故事，畫山水則取真境，無空作畫圖觀者，西洋畫皆取真境，尚有古意在也。昨與友人談畫理，人多菲薄西洋畫為匠藝之作。愚謂洋法不但不必學，亦不能學，只可不學為愈。然而古人工細之作，雖不似洋法，亦系纖細無遺，皴染面面俱到，何嘗草草而成？戴嵩畫百牛，各有形態神氣，非板板百牛，堆在紙上。牛旁有牧童，近童之牛眼中，尚有童子面孔，可謂工細到極處矣。西洋尚不到此境界，誰謂中國畫不求工細耶？

　　西畫的傳入，促使松年等人認真重新檢討董其昌等人的南北宗畫派論，也開始認真檢討中國的繪畫發展史，自然就發現董其昌等人的偏頗之處。所以松年認為：「作家皴法先分南北宗派，細悟此理，不過分門戶自標新穎而已，於畫山（水）有何裨益？欲求高手，須多游名山大川，以造化為師法。」松年在此所說的「以造化為師法」，具有新的意義，已與董其昌等人既要「師古人」又要「以天地為師」的觀點不同，這主要表現在其十分強調精細的刻畫自然這個觀點上，這就糾正了自元代倪瓚等人到董其昌等人過於追求逸筆草草、脫略「形似」，日益向所謂「大寫意」方向發展的繪畫創作流弊。但松年仍然固守的是中國繪畫的傳統，仍然追求具有「味外味」的畫境和畫味。他說：

吾輩初學斷不可先求省事偷減，果欲成名為作家，總以妥當堅實為立體之大本，然後凜之以風神，澤之以妍潤，繁密濃厚，得法嫻熟，漸漸返約從簡，到筆簡墨省之候，無筆處有畫，耐人尋味，自成一家矣。（《頤園論畫》）

一個畫家只有在能夠準確描繪出「形似」，下過一番觀照自然、摹寫自然的刻苦功夫，有了表現「形似」的本領，然後才有資格來講「傳神」、講「神似」，也才能真正運用簡逸的筆墨，表現出「無筆處有畫」的畫境和畫味。

總之，中國古代的繪畫藝術，經過數千年的發展，形成與重視「寫實」的「西畫」（特別是西方的傳統油畫）不同的審美觀念和表現方法，被稱為「國畫」（西方理論家稱為「中國畫」），可以毫不誇張地說，「國畫」與「西畫」，在世界的繪畫史上猶如雙峰並峙，代表了東方和西方最高的繪畫藝術成就，也深刻地反映了東方和西方的一重審美主體情感的「表現」一重審美客體「真實」的「再現」的藝術精神和審美原則。中國古代繪畫理論批評中的「味外味」論及其相關範疇，深刻地體現了中國古代畫家追求「畫中之畫」和「畫外之畫」的結合，追求「形似」和「神似」相統一的創作原則，也表現了中國畫家主要用畫來表現自己的思想情感，發揮其「寄懷寫興」的藝術功能。在明代董其昌等人那裡，其「味外味」論與其以「天真幽淡為宗」的南宗畫審美理想緊密結合在一起，雖然具有一定的狹隘化的傾向，但是其論述不僅代表了自宋元以來文人畫的一種發展趨向，而且也正是通過他們的細緻深刻的研究探討，豐富了「味外味」論的美學內涵。

第五章

「味」與中國古代的美感論

　　本章將首先對傳統的所謂「羊大為美」說的主要研究觀點進行檢討和反思，並著重說明那種認為「古代中國人的美意識起源於味覺」的觀點是錯誤的；接著將簡要討論作為審美範疇的「味」與中國古代飲食文化的背景關係；最後，將主要通過司空圖的「味外之旨」「韻外之致」和「景外之景」「象外之象」的關係的分析，說明「藝味」產生於「藝境」，從「藝境」的構成來具體品鑑其「藝味」，是中國古代文藝理論批評中的美感論的重要特點。我國著名美學家朱光潛先生在《詩論》中曾說：「詩的起源實在不是一個歷史的問題，而是一個心理學的問題。」從心理學的角度進行分析，藝術乃是起源於人類「表現（expression）情感」與「再現（representation）印象」的需要，並從《毛詩序》「詩言志」的觀點分析出發，指明中國古代詩歌的特點，是「表現」性的藝術；又指出古代希臘人的看法與中國的「詩言志」說不同，其關於詩的定義是「模仿的（imitative）藝術」，並引用亞里士多德在

《詩學》中的論說：「詩的普通起源由於兩個原因，每個都根於人類天性」，一個原因是「人從嬰孩時期起，就自然會模仿」，一個原因是「求知是最大的快樂」。「模仿」說影響很大，成為西方近代以前的主要文藝觀念和創作實踐的指南。通過分析，其結論以為：「詩或是『表現』內在的情感，或是『再現』外來的印象，或是純以藝術形象產生快感，它的起源都是以人類天性為基礎。所以嚴格地說，詩的起源當與人類起源一樣久遠。」[1]朱自清先生也早在《詩言志辨》〈序〉中明確說：就中國詩歌創作而言，「『詩言志』是開山的綱領」[2]。其實不僅是詩歌，中國古代的戲劇、音樂、繪畫、書法藝術等都是屬於「表現」性的藝術。有關「藝境」與「藝味」的理論批評觀點，就是建立在中國古代抒情藝術和具有濃厚抒情特徵的藝術的創作基礎之上的。「藝境」與「藝味」的理論，可以說，乃是一種抒情美學（Lyric Aesthetics）的理論。

第一節　「羊大為美」說的再思考

　　就研究方法看，從字源的原始構造意義的探求來尋找某種思想意識的起源和發生，成為一種經常使用的人文科學的分析手段。可是，「真正講來，只有思維才配稱為哲學的儀器或工具」[3]。如果我們不對這種字源疏證的方法在研究問題之前，先作一番反省的「思維」功夫，得出的結論就會變成一種主觀臆斷。我們用後代學者對字、詞義的詮釋去探究其本義，再尤其本義去探究中國人的某種「原初」思想意識

1　上引《詩論》語，見《朱光潛全集》第三卷，安徽教育出版社1987年版，第9-13頁。

2　朱自清：《詩言志辨》，北京古籍出版社1957年版，第9頁。

3　黑格爾：《小邏輯》〈導言〉，第47頁。

的起源，這「兩步」推斷，從邏輯上講，就有陷入謬誤的「危險」。特別是在後一步推斷中，如果把漢字造字之初的「意義」直接等同於中國人的某種「原初」思想意識，那麼就有可能犯「歷史性」的錯誤，因為漢字造字的時間是不能直接等同於所有「原初」思想意識的起源的，漢字的真正產生是較晚的。其實，我們時常會在「常識」面前犯錯誤。但這並非說「字義疏源」這一方法就完全不可以運用，而是說，下結論的時候，要特別小心，至少要經得起「邏輯」的推敲。

上個世紀的八〇年代以來，我國不少學者撰文討論漢字「美」的構造與本義，使許慎《說文解字》等「羊大為美」說得到新的詮釋（同時還提出一些新說），進而又把這一解說自然而然地與「味」這一美學範疇聯繫起來進行考察分析，取得了一定研究成績。可是由真理向前踰越一步，便會成為謬誤。——我們並不否認從《說文解字》的有些「文」和「字」的解說中，確可以探究不少古代中國人的某些思想意識的較為原初的「認識」。雖然提出「羊大為美」說的《說文解字》，與先秦諸子的著作和漢代以來的經學著作等，確實不同，它是一部「字書」，對它的特殊性，下文再談；但儘管如此，許慎畢竟是漢代的小學家、經學家。為了論述的方便，先列舉《說文解字》（均據段玉裁《說文解字注》本，下簡稱《說文》）關於「美」「味」「羊」「口」四個字的解釋（同時列出有關段注）：

《說文》釋「美」字云：「美，甘也。（段註：甘部曰，美也。甘者，五味之一，而五味之美皆曰甘。引申之，凡好皆謂之美。）從羊、大。羊在六畜主給膳也。（段註：《周禮》，膳用六牲，始養之曰六畜，將用之曰六牲，馬、牛、羊、豕、犬、雞也。膳之言善也；羊者，祥也，故美從羊。此說從羊之意。）美與善同意。」——按：宋代徐鉉進一步補充說：「羊大則美，故從大。」所以「羊大為美」說的「發現權」

還是應該歸於許慎。

《説文》釋「羊」字云：「羊，祥也。（段註：疊韻，《考工記》注日，羊，善也。）」又解釋「羊」的字首「象四足尾之形。」並云：「孔子曰：牛、羊字以形舉也。凡羊之屬，皆從羊。」段注日：「許（慎）多引孔子言，如王、士、兒、黍、羊、犬、貉、烏，皆是也。」《説文》釋「味」字云：「味，滋味也。（段註：滋，言多也。）從口，未聲。」

《説文》釋「口」字云：「口，人所以言、食也。（段註：言語、飲食者，口之兩大耑。舌下亦曰口，所以言、別味也。《頤》〈象傳〉曰：君子以慎言語、節飲食。）象形，凡口之屬，皆從口。」

據上所列舉，許慎的「羊大為美」的詮釋等，説明了「美感」與快感是密不可分的，反映了自先秦以來「美善一體」的思想觀念。《禮記》〈禮運〉日：「夫禮之始，始諸飲食。」又日：「飲食、男女，人之大欲存焉。」把許慎關於「羊」「口」「味」的詮釋和其「羊大為美」説結合起來看，也體現了中國古代「禮樂」文化的精神和飲食文化的特徵。不少學者從中分析了先秦、秦漢時期的美善結合的思想傳統以及「美意識」、「味」論與古代飲食文化背景的關係。

但如果我們由「羊大為美」説進而認為中國人的美意識起源於味覺，恐怕就成為一個令人難以信服而且有違「常識」的錯誤論斷。這一論斷在日本知名學者笠原仲二先生所著的《古代中國人的美意識》一書中，得到較為全面的表述。這本著作出版於一九七九年，該書中文譯本於一九八七年出版[4]，在我國產生了一定的影響。該書有許多深刻而獨到的見解，具有很高的學術水平。在此對作者的個別主要論斷

4　參見《古代中國人的美意識》中譯本《譯後記》，魏常海譯，北京大學出版社1987年版。

提出批評「對話」，並非要苛責於他，而是因為其「中國人最原初的美意識確是起源於味覺美的感受性」這一觀點，得到一些論著的引用，似有成為流行觀點的趨勢，而筆者以為這一觀點其實是難以成立的，這與我們的「論題」密切相關，故必須作出辨析。下文準備先介紹笠原仲二先生的基本觀點和論證過程，然後通過和他的這些觀點的「對話」，對古代中國人的原初美意識的起源問題以及與味覺感官的關係，重新進行一番思考。《古代中國人的美意識》一書，就其探討中國人的原初的美意識問題而言，可以歸結如下幾個觀點：

第一，從「美」字的《説文》本義和美意識的起源的關係研究入手，最終得出「中國人最原初的美意識確是起源於味覺美的感受性」這一結論。作者認為，「美意識」與「美」這個詞、這個字有必然的關係：

依據《説文》，「美」字從「羊」從「大」，就是說，它是由「羊」和「大」二字組合而成的，它的本義是「甘」（《説文》羊部）。不難看出，「美」這個字，在中國人原初的美意識階段，當它一般地表達對於某種對象的某種特殊感覺或官能的時候時，它的本義是限於這個字的自身結構來考慮的，……當「美」的本義限於表達「甘」這樣的味覺的感受性時，所謂「羊大」這種羊的特殊姿態性，就與美的感受性沒有任何關係了。因此在這裡又可以想到，歸根到底中國人最原初的美意識是起源於「甘」這樣的味覺的感受性。

近代學者馬敘倫先生《説文解字六書疏證》（卷七）不同意許慎、徐鉉的「羊大為美」說，為了下文討論的方便，也抄示如下。馬先生曰：「徐鉉謂羊大則美，亦附會耳。倫謂字蓋從大，芊聲。芊音微紐，

故美音無鄙切。《周禮》美字皆作媺，本書：媄，色好也。是媄為美之
轉注異體，媄轉為媺，從女，媺聲，亦可證美從芊得聲也。芊、芋形
近，故訛為羊；或羊古音本如芊，故美從之得聲。當入大部，蓋媄之
初文，從大猶從女也。」笠原先生由「美」的「本義是限於這個字的自
身結構來考慮」這一角度出發，否定了「羊大」在古代中國人「最原
初的意識」裡可能還有的視覺感受性，也否定了馬氏提出的「美」即
「媄也」又兼有「媚」意的解說。──在此並非是說馬先生的說法就正
確，而是想說明笠原先生為什麼要如此立論的思路。

　　第二，作者認為：「依據《說文》（口部），『味』字『從口，未
聲』，意思是『滋味』，其聲段注為『無沸切』；而所謂『未』的本義，
《說文》解釋是『味也，六月滋味也』，其聲同『味』。……一般所說的
『口好味』（《荀子》〈王霸〉）的『味』，與所謂『滋味』『甘味』或『美
味』是同義詞，滋、甘、美、味，古來都是意義相近的詞。而這些事
實更清楚地說明了『美』與『甘』通訓，並證明『美』本來是表示味
覺的感受性文字。」另又說：「更能證明中國最原初的美意識直接起源
於味覺體驗的是，有些字，它本來是指『甘』的飲食的名稱，也都附
以『美』訓。」通過上述分析得出結論是：「所謂飲食的『甘』『美』，
就是說的肉體的、官能的體驗，是指食物含在口中，引起口舌的快
感，並從而給心以喜悅、快樂的感受。」「對中國人的原初的美意識的
內容或本質，可以一言以蔽之，主要是某種對象所給與的肉體的、官
能的愉樂感。」由此作者就進一步推出其他感官的美感，在中國人的原
初美意識中，都是從味覺的「官能的愉樂感」擴展而來的。──這一
論斷在如下兩點中得到論述。第三，作者說：「『美』字起源於舌的感
覺，它本來意味著味覺官能的悅樂感，但不久它的意義便由此擴展，
也表達通過鼻而產生的嗅覺的悅樂感了。……中國古代的人們把味覺

和嗅覺的悦樂感，即把味覺的感受和嗅覺的感受，同樣都看作是『美』的東西。」

第四，在分析「色」和「美」的關係即視覺美和觸覺美時，作者説：「中國人原初的美意識最早起源於味覺美，進而擴展到嗅覺美。」而「美」也往往用來表達由「色」引起的感受，「由『色』所引起的官能的悦樂感，嚴格地説來，是視覺和觸覺的感受性。」作者通過引證《孟子》〈告子上〉「告子曰：食、色，性也」和《淮南子》〈説林訓〉所謂「佳人不同體，美人不同面而皆悦於目」以及《説文》中有關「女」之偏旁的字等進行考述，主要目的在於説明視覺美的感受性實質包含觸覺美的感受性——也有肉體的官能感受性，而「中國人不僅對味覺和嗅覺往往不作明確區別，而且對嗅覺和視、聽、觸三覺也很少嚴格劃分」，最終作者就得出這樣的結論（並反覆強調）：「中國人最原初的美意識或美觀念是始於味覺美，『美』字也用來表達嗅覺以及視覺（嚴格地説，是視覺和觸覺結合）的美的感受了。」[5]儘管在以上的論述中，不乏精彩的見解，但其所得出的主要結論，其實是不正確的。

首先，不妨再來思考一下《説文》的「羊大為美」説。《説文》的研究是一門專門之學、專家之學，僅清人對它的研究著作就有一百多種（丁福保彙編為《説文解字詁林》），《説文》也是國學研究的一部入門著作、基礎讀物，遠遠超出「字書」的價值，對此，稍涉國學的人就比較了解；可是，為了説明問題，還是有必要對該書有關情況略作介紹，這裡所述主要參考周祖謨先生《許慎及其説文解字》一文的考述[6]。據范曄《後漢書》〈儒林傳〉的記載和許慎自己《説文解字後

5　以上引文分別見《古代中國人的美意識》，第3、4、5、16頁。

6　《周祖謨學術論著自選集》，北京師範學院出版社1986年版，第391頁。

敘》、其子許沖《上說文解字表》等所述，許慎字叔重，是東漢汝南郡召陵（今河南郾城縣東）人，清人推斷許慎大約生於東漢明帝之初，大約卒於桓帝初年。許慎是精通經今文學、古文學的著名經學家賈逵的學生，後來許慎也成為著名的經學家，曾著有《五經異義》等（多已亡佚），時人對他有「五經無雙許叔重」的讚賞，經學大師馬融就非常推崇他。許慎運用「六書」來分析篆文，以共有的形旁作部首，共歸納為五四〇部，其所謂「文」是指獨體的象形表意的字，「字」是指合體的表意和形聲字。每一個字的寫法，以篆文為主，有不同作「或體」處理，而把古文或籀文列於篆文解說之下。每一字的解說先解說字義，然後說明形體構造等。《說文》作於永元十二年（西元100年），正是古文經學盛行的時代。周祖謨先生《許慎及其說文解字》指出：「許氏在解說中，有時引用經傳來說明字義或字音。除少數用今文經外（如《儀禮》用今文經，詩間用《韓詩》），一般都用古文經。在解說中也常常引到其他人的說法，全書有一一〇餘條，這就是敘文所說『博采通人，至於小大，信而有證』的實例。解說中涉及訓詁的，有的出於《爾雅》，有的出於揚雄的《方言》，有的出於前人的經傳訓釋、《蒼頡解詁》。由此可見許慎著《說文解字》不僅從賈逵問業，而且囊括了許多前人的經說和字說，可以說是集兩漢經學之大成了。」可見，許慎雖然對今文經學家的「向壁虛造的巧說邪辭深惡痛絕，所以蒐羅篆文和古文及籀文編成一部字書」，但他對今文學家的一些有價值的可以成理的解釋，並非一概拒絕而不加採用；而且許慎的解說主要是對經書字義的解釋，這些解釋，很難都說成是古代中國人的「原初」思想意識。

例如，《說文》解釋的第一個「文（字）」是屬於指事字的「一」，他說：「惟初太極，道立於一，造分天地，化成萬物。凡一之屬皆從

一。」我們知道，許慎曾撰有《淮南子注》，此關於「一」的解說，當與《易經》和道家著作的思想有關（例如，《老子》說：「道生一，一生二，二生三，三生萬物」）。周祖謨先生《許慎及其說文解字》說：其「五四〇部的次序是始『一』終『亥』。始『一』終『亥』是有意義的，因為漢代陰陽五行家言萬物生於『一』，畢終於『亥』。」可見，其關於「一」的解說也受到當時經今文學所崇尚的「陰陽五行」思想學說的影響，古代中國人「最原初的」思想意識恐怕很難有如此高的哲學水平。再如，上面所引用《說文》關於「羊」字的解釋，許慎說：「孔子曰：牛、羊字以形舉也。」段注說：「許（慎）多引孔子言，如王、士、兒、黍、羊、大、貉、烏，皆是也。」這裡不妨舉屬於會意字的「士」字為例，《說文》釋「士」字云：「士，事也。數始於一，終於十，從一、十。孔子曰：推十合一為士。凡士之屬皆從士。」關於以「事」釋「士」，段注曰：「《豳風》《周頌》《傳》凡三見，《大雅》：武王豈不仕，《傳》亦云：仕，事也。鄭注《表記》申之曰：仕之言事也。士、事疊韻，引申之，凡能事其事者稱士。《白虎通》曰：士者，事也，任事之稱也。故《傳》曰：通古今，辨然不（否）謂之士。」關於「數始一終十」，段注曰：「數始一終十，學者由博返約，故云推十合一。博學、審問、慎思、明辨、篤行，惟以求其至是也。若一以貫之，則聖人之極致矣。」這就把許慎所引的孔子的話詮釋的非常清楚。而許慎對「士」的解釋，恐亦非古代中國人「最原初的」思想意識。今天甲骨文學者們，對「士」字，就別有新說，楊樹達先生《積微居小學述林》〈釋士〉贊成吳承仕關於「士，事也」之「事」為「耕作」之農事的說法，並從甲骨文的字形結構上進行了分析，認為「士」的最底一橫「象地」，「士」的中間一豎「象苗插入地中之形」。——按：甲骨文「士」字，無上之一橫，故不存在「十」字，當然我們也就自

然會想到所謂「推十合一」云云，乃後起義，是孔子論「一以貫之」之「道」的思想的體現。對此余英時先生《士與中國文化》一書有綜述討論[7]。

　　關於「美」字，也與上述所舉「士」字的例證相同，近現代有些學者也並不滿足許慎關於這個字的「字形結構」的解説，除上文提到的馬敘倫先生的解説外，又根據甲骨文、金文等，提出了「羊人為美」説、「像人頭戴羽飾」説、「像人頭戴冠笄頭飾」説、「舞人為美」説、「形聲」説等[8]，其中「羊人為美」説、「舞人為美」説，與原始文化研究中的圖騰説、原始舞蹈的起源説等聯繫起來進行分析，得到一些學者的贊同。究竟哪一種説法是科學的可信的，或者説是真正符合「美」字造字之初的「字義結構」的原意的，筆者無力加以判斷，也不想去努力作出一個判斷，只是想明確一點，人類的認識感官是以視覺和聽覺為先，所以多數的西方學者乃至認為只有視、聽感官才是人類的審美感官，古代的中國人（乃至原始的中國人）於此並不例外，也就是説，視、聽感官同樣也是他們（直到我們今天的中國人）的認識事物的首要感官，要説不同，如許多學者指出的，只是我們古代中國人並不排斥味、嗅和觸覺（《荀子》〈榮辱〉所謂「骨體膚理辨寒暑疾癢」的「骨體膚理」的感覺，就是指觸覺或可以稱為體覺[9]）的審美的作用，即也把味覺、嗅覺、觸覺視為審美感官，而西方不少著名學者卻否認這一點。但我們無法找出證據來說明古代中國人的原初美意識是

7　參見余英時：《士與中國文化・古代知識階級的興起與發展》，上海人民出版社1987版，第3-8頁。

8　參見皮朝綱《中國古代審美文化中的「羊大為美」思想》一文及註釋第1條，《中國美學沉思錄》，四川民族出版社1997年版，第83頁。

9　笠原仲二《古代中國人的美意識》第一章註釋第45條，特別指明這一點，筆者以為這是正確的見解。

先從「味覺」感官（以及嗅覺）開始，然後再向視覺（乃至觸覺）、聽覺感官挪移這樣一種「實踐」的、「時間上」的順序。即使我們否認馬敘倫先生的解釋以及後來一些學者提出的「羊人為美」「舞人為美」諸說的正確性，即使我們也同時排除許慎等「羊大為美」說受到「羊，祥也」的儒家祭祀學說以及「禮」的觀念的影響、「美」字的造字之初還沒有受到「美善一體」的思想的影響，或者說，就「美」的造字之初意而言、它的結構構造而言，確是以「羊大」為「美」字的，我們又怎能否認在「羊肥大而味美」的同時，具有視覺的「美意識」存在呢？乃至包括嗅覺的快感存在呢？硬要置味覺於其他感官之前，並由此得出古代中國人的原初美意識起源於味覺的觀點，只能是違背常識的論斷。

其次，笠原先生在論述「中國古代人的原初美意識起源於味覺的感受性」這一觀點時，其論述的邏輯也有自相矛盾的問題。他已經注意到「美」字起源於「羊大」的感受性（我們不妨姑且承認「羊人為美」等說是不對的），這其中表現出人們對羊的體肥毛密，生命力旺盛以及強壯的姿態等方面的感受性；又進一步分析說，在人們的生活中，由所謂「羊大」而引起的直接的意識和感情，「美」字所內含的最原初的意識，其內容是：「第一，視覺的，對於羊的肥胖強壯的姿態的感受；第二，味覺的，對於羊肉肥厚多油的官能的感受；第三，觸覺的，期待羊毛羊皮作為防寒必需品，從而產生一種舒適感；第四，從經濟的角度，預想那種羊毛具有高度的經濟價值即交換價值，從而產生一種喜悅感。這些感受歸根到底來源於生活的吉祥，包含著心理的愛好、喜悅、愉快等等，可以叫作幸福感吧。」[10]既如此，何以古代中國人的

10　笠原仲二：《古代中國人的美意識》，第3頁。

美意識一定要先從味覺的感受性開始呢？難道這一點，真是我們古代中國人與其他國家（地方）的古代人的美意識起源的不同之處嗎？在作者的論述中，並不能找到強有力的論證說明，因而這在邏輯上就明顯隔閡難通。

　　再次，笠原先生認為：「中國人的美意識，簡單地說，在其初期階段，一般是起源於味、嗅、視、聽、觸所謂五覺（引者按：這一論說並不錯）。就『美』字的《說文》本義來考察，它最初是表達『甘』這樣的味覺美——味覺的悅樂感，與此同時，作為和這種悅樂感關係最密切的感覺的、感情的體驗，嗅覺美和視覺、觸覺美，接著是聽覺美，也都被意識到，都用『美』字來表達了（引者按：這段論述要把味覺美在『時間』上置於其他感官對美的感受之前，就有問題了）。儘管這些美的感受就其內容、本質而言是互相有所不同的，他們仍然用同一個『美』字來表達。並且我們還可以明白，在這諸種感覺之中，包含著藝術昇華的內在傾向，如純粹的視覺之於藝術的繪畫，視覺、觸覺相結合的美之於繪畫之外的雕刻、雕塑，聽覺美之於音樂，視、聽、觸覺美之於戲曲、舞蹈等等，都表明了這種內在的傾向。」[11]這段論述除筆者在引文中所加的按語指明其錯誤之外，基本上是正確的。但如果按照作者的思路——即古代中國人的原初美意識起源於味覺的感受性的話，那麼自然會得出我們古代的中國人是先有了「味覺的美意識」，有了這種美意識之後，「不久」就向其他感官即視、聽等感官美意識「挪移」，於是乎才有了繪畫、音樂的原始藝術的產生。這個邏輯推斷，明顯也是令人無法接受的。當然，我們承認，「食、色，性也」，人類只有在吃、穿、住滿足（最基本的維持人類生存下去的條

11　笠原仲二：《古代中國人的美意識》，第18頁。

件）後，才能從事精神勞動（才有所謂「藝術昇華的內在傾向」），因此，味覺以及其他的生理快感的獲得，邏輯上是早於「美意識」的誕生的；但儘管如此，我們仍然也無法完全贊同上引笠原先生的這段論述。

總之，如前文所說，從列舉《說文》關於「美」「味」「羊」「口」的解釋看，許慎明顯受到了先秦時期特別是儒家關於「美善一體」思想的影響（這已是遠遠晚於古代中國人的美意識的起源了），羊是古代中國人依賴其生存的牲畜，也是祭祀中最重要的犧牲，所以是吉祥之物，許慎明明知道「羊」字是個像形字，可是他仍然說「羊，祥也」，這是有其思想上的原因的。因為「祥，善也」，就是美好的意思，所以「羊大為美」說，從許慎到徐鉉得到堅持、得到認同；實際上，從「效果史」的角度講，無論這一解釋，是否符合造字之初意，但這一觀點，在許慎之前（至少從西周時期）直到近代提出新說之前，人們是普遍認同的，這也正是後代以「味」論「藝」的重要的思想文化基礎之一。但我們並不能從這一觀點中，證明古代中國人原初的美意識起源於味覺，只能說它與味覺快感，同時也與其他感官的快感，是密切聯繫的，美感起源於快感、美感包括了快感，美是令人愉悅的、美是和諧的觀念，是古代中西方都共同存在的審美意識。在先秦典籍中，「美」和「善」常常是同義詞，但也有屬於非同義詞的。如《左傳》〈桓西元年〉記載說：「宋華父督見孔父之妻於路，目逆而送之，曰：美而豔。」這個「美」就是指女子的美色。李澤厚、劉綱紀《中國美學史》說：

大量的材料說明，這種明顯地不同於「善」的「美」，在最初指的就是能直接給人以感官享樂的聲、色之美，而且連味的美也包含在內。

又認為《說文解字》中關於「美」字解釋,「雖然這是漢人的說法,但保存了起源很古的以味為美的觀念。……在中國。『美』這個字也是同味覺的快感聯繫在一起的。兩漢以後中國的文藝理論批評著作,如鍾嶸和司空圖關於詩歌的著作,還常常將『味』同藝術的鑑賞相連。」[12]這是十分正確的,但該書又說:「子產、醫和按味──色──聲這樣的次序來論述味、色、聲的美,在一定程度上反映了人類審美意識發展的大體歷程。」[13]似乎也有把美意識的起源歸結為從味覺開始的意思,而這一觀點,是不正確的、想當然的結論。

第二節 「味」與古代的飲食文化

在古代「樂味」論中,「聲亦如味」論是最早提出的重要理論命題[14],由此發端,中國古代「藝味」說得以產生發展。如果說這一命題的提出,是直接從「陰陽五行」學說中脫胎而出的,那麼之所以在「五行」說中,最初能將「五聲」和「五味」結合起來,也是與我國古代飲食文化的背景分不開的;當然,這種具有講究「倫理」價值特點的飲食文化背景及其有關重要理論觀點,對我國古代「藝味」說的影響和作用,又並非僅限於先秦時期,而是長期的,只是從其發端時期來進行分析,可以把問題看得更加清楚一些。

一、從「聲亦如味」論看「藝味」說與古代飲食文化背景的關系

關於這個問題論者甚多,結合現有研究,略作如下三點論述。

---

12 上引依次見李澤厚、劉綱紀《中國美學史》(先秦兩漢),第73、76、80頁。

13 李澤厚、劉綱紀:《中國美學史》先秦兩漢編,第80頁。

14 雖然「大羹不和」的觀念更早,但就現存史料而言,明確地以「味」來論「樂」,晏子的「聲亦如味」論,如上所說,是古代「藝味」說中最早提出的理論命題。

1. 味覺等感官慾望與審美快感的關係問題

人的美意識的起源，是與人的感官（五官）的感性慾望即味、臭、聲、色等方面需要的滿足分不開的，但是很難説「美意識」的起源只與「味」有關，或先從味覺感官慾望的滿足開始。生理的快感不是美感，但美感包括了快感，是快感的昇華；審美心理不等於生理慾望，但心理是以生理為基礎的，在審美過程中，生理、心理是緊密結合的，快感和美感是完全統一的。

原始中國人的美意識的起源，應該是和世界上任何其他地區的原始人類的美意識的起源是一樣的，對「味」的美感的追求和享受以及產生的愉悦感，也應該是相同的，這就是美感的共同性。所以，《孟子》〈告子章句上〉有論曰：

口之於味，有同嗜也，易牙先得我口之所嗜者也。如使口之於味也，其性與人殊，若犬馬之與我不同類也，則天下何嗜皆從易牙之於味也？至於味，天下期於易牙，是天下之口相似也。惟耳亦然，至於聲，天下期於師曠，是天下之耳相似也。惟目亦然，至於子都，天下莫不知其姣也。不知子都之姣者，無目者也。故曰：口之於味也，有同嗜焉；耳之於聲也，有同聽焉；目之於色也，有同美焉。至於心，獨無所同然乎？心之所同然者，何也？謂理也，義也。聖人先得我心之所同然耳。故理義之悦我心，猶芻豢之悦我口。

所謂「理義之悦我心，猶芻豢之悦我口」，恰切地説明了美感也是一種快感，是感性的愉悦，是快感的昇華。孟子這段話也充分論述了美感的共同性，但美感又具有差異性，這種差異性形成的原因很多，它涉及主體與主體之間的一切差異，對此也不必多談，現有的美學著

作都有分析，在此要關注的是「藝味」說方面的問題。

孟子在這裡提到「易牙先得我口之所嗜者也」云云，易牙是齊桓公的幸臣，善於烹調美味。《荀子》〈大略〉：「天下之人，唯各特意哉，然而有所共予也。言味者予易牙，言音者予師曠，言治者予三王。」王先謙《荀子集解》注曰：「易牙，齊桓公宰夫，知味者；師曠，晉平公樂師，知音者。」《淮南子》〈道應訓〉記載孔子語曰：「菑（淄）澠之水合，易牙嘗而知之。」可見，易牙的「知味」水平是很高的。確實，以「味」論「藝」，是與我國的飲食文化發達的背景有著密切的關係，正是從這種關係中，體現出我國古代美感論的獨特性（與其他民族的差異性）和審美體驗的獨特性，從而形成具有我們民族傳統特色的「藝味」說（與其他古代國家如古印度等以「味」論「藝」的不同特徵）。

2. 中國古代論「味」觀點對「藝味」說產生、形成的影響

先秦時期，伊尹、史伯、單穆公、晏子、醫和、屠蒯等人，提出許多著名的論「味」觀點，並為後來思想理論家所繼承和發展。這些觀點的提出，可以說是直接產生於古代人們修身節慾的體會中，產生於對飲食滋味的直接體驗的過程中，從而對後代以「味」論「藝」的批評思想產生了重要影響。概括地說，中國古代飲食文化觀念和有關觀點對「藝味」說之產生與形成的影響，主要體現為如下幾點：

第一，是前文（第一章）所論到的「五味調和」論。如史伯很早就提出「聲一無聽，物一無文，味一無果，物一不講」的觀點，揭示了美感的「和諧」性特點。

第二，是「濟洩」論。這也就是前文提到的晏子的觀點，所謂「和如羹焉，水、火、醯、醢、鹽、梅，以烹魚肉，燀之以薪，宰夫和之，齊之以味，濟其不及，以洩其過」。這一觀點反映了先秦時期尚「和」而用「中」的美的觀念，形成了「中和」論的美學思想。

第三，是單穆公的「味精氣和」論。《國語》〈周語下〉記載，單穆公曾説：

口內味而耳內聲，聲味生氣。氣在口為言，在目為明。言以信名，明以時動。名以成政，動以殖生。政成生殖，樂之至也。若視聽不和，而有震眩，則味入不精，不精則氣佚，氣佚則不和。於是乎有狂悖之言，有眩惑之明，有轉易之名，有過慝之度（《單穆公伶州鳩諫鑄大鐘》）。

這是從修身養氣的角度，説明「聲味生氣」的道理，對後代文藝理論批評影響也很大。其後文藝理論家吸取這一思想，並與道家、佛教思想中「虛靜」説、「養氣」説結合起來，論述創作主體、審美主體需要保養「精氣」的道理。

第四，是晉國著名膳宰屠蒯的「味以行氣，氣以實志，志以定言」的觀點。《左傳》〈昭公九年〉記載屠蒯的一段重要論説：

晉侯飲酒，樂。膳宰屠蒯趨入，請佐公使尊，許之。而遂酌以飲工（引者按：杜預注曰，指樂師師曠），曰：「女為君耳，將司聰也。辰在子卯，謂之疾日，君徹宴樂，學人舍業，為疾故也。君之卿佐，是謂股肱。股肱或虧，何痛如之？女弗聞而樂，是不聰也。」又飲外嬖嬖叔，曰：「女為君目，將司明也。服以旌禮，禮以行事，事有其物，物有其容。今君之容，非其物也；而女不見，是不明也。」亦自飲也，曰：「味以行氣，氣以實志，志以定言，言以出令。臣實司味，二御失官，而君弗命，臣之罪也。」公説（引者按：「説」同「悦」），徹酒。

　　所謂「味以行氣」的「味」，具體指飲食滋味，如《墨子》卷六〈節用〉所說：「古者聖王，製為飲食之法，曰：足以充虛繼氣，強股肱，（使）耳目聰明則止；不極五味之調，芬香之和，不致遠國珍怪異物。」（孫詒讓《墨子間詁》，《諸子集成》本）人的主體生命之「氣」，是與食物營養的吸收和吐故納新分不開的；所謂「氣以實志」，杜預注曰：「氣和則志充」，相反，就會如單穆公所說：「氣佚則不和」。在上引單穆公的論述中，已經把「味」與「聲」「言」聯繫起來，而在屠薊的論述中，更是將「味」「氣」「言」「令」四者聯繫起來。當然屠薊說的「令」是指「政令」，但也可以說就是「言」；所謂「詩，志之所之也，在心為志，發言為詩。情動於中而形於言……」（《毛詩序》），在古代哲人看來，「詩言志」的「志」是與人的主體生命之氣的養育分不開的，「詩」的創作在構思的活動中已經與「言」密切結合在一起，語言和思維是同步的。由此，後代遂形成「志氣」「辭令」的用語，並將之聯繫起來探討文學創作問題。如劉勰《文心雕龍》〈神思〉篇曰：

　　故思理為妙，神與物游。神居胸臆，而志氣統其關鍵；物沿耳目，而辭令管其樞機。樞機方通，則物無隱貌；關鍵將塞，則神有遁心。是以陶鈞文思，貴在虛靜，疏瀹五藏，澡雪精神……。然後使玄解之宰，尋聲律而定墨；獨照之匠，窺意象而運斤；此蓋馭文之首術，謀篇大端。

　　在「神與物游」的心物交融審美心理過程中，藝術想像展開積極活動，但「神思」是由「志氣」和「辭令」來把握其關鍵和樞機的，如果「志氣」昏聵，「辭令」也就必然混亂，就會如單穆公所說，「有狂悖之言，有眩惑之明」，所以劉勰特重「養氣」和「虛靜」之審美主

體的修養功夫。屠蒯等人從修身節慾的角度，揭示出飲食滋味的養生意義，飲食不「時」，過度追求感官慾望的滿足，就不能靜心，所以「靜心」在於「寡慾」，國君能夠靜心寡慾，才能夠有清明政令的產生。從這個特定意義上講，屠蒯的論述無疑對後代文藝理論批評家論主體的審美虛靜心理具有一定影響，另外，在單穆公、屠蒯等人關於「味」與「言」的討論，無疑也為後代文藝理論批評轉而用「味」來論「藝」具有一定關係。

第五，是伊尹的「鼎中之變」論，揭示了審美的直覺體驗性特徵。審美體驗，可以意會而難於言傳，中國古代的人們對審美這一特點的認識很早，後來與道家的「得意忘言」和佛教的「思維路絕，言語道斷」的思想結合起來，對我國古代文藝理論批評產生了重大的影響。這一觀念的認識，最早體現在伊尹「說湯以至味」的帶有傳說性的歷史記載中。據說，伊尹是商湯時期人，從小寄養於庖人，長大後遂精通烹飪之術，其後做了湯的大臣：

有侁氏女子採桑，得嬰兒於空桑之中，獻之其君。其君令人（引者按：即庖人）養之，察其所以然。曰：「其母居伊水之上，孕，夢有神告之曰：臼出水而東走，毋顧！明日，視臼出水，告其鄰，東走十里而顧，其邑盡為水，身因化為空桑。故命之曰伊尹。」此伊尹生空桑之故也。長而賢。湯聞伊尹，使人請之有侁，有侁不可。伊尹亦欲歸湯，湯於是請取婦為婚。有侁氏喜，以伊尹媵女。（《呂氏春秋》卷第十四《孝行覽》〈本味〉）

在《墨子》《孟子》《莊子》等書中，也有關於伊尹的記載，可以說，伊尹是易牙之前最著名的中國古代烹飪大師和政治家了。先來看

看伊尹「說湯以至味」的精彩論說：

　　湯得伊尹，祓之於廟，爟以爟火，釁以犧猳。明日，設朝而見之。說湯以至味，湯曰：「可對而為乎？」對曰：「君之國小，不足以具之，為天子然後可具。……凡味之本，水最為始。五味三材，九沸九變，火為之紀。時疾時徐，滅腥去臊除羶，必以其勝，無失其理。調和之事，必以甘酸苦辛鹹，先後多少，其齊甚微，皆有自起。鼎中之變，精妙微纖，口弗能言，志弗能喻，若射御之微，陰陽之化，四時之數。（《呂氏春秋》卷第十四《孝行覽》〈本味〉篇）

　　正如皮朝綱先生所說：在商湯時代，古人的飲食已由簡單的原始熟食製作發展為一門綜合性科學，反映了人們日益增長的物質與精神生活的需要，伊尹「說湯以至味」就是這一文化現象的生動反映，「伊尹對『至味』（美味）獲得的基本原則和方法的論述，對『調和之事』的規律的分析，對『鼎中之變』『口弗能言，志弗能喻』的描述，突現了中國古代烹飪方法注重宏觀把握的特點，帶有濃郁的中國哲學思維方法的模糊性、體悟性、整體性，因對美味的獲得，要靠整體把握，要靠細細玩味，富於藝術和審美的氛圍。」[15]這些分析論述，是非常有道理的，也是非常切中問題的要害的。

　　3.關於「知味」與「知音」的批評論

　　《呂氏春秋》所記載的「說湯以至味」這一則故事，其本義是講用賢治國的道理，對此可置不論，但有一點非常值得注意，在其記載伊尹「說湯以至味」之前，還記載了著名的鍾子期的「知音」的故事：

15　皮朝綱：《中國美學沉思錄》，四川民族出版社1997年版，第89頁。

伯牙鼓琴，鍾子期聽之。方鼓琴而志在太山，鍾子期曰：「善哉乎鼓琴！巍巍乎若太山。」少選之間，而志在流水，鍾子期又曰：「善哉乎鼓琴！湯湯乎若流水。」鍾子期死，伯牙破琴絕弦，終身不復鼓琴，以為世無足復為鼓琴者。非獨琴若此也，賢者亦然。雖有賢者，而無禮以接之，賢奚由盡忠？猶御之不善，驥不自千里也。

　　劉勰在《文心雕龍》中專列〈知音〉一篇，雖然其提出「博觀」「圓照」的批評要求和「六觀」的批評方法，看起來是非常客觀和理性的，但另一方面，劉勰也是非常重視審美主觀體驗能力的，可以說中國古代這種「知音」批評模式，最重要的精神實質就是要求通過作品的沉潛反覆的「細讀」和品味，先下一番對創作者之審美創造過程的「追體驗」的功夫，然後再用言簡意賅的言辭來概括其作品的特點。而這種審美直覺和審美通感心理的體驗，有時很難言說，如「鼎中之變，精妙微纖，口弗能言，志弗能喻」，所以，中國古代的文藝理論批評家常常運用形象的譬喻來說明。例如，劉勰說：「嵇志清峻，阮旨遙深。」我們今天來閱讀現存的嵇康和阮籍的詩作，就會覺得劉勰對嵇、阮二人所下的評語是多麼地貼切。《文心雕龍》中較多地使用「味」的範疇，並形成一系列的範疇群，與劉勰本人對「知味」與「知音」二者在直覺體驗上具有貫通性的體會是分不開的。

　　可以說，《呂氏春秋》把鍾子期的「知音」和伊尹「說湯以至味」的故事，聯繫在一起，說明「知賢」的難度和「用賢」的道理，實質上，一方面受到晏子「聲亦如味」論的啟迪，也繼承了其思想；另一方面，也啟迪了後代文藝理論批評家對「知音」批評方法的分析，促進了以「味」論「藝」的傳統的形成。

二、對如何認識古代「藝味」說與飲食文化背景關係的一點思考

　　關於中國古代以「味」論「藝」的傳統方法和飲食文化的關係問題，論者眾多，論著也不少，而且主要集中在「詩味」論的研究上，取得了不少成績，研究是比較深入的。

　　如陳應鸞《詩味論》一書的第六章，對我國古代何以形成「詩味」論的成因作了較為全面的分析，略撮述如下：第一，作者認為「我國極其發達的飲食文化是詩味論形成的文化基礎」，飲食文化是民族文明的標誌，我國的飲食文化歷史特別悠久，比西方發達得多，「在我國漫長的封建社會中，追求食物味道之美的理論長盛不衰，諸如《食珍錄》、《食譜》、《膳夫經》、《饌史》、《茶經》、《茶錄》、《湯品》、《水品》、《酒譜》、《酒志》、《酒史》、《糖霜譜》之類的著作，多得不勝枚舉，可謂汗牛充棟！由於中國幅員遼闊，人們對食物味道之美的追求還因地域而異。」作者又認為中國是世界上唯一有味感美學的國度，「調和味道的理論作為一種文化現象，其意義甚至超越了飲食本身，已不僅僅完全侷限於滿足人們追求食物美味的要求。早在先秦時期，人們就把五味調和的理論運用到了政治哲學領域。」而「味」在先秦時期也就成為一個美學範疇了。第二，作者認為，中國人獨特的直覺感悟式思維方式是「詩味」論形成的主觀方面的原因，「詩味論中的『味』這個概念正是在這種思維環境中產生出來的」。第三，「詩味」論的形成是在魏晉南北朝特別是在齊梁時期，魏晉南北朝的時代特徵是「詩味」論真正產生的歷史契機，其中，作者認為：「正是由於魏晉南北朝追求美食美味成風，而美食美酒引起的快感與詩之美感相似和相通，加上我國長期具有味感美學，有將食物之味與音樂、著述、詩相聯繫的傳統，於是齊、梁之間的文學理論家，乾脆就以『味』這個字眼來指詩的美感和對詩進行審美的活動，從而正式使『味』成為一個文藝

美學的概念，形成了具有中國特色的詩歌美學理論——詩味論。」¹⁶這三點分析，筆者基本是贊同的。作者在論述飲食文化方面引證資料比較豐富，讀者可以閱讀原著，這裡不必重複。

不過，古代印度等國家也有以「味」論「藝」的傳統，可是，其理論內涵與我國古代的「藝味」説並不完全相同。問題在於：世界上其他國家也有技藝高超的美食師，也都有各自的飲食文化的傳統，但就我們所知，確如許多學者指出的，在古代的西方國家並沒有形成以「味」論「藝」的理論批評傳統，為何古代中國的飲食文化對藝術批評產生重大的影響呢？

其實，本書第一章中，已經多少回答了這一問題。我們認為中國古代豐富發達的飲食文化只是「藝味」説的理論背景和產生的土壤，而不是後代所有文藝理論家採用以「味」論「藝」方法的直接原因。如上分析，在「藝味」説的發生發展中，飲食之「味」與「藝味」説的產生和形成有密切的關係或者説有某種直接性的聯繫，但在其後的歷史發展過程中，以「味」論「藝」已經逐漸成為一種傳統，許多文藝理論家提出種種「味論」批評觀點，實質上既是原本於傳統而採用的批評方法，也是對飲食之「味」與審美體驗和美感把握具有共同的直覺體驗特點的一種認同結果。儘管如此，具體問題還是要作具體分析，兩漢以後，多數情況下，飲食文化並非是文藝理論批評家採用以「味」論「藝」批評方法的直接原因。後代許多與「味」相關的範疇確實與飲食滋味有關，如論僧詩的「蔬筍味」、論戲曲的「蒜酪味」等，不過，應該説，先有僧詩的某種共同的獨特風格、境界以及評論家對

16　引見陳應鸞《詩味論》第六章《詩味論之成因：飲食文化、直感思維、歷史契機》，巴蜀書社1996年版，第115-138頁。

這種僧詩獨特美感的鑑賞體驗，才運用「蔬筍味（氣）」這樣的評語加以評論的。而且「藝味」說發端於「樂味」論，「樂味」論最初的理論命題「聲亦如味」論，是包孕在「陰陽五行」學說之中的。在「陰陽五行」說中，將「五味」配「五聲」，就客觀角度而言，是從宇宙的和諧結構系統提出來的觀點；就主觀角度而言，是從主體修身節慾而求得「心平德和」的倫理政治目的提出來的觀點。中國古代以「味」論「藝」，是在「味」成為這種思想觀念的範疇後，才與藝術理論批評真正結合起來，才上升為一個美學範疇，並逐步形成一種傳統的。

進一步說，《禮記》〈禮運〉曰：「夫禮之初，始諸飲食。」又曰：「飲食男女，人之大欲存焉；死亡貧苦，人之大惡存焉。故欲、惡者，心之大端也。」飲食男女，是人類的共同「大欲」，因此講「禮」，要從這方面開始。《荀子》〈哀公〉記魯哀公和孔子的一對話曰：

魯哀公問於孔子曰：「紳、委、章甫，有益於仁乎？」孔子蹴然曰：「君號然也？資衰苴杖者不聽樂，非耳不能聞也，服使然也。黼衣黻裳者不茹葷，非口不能味也，服使然也」。

所謂「黼衣黻裳者」，是身穿祭服的人，按照禮的規定，祭齋者「不茹葷」，所以說「非不能知味也」（王先謙《荀子集解》注語）。這就是講飲食滋味與禮的關係問題，在這方面有種種的規定，這裡不必多談。因此，不能把《禮記》的話理解為「禮」的觀念產生於中國古代的飲食文化，而應該反過來說，中國古代飲食文化的發展，有講「禮」的規定，有崇尚「禮」的觀念。古代中國人從幼小時期，在飲食之時（當然還包括其他各個方面）就受到「禮」的教育，對於個體而言，就有了他的「傳統」，這樣長大成人，從事各種社會活動，就能夠

遵守「禮」的規範。

就以「味」論「藝」的傳統來看，也是如此，正是在「五行」説以及後來的「陰陽五行」説這種關於宇宙的起源與和諧有序的結構系統的理論建構過程中，古代中國人才把「五味」和「五聲」以及「五色」等納入了一個相互聯繫的整體中，才能夠產生「聲亦如味」論的命題，「五味」調和的理論、「濟洩」用「中」的觀念才得以產生。如前所論，「聲亦如味」論的理論原點在於「修身節慾」的觀念，這是與中國古代的倫理政治文化密切聯繫在一起的，是與古代禮樂文化的傳統密切相關的。這樣，與古印度相比，同樣是以「味」論「藝」，所形成的批評理念就並不完全相同。這裡不妨略談古印度的有關「藝味」論，以便説明問題。

現存古印度最早的、系統的文藝理論著作，是婆羅多牟尼的《舞論》，一般認為該書產生於西元二世紀，而其中一些傳承下來的「歌訣」，可能產生於西元以前。其後歷代研究註釋很多，影響甚大。《舞論》認為：

戲劇中的味相傳有八種：豔情、滑稽、悲憫、暴戾、英勇、恐怖、厭惡、奇異。現在我先來解説味。沒有任何（詞的）意義能脱離味而進行。味產於別情、隨情和不定的（情）的結合。有什麼例證？這兒，（據）説，正如味產生於一些不同的佐料、蔬菜（和其他）物品的結合，正如糖、（其他）物品、佐料、蔬菜而出現六味，同樣，有一些不同的情相伴隨的常情（固定的情或穩定的情）就達到了（具備了）味的境地（性質）。這兒，（有人問，）説：所謂味有什麼詞義？（答覆）説：由於具有可被嘗（味）的性質。（問：）味如何被嘗？（答覆説：）正如有正常心情的人們吃著由一些不同佐料所烹調的食物，就

嘗到一些味，而且獲得快樂等等，同樣，有正常心情的觀眾嘗到為一些不同的情的表演所顯現的，具備語言、形體和內心（的表演）的常情，就獲得了快樂等等……[17]

婆羅多牟尼的《舞論》認為「味產於別情、隨情和不定情的結合」，在古印度成為一個經典性的解釋，西元十一、十二世紀，印度的另一位著名詩學理論家新護撰有《舞論注》，新護將《舞論》這個定義稱之為「味經」。在「味經注」中，新護首先列舉了對《舞論》「味經」的各種不同的解釋觀點，然後加以綜合創新。黃寶生先生在其選譯文《簡介》中說：

新護批判地吸收前人觀點中的合理成分，提出自己的見解。他認為具有鑑賞力的觀眾在觀賞戲劇時，是以普遍化的方式把握戲劇內容的。憑藉種種戲劇藝術表演手段，戲劇內容擺脫具體的時空限制，觀眾也擺脫個人的利害關係。每個觀眾心中都潛伏著常情。戲劇中普遍化的情由、情態和不定情，喚醒觀眾心中潛伏的常情。觀眾體驗到這種常情，也就是品嚐到味。味雖然源於常情，又不同於常情，常情有快樂，也有痛苦，而味永遠是愉快的，因為味是超越世俗束縛的審美體驗。

中國古代「藝味」說，也討論「情」和「味」的問題，但很少對人的「常情」（《舞論注》說常情有愛、怒、勇、憂鬱、笑、悲、懼、

---

17 《舞論》，引見《東方文論選》，金克木譯，括號內文字是譯文原有，四川人民出版社1996年版，第83-84頁。

厭、驚九種），從文藝理論批評角度作如此細緻深入的論述，也很少討論這種「常情」的先在性問題，這與印度的宗教哲學的研究，恐怕是分不開的。《舞論注》中列舉的一些觀點和分析，對人的直覺體驗能力有深入的論述，也是與佛教思想的影響分不開的。新護認為「味」永遠是愉快的，因為味是超越世俗束縛的，這與其宗教的解脫精神也是一致的（當然新護也明確指出作為審美的味的體驗與瑜伽行者的體驗有不同）。我們看新護《舞論注》的一段論述：

> 味的品嚐以超俗的「驚喜」為特徵，不同於回憶、推理以及任何日常的自我知覺。如果習慣於日常的推理方式，站在局外人的旁觀立場，就不能理解劇中人物。觀眾通過與劇中人物發生心理感應，味的品嘗猶如花蕾開放，無須登上推理、回憶等等台階，而是在品嚐中與劇中人物融合。……這種品嚐不同於通過感覺（「現量」）、推理（「比量」）、言辭證據（「聲量」）和類比（「喻量」）等等日常的認識手段感知愛等等常情，也不同於一般的瑜伽行者獨自感知他人的思想，也不同於高級的瑜伽行者完全擺脫外界事物的影響，純粹體驗自我的歡愉。這些認識手段或由於存在實際需要等等而成為障礙，或由於依靠獨自沉思而缺乏直觀性，或由於完全沉入對象而缺乏自主性，因此缺乏美。然而，味的品嚐既不完全執著自我，也不完全執著他人。[18]

筆者不懂梵文，沒有資格在此討論《舞論》《舞論注》的理論內容，也不是要做比較文學理論方面的研究，在這裡引用上面這兩段文字，意在思考一些問題。首先，從中我們可以看到，《舞論》論戲劇之

18　《舞論注》，引見《東方文論選》，黃寶生譯，第254、274-275頁。

味，也是指一種審美特性，大體也包括在「美感論」的範圍。金克木先生在其選譯文《簡介》中說：「在論『味』和『情』的關係等方面，它似乎實際上已經接觸到了現代所謂美和美感的問題。這在後來的理論（主要是新護的著作）中得到了發揮，而為現代一些印度學者作為古典美學理論加以闡述。」其次，《舞論》論戲劇之味，也是從飲食滋味出發的，但是其分析的角度，明顯與我國古代「藝味」論有所不同，而且其說「六味」而不說「五味」。所謂「六味」，譯者注曰：「是辛、酸、甜、鹹、苦、澀。」《涅槃經》卷一曰：「其食甘美有六種味：一苦、二醋、三甘、四辛、五鹹、六淡。」佛經傳譯到中國以後，「六味」的概念也就輸入進來。如《廣弘明集》（卷二十八）南朝梁簡文帝蕭綱《六根讖文》：「餐禪悅之六味，服法喜之三德。」再次，《舞論》緊密聯繫作品的藝術構成和觀眾的欣賞來論述問題的。《舞論》的下文還說：「智者心中嘗到與情的表演相聯繫的常情〔的味〕。因此，〔這些常情〕相傳就是戲劇的味。」[19]認為「情」和「味」互相導致存在，並把戲劇分為八種類別的情味。可見，新護的《舞論注》強調「味」的品嘗性（觀賞的體驗性），因此，新護似乎認為戲劇的「味」，既不存在於作品和表演本身，也不存在於觀眾本身，而是兩者的結合（在觀賞中產生的美感），所以他修正（或者說解釋）《舞論》關於「味」（戲劇）的定義說：「婆羅多的『味經』（即味的定義）的含義是：情由、情態和不定情的結合產生品嘗；味作為意義，就是這種超俗的品嘗領域。」[20]

可見，古印度的「藝味」論與中國古代的「藝味」說，有許多不

19　《舞論》，引見《東方文論選》，第80、84頁。
20　《舞論注》，引見《東方文論選》，第276頁。

同，古印度的《舞論》講辛、酸、甜、鹹、苦、澀的「六味」，而我國古代卻説調和「五味」；與西方其他國家相比，同樣都有飲食文化的傳統，而古印度和我國卻產生了「藝味」説，別國卻沒有形成這樣的文藝批評的傳統，所以，對飲食文化與「藝味」説產生之間的關係，應該作辯證的理解。皮朝綱先生《中國美學沉思錄》對中國古代美學中「味」的範疇和形成原因等，有很深入的分析[21]，他説：「先秦時代的飲食觀念，往往溶解於諸子百家的哲學思想之中，雖然隨著社會歷史的發展，飲食觀念也在不斷髮展變化，但飲食觀念始終沒有脱離與哲學的聯繫。中國烹飪史證明，烹飪的發展變化，始終是在哲學思想的影響之下進行的。儒家崇尚禮樂，主張飲食時宜；道家崇尚自然，倡導飲食養生；釋家禁慾修行，主張清心素食，等等，這些有關飲食的哲理，對中國烹飪文化有很深的影響。」又説：「在中國古典美學中，大凡於審美觀照及審美體驗有關的概念，常常拈出飲食文化中的重要概念『味』字來揭示。這是由於審美體驗難落言筌，不如『近取諸身』，擬之於象，以口腹之事的滋味來比況相通，既生動貼切，又意味深長。這表明了中國古代飲食文化對中國古典美學的體驗性特徵的形成的深刻影響。」[22]這樣的分析是比較全面的。

不同時代的飲食滋味的崇尚，有時反而是直接受制於哲學思想和審美風尚的。當然這樣講，並不是説，我國古代「藝味」説的發生發展，就與飲食文化沒有關係，其間的相互影響是存在的，其間的「因」亦為「果」，「果」亦為「因」的承續發展情況也是客觀存在的。例如，

---

21 皮朝綱《中國美學沉思錄》中有三篇這方面的論文：《論「味」——中國古代飲食文化與中國古代美學的本質特徵》，《中國古代審美文化中的「羊大為美」思想》和《「味」——具有我國民族特色的審美範疇》等。

22 皮朝綱：《中國美學沉思錄》，第77、78頁。

在齊梁時代，特別是在《文心雕龍》中，產生了「餘味」「道味」「辭味」「精味」「義味」等「味」論的範疇群，除了由於受到傳統（劉勰之前）具有以「味」論「藝」的風氣等影響的原因外，也還與佛經翻譯而大量採用「味」的範疇和術語所產生的影響有一定關係。當然，劉勰之所以要用「味」和有關「味」的範疇群來評論詩文作品，是因為劉勰也認同而且深刻體驗到飲食之「味」的品嚐與審美鑑賞是具有共同性的，正是由此反映了六朝時期藝術觀念的自覺程度，反映了文藝理論批評家對文藝作品本身的審美認識和批評理想；但六朝時期，「藝味」說（包括「詩味」論）得以形成，與當時的飲食風氣並沒有太大的關係，或者說，不是什麼直接的重要原因。

　　再如，就個體而言，宋代的蘇東坡「談藝」喜好言「味」，與他是個美食家確有一定關係（東坡寫過很多關於飲食滋味方面的詩作），但宋代普遍追求「平淡」之味和「平淡」之境的詩學理想，主要原因還是其時代的審美理想、哲學思想、宗教思想等影響的結果，其時飲食文化也受到這些思想的影響。換句話說，宋代的飲食文化並不是當時詩學上講「平淡」的主要原因。自中唐以後，文藝理論批評形成一種與「平淡」之味不同的「異味」「奇味」觀念（當然這種「奇味」「異味」的觀念也可以追溯到先秦時期），至元代鍾嗣成提出「啖蛤蜊，別與知味者道」（〈錄鬼簿序〉）的觀點，明代何良俊論戲曲提出「蒜酪味」（《曲論》）等等，乃是在小說、戲曲等通俗文學觀念開始逐漸盛行後才產生的批評思想和審美觀念，與元、明時代人們食用蛤蜊、蒜酪的風氣關係不大，食用蛤蜊、酸酪也並非始於元、明時代。但反過來說，如果前代沒有形成以「味」論「藝」的傳統，鍾嗣成、何良俊等理論家也不能體驗到飲食之「味」與審美體驗的共同性和貫通性，中國古代從來就沒有飲食蛤蜊、蒜酪的習氣，那麼，他們也就不可能提

出這樣的重要理論觀點，用如此形象、直感的比喻來表示戲曲的那種獨特美感特徵。因此，對我國古代的飲食文化與「藝味」說的關係問題，我們要辯證地分析與理解它。

第三節　「藝境」的構成與「藝味」的產生

「藝味」從何而來？這是討論中國古代「藝味」說的一個基本問題，必須對此作出理論上的總結說明。回答這個基本問題，一言以蔽之，可以說「藝味」產生於「藝境」（文藝作品的「意境」或曰「境界」）。而對這種「藝味」的把握，是一種具有「通感」審美心理的直覺體驗（關於審美通感，參閱本書附錄《錢謙益的「鼻觀」說》一文）。中國古代文藝理論批評中的「味」這一審美範疇，主要是用來對中國古代「抒情藝術」的美感特點的概括。如前所論，晚唐司空圖的「味外味」說，已經將中國古代抒情藝術的審美特性和美感特點揭示出來，此後，無論是詩論、詞論，還是樂論、畫論等，都提出過許多「味」的範疇，但就其理論深度而言，沒有突破「味外味」說的內涵，但這並不等於說司空圖之後，古代文藝理論批評家所使用的「味」的範疇和對「藝味」的論述就沒有新的意義和理論價值，而是進一步地豐富了「味」的美學內涵，同時也有其歷史的針對性和現實意義，而且不同藝術門類的理論批評中的「味」論，也具有一定的獨特的內涵，如小說、戲曲理論批評中的「味」論等，這在前面各章節中已經加以具體論述。前文曾說，司空圖所謂「韻外之致」與「味外之旨」，簡單地說，就是認為優秀的詩歌要能給人一種富有「韻味」的美感，而這種「美感」是由詩歌的「意境」產生的。這種「意境」要求詩歌「意象」鮮明而具體、切近而不浮泛，意蘊深遠而含蓄，令人體會到「詩外」

的風神遠致，從而產生回味無窮的美感享受，難以言說的審美愉悅。
從「藝境」與「藝味」的關係講，司空圖這種「詩味」論，可以說是
唐代以至明清時期，藝術家和藝術理論批評家對詩、書、畫、樂等藝
術境界（可以統稱為「藝境」）的創造與藝術美感的產生的共同要求，
也是中國古典抒情藝術的普遍的審美理想。所以，如前所說，將司空
圖的「詩味」講清楚，基本上就可以將其後的各種「詩味」「詞味」乃
至「畫味」等（可以統稱為「藝味」）有關主要觀點講明白。這裡擬從
「意境」理論的發展角度，再進一步從司空圖的「味外之旨」「韻外之
致」論與「景外之景」「象外之象」論的關係的分析中，集中討論「藝
境」的構成和「藝味」的產生問題，至於如戲曲等「意境」論及其產
生的「趣味」問題，具有理論批評上的一些獨特性，這也已經在上面
有關章節作了分析，此處可以置之不論。

　　文學藝術特別是詩歌的美（「味」）的祕密，就在於能否創造出
「象」（也就是「意象」），「象」來源於審美主體對審美對象的描摹、
攝取，與審美主體的心靈情志和想像活動融合為構思中的審美「意
象」，表現在作品中，就構成一種「藝術境象」，對於詩歌（特別是抒
情律絕）而言，就是「意境」（或「境界」），由於中國古代抒情詩歌主
要是通過對景物（特別是山水景觀）的描寫來言志抒情的，所以這種
詩的理論批評就特別重視「景象」的表現問題。「意境」的基元正是灌
注了作者的情志乃至作者的精神個性等內容的「象」與「景」，有了這
種「象」與「景」，才有令讀者體會、想像的「象外之象，景外之景」，
才能產生出「韻外之致」和「味外之旨」。反過來講，要求詩歌具有「韻
外之致」「味外之旨」，也就是要求創造出「象外之象，景外之景」的
詩境。中國古代繪畫特別是山水畫、文人畫的「意境」的創造及其「味
外味」的產生，其理亦同於此。

　　劉勰在《文心雕龍》〈神思〉篇中，就提出審美的「意象」概念，而「象外」這個概念也是在六朝玄學、佛學盛行的思想氛圍裡被運用到的文藝批評之中的，至唐代韓愈、劉禹錫、皎然等人開始較多地運用到詩論中，直接用來討論詩歌的「意境」問題，但司空圖之前的「象外」的概念，無論是在玄學、佛學中，還是在畫論、詩論中，與「象外之象」所指的「內涵」，有很大的差異；瞭解這種差異，才能瞭解司空圖「詩味」論的理論創建的價值。

　　就道家、玄學而言，「象」「象外」所指的內涵是指形而上的「道」，六朝佛學運用「格義」的方法移用「象外」的概念，也是指「象外」的佛理義諦。「象」的最基本的含義是物象，物的外形、相貌，所以「象」就是「像也」。如《莊子》〈達生〉曰：「凡有貌象聲色者，皆物也。」老莊遂用之來形容「道」體的恍惚難以把握、不可言說的本體特徵：《老子》〈二十一章〉曰：「『道』之為物，惟恍惟惚。惚兮恍兮，其中有像；恍兮惚兮，其中有物。」《老子》〈四十一章〉又曰：「大白若辱，大方無隅，大器晚成，大音希聲，大象無形，『道』隱無名。」《老子》〈十四章〉曰：「是謂無狀之狀，無物之象，是謂惚恍。」具體的「物」是「器」，而「道」是萬物存在的本體，故是形而上的「大象」。《莊子》〈刻意〉曰：「精神四達並流，無所不極，上際於天，下蟠於地，化育萬物，不可為象，其名為同帝。純素之道，唯神是守；守而勿失，與神為一；一之精通，合於天倫。……故素也者，謂其無所與雜也；純也者，謂其不虧其神也。能體純素，謂之真人。」在莊子看來唯「真人」「至人」「神人」「聖人」等能夠體驗到這種無形「大象」、「純素」的「道」。《莊子》〈天地〉曰：

　　黃帝游乎赤水之北，登乎崑崙之丘，而南望還歸，遺其玄珠。使

知索之而不得，使離朱索之而不得，使喫詬索之而不得也。乃使象罔，象罔得之。黃帝曰：「異哉！像罔乃可以得之乎？」

「玄珠」比喻「道」，「知」（智）比喻人的「理性」，「喫詬」比喻人的「力諍」，而「象罔」比喻人的一種「虛靜」無慾之心，在莊子看來只有戒除「理」（智）、「欲」的虛靜而明的心懷，才能映現「大道」，獲得「玄珠」，這就是其「心齋」（《莊子》〈人間世〉）、「坐忘」（《莊子》〈大宗師〉）之說。「象罔」最後尋找到黃帝遺失的「玄珠」，這個寓言形象生動地說明了「言不盡意」「立象以盡意」「得意而忘言」的道理。而人世間的萬法都是「聖人」法天取象獲得的，所謂：「夫尊卑先後，天地之行也，故聖人取象焉。」（《莊子》〈天道〉）把「天道」和「人道」聯繫在一起，這在《周易》哲學中得到全面的闡釋。《易》〈繫辭〉曰：「易者，象也；象也者，像也。」又曰：

> 書不盡言，言不盡意。然則，聖人之意，其不可見乎？子曰：聖人立象以盡意，設卦以盡情偽。繫辭焉以盡其言……。是故，形而上者謂之道，形而下者謂之器……。是故夫象，聖人有以見天下之賾，而擬諸其形容，像其物宜，是故謂之象。

這段話講得很清楚，「象」的意思就是「物宜」之象，「聖人」為了說明「形而上者」之「道」，故「擬諸其形容，像其物宜」，設立八卦之「象」，所謂「八卦成列，像在其中矣。因而重之，爻在其中矣。剛柔相推，變在其中矣」（《易》〈繫辭〉）。《易》有「象」辭，就是解釋八卦之「象」的含義的，如《乾》卦有「象曰：天行健，君子以自強不息」。《坤》卦有「象曰：地勢坤，君子以厚德載物」。《老子》《莊

子》《周易》是魏晉玄學家須臾不可離手的「三玄」之書，在其自然本體論思想的張揚下，追求自然之「象外」的道體，成為其共同的玄學精神、哲學旨尚。如著名玄學家王弼説：

> 夫象者，出意者也。言者，明象者也。盡意莫若像，盡象莫若言。言生於象，故可尋言以觀象，象生於意，故可尋象以觀意。意以象盡，象以言著。故言者所以明象，得意而忘言；象者所以存意，得意而忘象。（《周易略例》〈明象〉）

這樣，「象外」的概念就產生了，如著名玄言詩人孫綽在其《游天台山賦》中就説：「散以象外之説，暢以無生之篇。」《文選》李善注曰：「象外：謂道也。」這個註解是十分準確的。超逸物象之外而追求無形大象的「道」的思想，在魏晉時期被用來解釋佛教的般若之學（這也是所謂「格義」的詮釋），如僧肇《般若無知論》有「窮心盡智，極像外之談」（《全梁文》卷一六四）等。

齊梁時期鍾嶸以「文已盡而意有餘」來解釋「興」（〈詩品序〉），劉勰以「餘味」來説明作品的「隱秀」之美，所謂「深文隱蔚，餘味曲包」，又説：「夫隱之為體，義生文外，秘響旁通，伏采潛發，譬爻象之變互體，川瀆之韞珠玉也。故互體變爻，而化成四象；珠玉潛水，而瀾表方圓。」（《文心雕龍》〈隱秀〉）劉勰已經明確指出「隱秀」之「象」，猶如《易》之「爻象」，具有「深文隱蔚」的特點；但鍾嶸、劉勰等人，仍然重視的是詩歌的「形似」，重視的是詩歌的形象生動、「詳切」的表現。如劉勰説：

> 自近代以來，文貴形似，窺情風景之上，鑽貌草木之中。吟詠所

發，志惟深遠；體物為妙，功在密附。故巧言切狀，如印之印泥，不加雕削，而曲寫毫芥。（《文心雕龍》〈物色〉）

　　又如鍾嶸說：「五言居文詞之要，是眾作之有滋味者也，故云會於流俗。豈不以指事造形，窮情寫物，最為詳切者耶？」（〈詩品序〉）所謂「指事造形，窮情寫物」就是要「詳切」，做到「形似」。其評張協詩能「巧構形似之言」，「使人味之亹亹不倦」（《詩品》〈上品〉），又其評鮑照詩「貴尚形似」（《詩品》〈中品〉）。也就是說他們重視的只是「象」，基本沒有思考到「象外之象」的問題。但六朝繪畫以人物畫為主，山水畫亦有創作，顧愷之明確提出「傳神寫照」（《世說新語》〈巧藝〉）的觀點，追求「傳神」就自然重視到「象外」的問題。南齊謝赫《古畫品錄》「第一品」評張墨、荀勗的畫說：「風範氣候，極妙參神，但取精靈，遺其骨法。若拘以體物，則未見精粹；若取之象外，方厭膏腴，可謂微妙也。」這是對「形似」與「傳神」（神似）關係的最好解釋——「傳神」並不是說不要「形似」，而是要不「拘以體物」而描繪出對象的「精粹」，因此，其「取之象外」，就是指要表現出所畫對象的「精粹」，所以能令欣賞者獲得「微妙」的體驗。但這種「象外」說，仍然是借用前文所說的道、玄、釋的思想，側重指人物的精神，與「象外之象」的含義是不同的。

　　至唐代，詩歌創作特別是抒情律絕的大量成功之作的產生，使詩論家得以繼承前人，提出詩歌的「意境」理論。如王昌齡《詩格》曰：「詩有三境：一曰物境，二曰情境，三曰意境。」（《吟窗雜錄》）所謂「物境」，指「欲為山水詩，則張泉石雲峰之境，極麗絕秀者，神之於心，處身於境，視境於心，瑩然掌中，然後用思，了然境象，故得形似。」所謂「情境」，指「娛樂愁怨，皆張於意，而處於身，然後馳思，

深得其情。」所謂「意境」，指「亦張之於意，而思之於心，則得其真矣。」推敲其意，其所謂「意境」，是側重從「意」出發而言的，但雖與「物境」「情境」並列，卻有綜合前二者的意思。其實，「物境」類似於後來王國維說的「無我之境」——所謂「無我之境，以物觀物，故不知何者為我，何者為物」。而所謂「情境」和「意境」類似於王國維說的「有我之境」——所謂「有我之境，以我觀物，故物皆著我之色彩」。（《人間詞話》）當然王國維的「境界」說（或「意境」說）還有他自己的獨特審美觀念和理論創新。王昌齡的「意境」既兼有「物境」和「情境」的含義，實際上已經把「意境」的情景交融的特點，既要「形似」又要含蓄蘊藉（所謂「深得其情」）的特點講得清楚明白。而盛唐的殷璠提出的「興象」的範疇，其理論內涵也就是「意境」的意思。

　　殷璠《河岳英靈集敘》就批評齊梁時期的一些詩歌「都無興象，但貴輕艷」[23]，詩歌有無「興象」，正是殷璠選詩和評詩的一個重要標準，如其評陶翰詩曰「既多興象，復備風骨」（卷上）；評孟浩然詩曰「至如『眾山遙對酒，孤嶼共題詩』，無論興象，兼復故實」（卷下）等。這種「興象」，就是指詩人把在心物交融的審美心理中產生的審美意象表現在詩歌之中，具有「文已盡而意無窮」的特點，所以，「興象」大體相當於「意境」的含義，這一點，不僅能通過殷璠所舉的「眾山遙對酒，孤嶼共題詩」這兩句詩來加以切實體會，也可以聯繫他對其他詩人的評語和列舉的詩歌加以證實，如其評王維詩曰：

　　維詩詞秀調雅，意新理愜，在泉為珠，著壁成繪，一字一句，皆

23　傅璇琮《唐人選唐詩新編》本，陝西人民教育出版社1996年版。

出常境。至如「落日山水好，漾舟信歸風」，又「澗芳襲人衣，山月映石壁」，「天寒遠山淨，日暮長河急」，「日暮沙漠陲，戰聲煙塵裡」。（卷上）

　　這裡雖然沒有用「興象」的概念來品評王維的詩，但其對王維詩的「皆出常境」的分析，與品評孟浩然詩的著眼點是一致的。《河岳英靈集敘》中還說：「粵若王維、昌齡、儲光羲等二十四人，皆河岳英靈也。此集便以《河岳英靈》為號。詩二百三十四首，分為上、下卷，起甲寅，終癸巳。」按：「終癸巳」（西元753年，唐玄宗天寶十二載），《全唐文》作「終乙酉」（西元745年，天寶四載），這說明殷璠（生卒年不詳）是作為盛唐時代的人，來評選盛唐時代的詩歌，編選範圍還是比較寬的，除王維（選其詩15首）、王昌齡（選其詩16首）、儲光羲（選其詩12首）、孟浩然（選其詩9首）及常建（選其詩15首）等人外，李白（選其詩13首）、高適（選其詩13首）、岑參（選其詩7首）等人也在其列，據其《敘》和實際編選、品評情況講，主要以盛唐時代的律詩絕句為主，這些詩作的最重要的藝術特徵就是有「意境」。

　　司空圖之前，唐人偏於從《河岳英靈集》這種藝術角度出發編選的詩歌選集還有多種。司空圖論詩亦偏愛王維、韋應物等人的詩歌，其「韻外之致」「味外之旨」「象外之象，景外之景」及其有關觀點，主要以這種有「意境」的詩歌為基礎提出的。而司空圖之前，劉禹錫提出的「境生於象外」、皎然提出的「采奇於象外」等觀點主要是從創作角度說的：

　　片言可以明百意，坐馳可以役萬景，工於詩者能之。風雅體變而興同，古今調殊而理冥，達於詩者能之。工生於才，達生於明，二者

還相為用，而後詩道備矣。……詩者，其文章之蘊邪？義得而言喪，故微而難能；境生於象外，故精而寡和。（《劉夢得文集》卷二十三〈董氏武陵集記〉）

或曰：詩不要苦思，苦思則喪於天真。此甚不然。固須繹慮於險中，采奇於象外，狀飛動之句，寫冥奧之思。夫希世之珠，必出驪龍之頷，況通幽含變之文哉？但貴成章以後，有其易貌，若不思而得也。「行行重行行，與君生別離」，此似易而難到之例也。（皎然《詩議》，《文鏡秘府論》南卷）

就劉禹錫説的「境生於象外」的字面意義看，似乎可以説成「象外之境」，與司空圖的「象外之象」似乎是一個意思，其實並不完全相同。從「境生於象外」的前後文看，劉禹錫講的意思仍然側重「象外」之「意」，他説「片言可以明百意，坐馳可以役萬景」，又説「風雅體變而興同，古今調殊而理冥」，又把「義得而言喪」與「境生於象外」對舉，其意思就是説，詩歌的「意境」（或「境界」）要做到情景交融，要能發現並寫出「物象」之外的「義」和「理」等，當然這已經不是老莊、玄學家的「道」，而是藝術的「義」與「理」，但其基本思路是一致的，就是要求詩歌作品本身能夠具有「言」「象」之外的「意蘊」。不過畢竟跟鍾嶸「文已盡而意有餘」的觀點不同，鍾嶸沒有結合「象」來討論問題，劉禹錫強調詩的「境」是由「象」和「意」（內在地包含了「情」與「景」）的統一構成的，而且這種「象」要包孕豐富的「意」。而上引皎然這段話實際上所論述的中心是講如何表現出看似「平淡」而咀嚼無窮的詩境和表現的語言問題的，所謂「采奇於象外，狀飛動之句，寫冥奧之思」，這個「象外」之「奇」，應該包含審美「物象」的獨特性的發現和審美意蘊的獨特性的思索，但同樣也沒有明確

提出「象外之象」的觀點。

可見，從老莊、《周易》的「象」，無形的「大象」的哲學概念，到玄學家乃至佛教徒的「象外」的概念，其基本精神指向的是「意」「玄理」「般若之絕境」，總之是形而上的一種「道」。但正是這種「言」「象」「意」的關係的哲學思考，奠定了文藝批評中的「意象」「象外」論的理論基礎，在六朝的文學理論批評中，劉勰、鍾嶸等人重視的是「形似」問題，但劉勰論「隱秀」提出「餘味」說，論「神思」提出「意象」說以及所謂「隱體」的論述，已經接觸到一個重要問題：就是「意象」生動而意蘊豐富，才能有「餘味」的美感。王昌齡、殷璠、劉禹錫、皎然提出了「境象」「興象」「物境」「情境」「意境」「象外」（均見以上引文）等一系列的概念，並且結合具體詩作，深入地探討了詩歌的「意境」問題，但都沒有能夠在此基礎上，從理論上進一步討論詩歌的二重「境界」即「象外之象」的問題。謝赫《古畫品錄》也提出「取之象外」的傳神問題，但當時山水畫還不夠成熟，所以也沒有討論「畫境」的「象外之象」的問題。而且司空圖以前的「象外」這個概念，主要受到道、玄、佛的「象」外之「道」的觀念的作用，側重指「象」外之「意」。這從皎然在《詩式》對「比興」解釋和其他有關觀點可以看得更加明白。《詩式》曰：「取象曰比，取義曰興，義即像下之意。」（卷一《用事》）又提出過「緣景不盡曰情」，「氣多含蓄曰思」，「非如松風不動，林狖未鳴，乃謂意中之靜」，「非如渺渺望水，杳杳看山，乃謂意中之遠」。（卷一《辨體有一十九字》），還有「兩重意已上，皆文外之旨」（卷一《重意詩例》）等一系列相關觀點，將詩歌「意境」要情景交融、意蘊豐富等特點，講得十分深入，他在鍾嶸以「文已盡而意有餘」來解釋「興」的基礎上，吸取時人有關觀點，把「象」引入「興」的解釋中，這是很了不起的，但以「取義曰興，

義即像下之意」來解釋「興」，正説明他所説的「象外」之所指，側重的是「義」和「意」。當然，就理論上説，講「境生於象外」，畢竟是從「象」和「境」出發的，而並不是從「理」從「義」出發的，「象外之象」的觀點已經呼之慾出了。在詩歌創作的具體修辭手段上，還有「象外句」的論述。宋人蔡居厚《詩史》〈象外句〉曰：「唐僧多佳句，其琢句法，有比物以意而不言物，謂之象外句。如無可上人詩曰：『聽雨寒更盡，開門落葉聲』，是落葉比雨聲也。又曰：『微陽下喬木，遠燒入秋山』，是微陽比遠燒也。用事琢句，妙在言其用，而不言其名耳。」（郭紹虞《宋詩話輯佚》卷下）司空圖對無可的詩是很稱頌的，司空圖可能受到這種「象外句」論的影響而提出「象外之象，景外之景」的觀點。但「象外句」畢竟不是從整體意境的角度著眼看問題的。

　　有些論著把六朝的「象外」、唐代司空圖以前的「象外」概念，等同於司空圖的「象外之象」的「象外」概念，是不妥當的，這樣不僅不能看到司空圖的理論創建之功，還將「意境」理論的邏輯發展過程掩蓋了，同時也就很難看清楚司空圖「味外之旨」説的獨特價值。理論的創新常常就是在前人的基礎上向前邁進一步，有時甚至給人感覺也就那麼一點點「新意」。可是這一點點「新意」，卻是道出別人所未道，別人所不能道，別人想道而道不明白之處，一經道出，就能給人點破玄機、直指人心，特別解渴的快意，這就是理論的魅力。司空圖的「象外之象，景外之景」和他的「味外之旨」「韻外之致」的觀點，就具有這種理論的魅力。

　　司空圖説：「戴容州云：『詩家之景，如藍田日暖，良玉生煙，可望而不可置於眉睫之前也。』象外之象，景外之景，豈容易可譚（談）哉。」（《與極浦書》，《司空表聖文集》卷三）從鍾嶸和劉勰的「文已盡而意有餘」「義生文外」及「意象」論，到王昌齡、殷璠、劉禹錫、

皎然等人的「言」「象」之外的「重意」論,「興象」「意境」「境象」「境生於象外」論,以及戴叔倫的「詩家之景」論等,再到司空圖的「象外之象,景外之景」論,這也是理論上的兩度飛躍,這兩度飛躍正是和前文所說的從「遺味」到「餘味」,從「餘味」到「味外味」的兩度飛躍基本同步的。——司空圖的這一「飛躍」的理論貢獻,在於指出了詩歌「意境」不僅具有情景交融、具有「文外重旨」的特點,還具有「實境」和「虛境」的統一性特點,又還具有「意象」的復合共生而具有多重「意象」和「韻致」「旨味」的特點,也同時對詩歌創作提出了更高的藝術要求。前文已經說過,所謂「象外之象,景外之景」,第一個「象」和「景」是指詩境中的描寫的實像實景,第二個「象」和「景」是「實像」「實景」中所包含的「虛像」「虛景」,「虛像」「虛景」就存在於「實象」「實景」之中。前者是「實境」「真境」,而後者是「虛境」「神境」,然而即實即虛,「實境」現而「空境」出,「虛境」存在於「實境」之中。這種「象外之象,景外之景」論,說明了「意境」是多層次的,審美「意象」是復合共生的,律詩絕句由於運用對偶等原因,尤其具備這種藝術表現的長處。

如殷璠評孟浩然詩,舉「眾山遙對酒,孤嶼共題詩」為例,認為該詩有「興象」而「兼復故實」(《河岳英靈集》卷下),這二句詩出自孟浩然《永嘉上浦館逢張子容》一詩。詩曰:

> 逆旅相逢處,江村日暮時。
> 眾山遙對酒,孤嶼共題詩。
> 廨宇鄰蛟室,人煙接島夷。
> 鄉關萬餘里,失路一相悲。

詩中首句不僅點出二人想見的時間（逆旅之途上的一個江村）、地點（日暮時分），而且表現出他鄉遇故知的喜悦，特別是在日暮時分——因為此時正是「雞棲於塒，日之夕矣，羊牛下來」（《詩》〈王風〉〈君子於役〉）的接近黃昏的時候。故人相見格外親切，互道衷腸，寒暄之時也許要問問家境情況，而共在客途，這一問候使二人不禁都想念家人，「如之何勿思」？中四句寫得更好：二人寒暄之後便要去飲酒道乏，況且也到晚飯之時，在靠江的旅店酒館中，酒酣耳熱，慨嘆人生之多艱，臨窗遠眺，暮色蒼茫，江邊山峰隱隱，江上孤洲沙灘也在漁火點點的映照下如自己客旅在外一樣的寂寞，這時青山與孤洲好像活起來一樣，二人頓感猶如與青山把酒，與孤嶼題詩（中四句也可以理解為二人一起共游數日、同居數日而飲酒賦詩的情景描寫），「眾山」「孤嶼」「廨宇」「人煙」，與前句中的「江村」，這些具體的「實」的「意象」，復合共生，不僅構成了二人相遇的由近及遠的環境背景的描繪，也融入了詩人的濃濃情感之中，這種「意象」不再是外在的，而是內心的，但又分明是「目擊可圖」的眼前景，是「實境」而又是「虛境」，是「實寫」而又是「虛寫」，中四句的描寫分明更使人悲從中來，使客旅之人更加孤寂，更加想念家園，想念親人，於是感情凝聚到頂點，自然有「鄉關萬餘里，失路一相悲」的二句結尾，而這二句又包含多重意蘊，「失路一相悲」難道不也是仕途失意，行路難而難行路的浩嘆嗎？不用囉唆不休，因為是難以言盡的。如果説《永嘉上浦館逢張子容》一詩的品格，具有一種用墨較濃的水墨山水畫的「韻味」，那麼殷璠評孟浩然詩所引證的《宿建德江》（《全唐詩》卷一六〇作《宿建德江》）一詩，其「韻味」就平淡得多。《宿建德江》詩曰：「移舟泊煙渚，日暮客愁新。野曠天低樹，江清月近人。」該詩的第二句「日暮客愁新」，和《永嘉上浦館逢張子容》的最後一句「失路一相悲」，

都點明了詩人的「愁」和「悲」，這樣全詩的感情色彩就較為濃厚，所以仍屬「有我之境」，還不是非常地淡泊幽遠，在這一點上遠不及王維的《辛夷塢》一詩：「木末芙蓉花，山中發紅萼。澗戶寂無人，紛紛開且落。」全詩純然用王國維說的「以物觀物」的手法來描繪，通過花自開落水自流的意象，表現出詩人內心淡泊寧靜與自然融合一體的情感韻律，禪意盎然，是為「無我之境」的典型詩作。以畫作比，《辛夷塢》一詩就是用墨較淡的水墨山水畫，具有「逸品」的韻味，而王維另一首名作《入山寄城中故人》（殷璠選入《河岳英靈集》）也不及這首詩意境的淡泊。《全唐詩》錄該詩作《終南別業》，詩曰：

> 中歲頗好道，晚家南山陲。
> 興來每獨往，勝事空自知。
> 行到水窮處，坐看雲起時。
> 偶然值林叟，談笑無還期。

　　王維大約在四十歲以後，基本過著亦官亦隱的生活，經常焚香靜坐，參禪如老僧，確是「晚歲頗好道」。該詩五、六句，歷來視為名句，極富禪味，但全詩運用「鋪敘」的手法來刻畫自我的「好道」形象，這個淡泊超然物外的自我形象的刻畫，是非常成功的，但也不及《辛夷塢》等詩在「韻味」上的淡遠悠長（這與鋪敘的手法有關）。

　　清代笪重光論畫說：「空本難圖，實景清而空景現；神無可繪，真境逼而神境生。……虛實相生，無畫處皆成妙境。」（《畫筌》）從「意境」創造和「味外味」的獲得上講，詩和畫等抒情藝術確實是具有共同性的。對這種抒情藝術的「意境」的審美特徵的把握，主要就是通過「審美直覺」來體驗。清葉燮《原詩》曾通過賞鑑杜甫「碧瓦初寒外」

等詩句的特殊美感，對「審美直覺」予以精到的分析：「然設身而處當時之境會，覺此五字（引者按：指「碧瓦初寒外」）之情景，恍如天造地設，呈於象，感於目，會於心。意中之言，而口不能言；口能言之，而意又不可解。劃然示我以默會相像之表，竟若有內有外，有寒有初寒，特借碧瓦一實相發之。有中間，有邊際，虛實相成，有無互立，取之當前而自得，其理昭然，其事的然也。昔人云：「王維詩中有畫。凡詩可入畫者，為詩家能事，如風雲雨雪景象之至虛者，畫家無不可繪之於筆。若初寒內外之景色，即董、巨復生，恐亦束手擱筆矣。天下惟理事之入神境者，固非庸凡人可摹擬而得也。」（卷二《內篇下》）這說明審美直覺不同於一般的邏輯分析，藝術的「神境」所包含的「理」「事」「情」，也不能從一般邏輯的常理去理解，審美直覺的境界和體驗到的美的滋味，常常令人有「意中之言，而口不能言；口能言之，而意又不可解」的感受，具有非理性、模糊性的特點；但同時又是「恍如天造地設，呈於象，感於目，會於心」，具有整體性和直接性的特點。葉燮所謂杜甫「碧瓦初寒外」等詩句的「神境」，實質也就是一種「象外之象，景外之景」的意境，具有「味外之旨」的美感。

　　前文已經說過，司空圖「味外之旨」「韻外之致」論，「澄淡精緻」「趣味澄夐」論，確實有偏好王維、韋應物等人這類淡泊韻味的傾向性，但他的「詩味」論也具有更普遍的理論意義。表面看來，司空圖的「味外之旨」「韻外之致」和「象外之象，景外之景」以及中國古代藝術理論批評家們許多「藝味」的觀點，好像十分虛玄，其實不然，這些理論批評觀點是建立在中國古代大量成功的具有「意境」的詩、畫等作品之上的，結合這些作品來分析，就能得到非常「實在」的把握，而且能夠辨別其間的差異。上面所舉的這些詩的獨特美感（「滋

味」），雖有不同的「韻味」，但都具有「味外之旨」「韻外之致」，這些詩的「象」與「景」都具有「象外之象」「景外之景」。有「象外之象」「景外之景」的意境，才能產生「韻外之致」，有「象外之象」「景外之景」與「韻外之致」，才能產生「味外之旨」。

結　語

　　如前所論，對中國古代文藝理論批評中的「味」論的研究，基本可以定位在「美感」論的範圍（這並不是說中國古代的「美感」論只用「味」這一個範疇來表示），只有以此（「美感」論）為中心，才能統率中國古代紛紜複雜的「味」的理論觀點。——當然以「味」論「藝」主要是從審美品評的角度進行的，但其涉及的理論方面的內容甚多，如有從藝術本體論、創作論、意境論、風格論（包括作品風格、作家風格、文體風格乃至流派風格的特徵等）、表述方式、藝術韻律、語言特點等角度提出的觀點。從以上各章節的研究分析中，可以看到，先秦兩漢時期，特別是由於受到儒、道思想的影響，文藝理論批評中就已出現「遺味」「和味」「道味」「至味」等概念；魏晉南北朝時期玄學興起，文學藝術進一步走向「自覺」，文藝理論批評開始繁榮興盛，由於人物品評、清談風氣的影響，還有佛經翻譯對「味」這一語詞的普遍運用，在這種相互影響的過程中，形成了「味」的術語群，並被廣泛運用於文藝理論批評之中，成為美學概念或範疇，如「道味」「玄

味」「清味」「滋味」「寡味」「餘味」「精味」「風味」等範疇；此後
出現的「淡味」、「氣味」、「神味」、「韻味」、「趣味」、「情味」、「意
味」、「味外之旨」(「味外味」)、「自然之味」、「奇味」、「異味」、「蒜
酪味」、「酸餡氣（味）」等，這類範疇都是屬於「名詞」性的，直接
指向的中心就是「美感」。在文藝理論批評中，還有一類有關「味」這
一範疇的術語，是屬於「動詞」性的，它們表示閱讀的行為活動，多
數具有「審美」的意義，指向的也是「美感」（對藝術美感的一種特殊
的鑑賞體驗），如：「諷味」「玩味」「詳味」「研味」「尋味」「辨味」「取
味」「知味」「解味」「品味」等等。上述「味」和有關「味」的範疇群，
涉及的主要藝術門類有文學、書法、繪畫、音樂等，大量地運用於
詩、文、詞、曲等文學理論批評之中。

就「藝味」說（以「味」論「藝」的觀點和有關範疇）的理論高
度而言，晚唐司空圖提出了「味外之旨」（蘇軾等人直接稱之為「味外
味」）說，就已經達到其頂點，揭示了中國古代以抒情言志、創造「意
境」為特徵的抒情藝術的審美特性。也就是說，從「遺音遺味」說
（《禮記》〈樂記〉）到劉勰的「餘味」說（《文心雕龍》〈隱秀〉），再
到司空圖「味外之旨」即「味外味」說（《與李生論詩書》），已經將
中國古代抒情藝術的審美特性和美感特點揭示出來。此後，無論是詩
論、詞論，還是樂論、畫論乃至曲論等，都提出過許多「味」的範疇，
這在「味」這一範疇的「類」的研究上，自有其自己的貢獻，並且與
不同文藝理論批評家的審美觀念、不同藝術門類的理論批評的特點、
不同藝術流派或門派的理論批評的主張，緊密結合在一起的，極大地
豐富了「味」的美學內涵；但就其理論深度來說，沒有突破「味外味」
說的內涵。——再次強調一下，這並不等於說司空圖之後，所提出的
有關「味」的範疇就沒有新的意義和理論價值，更不等於說其後的文

藝理論家特別是詩論家沒有比司空圖更重要、更高明的人，沒有自己的批評主張和重要理論貢獻，而是說他們的理論批評的貢獻並不突出地表現在「詩」（包括其他文學體裁和藝術門類）之「味」的研究上，並不表現在「味」這一美學範疇本身內在理論深度的發掘和創新上。同時，這種「味外味」的美學理想的一個很重要的特點就是「趣味澄夐」，在思想上能夠「貫六義」（風、賦、比、興、雅、頌）於其中。這是占統治地位的封建社會文人士大夫的高雅藝術趣味的體現。

從「味」的範疇的邏輯發展看，中唐以後，在一些詩文理論批評中，已經突出強調與當時崇尚「雅味」「淡味」的主流審美意識相對的「奇味」「異味」的審美觀念，最終在明清的戲曲和小說等俗文學的理論批評中，成為一種主要的審美觀念。「淡味」與「奇味」「異味」的審美觀念的雙向發展，正是在六朝時期「藝味」說普遍得以形成之後，「味」這一「範疇」本身自在自為的必然展開過程。有「五味」之「和味」，就有「無味」之「淡味」；而有所謂「正味」，也就有所謂「奇味」「異味」。但小說、戲曲文學的創作及其審美理想，不可能踰越整體的封建文化精神的藩籬，所以「奇味」「異味」的觀念的突出發展，最終必然走向「雅」「俗」結合論的歷史歸宿。晚清時期，隨著西方文化的輸入，「味」的範疇逐步被「美感」「審美」的範疇所取代，對「美感」的分析又產生了一系列的術語、概念和範疇；但直到今天我們還在日常口語或文藝批評中，說某種藝術作品如何地有「味」，這說明屬於中國古代「美感」論的「藝味」說，仍然具有旺盛的生命力！其獨特的理論價值是永遠不會泯滅的，是永遠值得我們後人去深入探討和研究的！

附　錄

錢謙益的「鼻觀」説

　　筆者曾發表《鼻觀説：嗅覺審美鑑賞論》一文[1]，主要是對錢謙益的「鼻觀」説進行研究探討。其後，在進一步的研究過程中，曾對錢謙益與竟陵派以及與徐元嘆（徐波）的關係作過一點考辨，認識已與十餘年前不同。但考慮嗅覺與味覺在審美鑑賞體驗中確實是「貫通」的，而且該文在研究審美感官論及其鑑賞方法等方面，與本書所討論的問題關係密切，故這裡將該文略作修正並改日今題，附錄於此，以便能夠對本書中有關問題（特別是審美通感問題）的論述起到補充和相互參證的作用。

一、引言：細嚼梅花蕊，新詩字字香

　　中國古典詩學理論中，標明要以嗅覺作為審美鑑賞主要「感官能」的，是明末清初的文學家錢謙益。

　　錢氏（1582-1664）字受之，號牧齋，晚號矇叟，明萬曆進士，崇

1　載《文藝研究》雜誌1991年第1期。

禎時初官禮部侍郎，後被革職。弘光時，起用為禮部尚書。清兵南下時，牧齋率先迎降，後以禮部侍郎管秘書院事。故後人以為其人品不高，對其訾議甚多。錢氏有《牧齋初學集》《牧齋有學集》《列朝詩集小傳》等著。《牧齋有學集》中，收有《香觀說書徐元嘆詩後》（下稱《香觀說》）和《後香觀說書介立旦公詩卷》（下稱《後香觀說》）二文（均見《牧齋有學集》卷十八，《四部叢刊》初編本），提出嗅覺審美鑑賞的「鼻觀」說，具有重要的理論價值。錢氏是明末清初一個承先啟後的詩論大家，他的「變節」問題以及他對竟陵派等不少詩人的評價並不完全客觀公正等，不應該影響今天對其詩學理論的全面的科學研究。本文持不以人廢言的態度，試圖由錢氏「鼻觀」說而生發開去，對中國古代有關嗅覺審美鑑賞理論，進行一次初步的系統研究。

　　注重形而上的抽象思辨與實證主義的邏輯分析的西方美學家，其審美鑑賞理論，較為輕視感官的審美功能。與之不同，我國古代藝術家對審美感官如視覺、聽覺、味覺及嗅覺等，都有著豐富的而深刻的論述，由此，亦可窺見中國傳統文化追求感性生命的體悟精神。西方美學家如康德、黑格爾等人只承認視、聽二感官為審美感官，認為嗅、味、觸是低級感官，基本與審美無關，這種觀點長期以來占著統治的地位。其實，從審美感官的系統結構來看，「高級」與「低級」的區分也並不完全科學，因為五官審美感知是整體的、板塊的、相互溝通的，具有「通感」的心理功能。正如十八世紀英國經驗主義美學家愛德蒙‧柏克所說：人的諸感覺「它們可以互相證明」[2]。所以，我們說味覺、嗅覺都具有審美鑑賞功能，具有一定的生理心理學的科學依

2　柏克：《關於崇高與美的觀念的根源的哲學探討》，見《古典文藝理論譯叢》第5期，人民文學出版社1963年版，第64頁。

據。錢謙益的「鼻觀」說，不完全是像日本漢學家青木正兒說的那樣簡單：不過是「一個比喻」和「一時的戲言」[3]，也不是一個單純的心理聯想問題。宋代《王直方詩話》云：

　　張壎字叔和，謂余曰，壎一日到洛中謁潞公，方飯後，坐於一亭，亭邊皆蘭，既見，不交一談，對坐幾時。公方曰：「香來也。」叔和以為平生所未聞。潞公云：「凡香嗅之則不佳，須待其因風自至。」余始悟山谷詩云：「披拂不盈懷，時有暗香度。」[4]

　　潞公即北宋名臣文彥博（1006-1097），字寬夫，著有《潞公集》。文彥博的嗅覺審美經驗可算是十分豐富的，蘭的清幽香氣，若是一個粗俗不通審美的人，去猛嗅狠吸，就嗅不出若有似無的真正花香，只有靜坐亭邊，心定意閒，待香隨風來，方能獲得沁人心脾的美感享受。

　　古人寫花香，常用「暗香」「冷香」「幽香」等詞來形容，正表示了其審美嗅覺的靈敏與高妙。歐陽修極賞林逋詠梅詩句：「疏影橫斜水清淺，暗香浮動月黃昏。」而黃庭堅卻以為林逋的「雪後園林才半樹，水邊籬落忽橫枝」，比前兩句好，指責歐陽修賞識不精（《豫章黃先生文集》卷二十六《書林和靖詩》）。其實後兩句詩只有視覺的意象造型，卻無嗅覺的審美趣味，遠無「暗香」「疏影」二句的神韻，黃庭堅的批評，似乎未能體會到歐陽修的會心所在。元代韋居安《梅磵詩話》記云：

3　〔日〕青木正兒：《清代文學評論史》中譯本，中國社會科學出版社1988年版，第13、54頁。

4　引見郭紹虞：《宋詩話輯佚》上冊，中華書局1980年版，第60頁。

　　杜小山來，嘗問句法於趙紫芝，答云：「但能飽吃梅花數斗，胸次玲瓏，自能作詩。」戴石屏云：「雖一時戲語，亦可傳也。」余觀劉小山詩云：「小窗細嚼梅花蕊，吐出新詩字字香」，羅子遠詩云：「飢嚼梅花香透脾」，亦此意。

　　趙紫芝的話也並非全可作戲語觀，飽吃梅蕊是玩笑語，而洗滌俗氣，「胸次玲瓏」，確實是藝術家應具有的審美心境。從「細嚼梅花蕊」到「新詩字字香」，就由嗅覺審美判斷進入了嗅覺審美創造的過程；由文彥博的嗅覺審美方式，而體驗到「披拂不盈懷，時有暗香度」的工妙，就進入了對藝術進行嗅覺審美欣賞的境界。本文就是要以錢謙益「鼻觀」「香觀」說為中心，探討藝術欣賞過程中的嗅覺審美活動。
　　不過，首先應該著重說明的是，錢氏的「鼻觀」說的內涵，不是指對直接閱讀描寫花香的詩詞章句所引起的嗅覺審美活動，如林和靖的「暗香浮動月黃昏」、李清照的詞句「有暗香盈袖」（《醉花陰》）等，而是指對詩歌藝術境界的神韻的體悟、興趣的把握及品格的鑑別等審美鑑賞內容而言的。因此，本文所探討的嗅覺審美鑑賞，具有特定的內涵與外延。對藝術品進行「閱讀」的欣賞過程中，作為第二刺激信號的語詞等藝術符號，首先由視覺感官（如果是朗誦式閱讀，當然還直接涉及聽覺感官）作為接受器而形成大腦的條件反射，然後經過「通感」心理的作用，審美主體便可以產生出一種嗅覺的品味活動，這種品味活動，就叫作嗅覺審美判斷（鑑賞）。其所把握的審美內容，主要表現為詩歌境界整體顯現出的「色澤神韻」「興像風神」。一言以蔽之，所謂嗅覺審美鑑賞（「鼻觀」），即是審美主體依靠審美通感的功能對藝術境界的神韻氣味所作的嗅覺審美體驗與判斷。

二、鼻觀：諸根互用，養鼻通觀

雖然《列子》〈黃帝篇〉中就有「眼如耳，耳如鼻，鼻如口，無不同也」的論說，但一直到錢謙益，才明確提出賞詩可以「廢目而用鼻」的觀點。其《香觀說》云：

有隱者告曰：「吾語予以觀詩之法，用目觀不若用鼻觀。」余驚問曰：「何謂也？」隱者曰：「夫詩也者，疏瀹神明，洮汰穢濁，天地間之香也。目以色為食，鼻以香為食，今子之觀詩以目，青黃赤白、煙雲塵霧之色雜陳于前，目之用，有時而窮，而其香與否？目固不得而嗅之也。吾廢目而用鼻，不以視而以嗅，詩之品第出，略與香等，或上妙或下中，或斫鋸而取，或箭笴而就，或熏染而得，以嗅映香，觸筆即了，而聲、色、香、味四者，鼻根中可以兼舉，此觀詩方便法也。」

所謂觀詩「廢目而用鼻，不以視而以嗅」，究其實質，觀詩是不能「廢目」的，嗅覺不可能是觀詩的直接感官。其所謂「用目觀不若用鼻觀」的「目觀」，乃是針對只重格調模擬的復古主義與采麗競繁的形式主義的審美態度與審美方式而言的。

上文已經說過，嗅覺雖然不是欣賞藝術的直接感官，但我們不能否認它具有審美的功用，因為五官的感覺，是整體板塊的，相互溝通的、相互影響的。在審美感官之感覺的溝通、影響的過程中，通過審美主體有意識的心理導引，嗅覺可以在某一階段、某一個側面，起到主導作用，暫時成為主要的審美感官。如果從生理心理學的角度把五官分為高級與低級兩個類型的話，那麼嗅覺也可以與視覺、聽覺一樣，視為高級感官。因為劃分的生理標準，可以依據於刺激大腦的神

經元部位與刺激反應的傳導速度。而根據現代生理心理學研究證明，味覺與觸覺是和我們中樞神經的低級、有節機構、脊髓和延髓相關聯的；而視、聽、嗅三覺，「它們的內導路線都是通到中樞神經系統的上部、延髓的前部，中腦和間腦上去」[5]的。就嗅覺而言，「嗅感覺細胞的神經纖維上行穿過顱底的開口，立即直通腦部的嗅球，在嗅球內有大量的纖維匯聚在一個單一的細胞上，然後每一個這種細胞繼續前進，不再受到干擾，直達腦的高級中樞。」[6]可見嗅覺可以歸屬於高級感官，德國美學家康德等人把嗅覺說成是純粹低級的「近於機體之官」，是不完全正確的。

　　錢氏借某「隱者」之口說：「以嗅映香，觸鼻即了，而聲、色、香、味四者，鼻根中可以兼舉。」這不僅僅是少數個別人的審美經驗，也是中國古代藝術家普遍體會到的審美通感心理。由此而生的問題是，能否說他們對人類五官的專職化感知功能的認識十分含糊呢？回答當然是否定的，因為對五官專職化功能的認知，自荀子（甚至更早）以來，早已成為人們的常識。荀子認為：「目辨白黑美惡，耳辨聲音清濁，口辨酸鹹甘苦，鼻辨芬芳腥臊，骨體膚理辨寒暑疾養（癢），是又人之所（常）生而有也，是無待而然者也。」（《荀子》〈榮辱〉）明確指出目、耳、口、鼻、觸（骨體膚理）各具職能，各有所欲；又認為「耳、目、鼻、口之不可以相借官也」，國君如人「心」，百官如「五官」，而「心統五官」，故「君道」在於「能群」，在於尚賢使能，使百官各司其職其能（《荀子》〈君道〉）。荀子的原意是論「君道」，但從認識論的角度，無疑已經明確認識到人的五官感知各不相同，心靈的

5　〔前蘇聯〕克拉夫科夫：《感覺器官的心理生理學概論》，中國科學院出版社1954年版，第19頁。

6　〔美〕克雷奇等：《心理學綱要》下冊，文化教育出版社1987年版，第193-194頁。

認識來自感官的知覺的道理。主張「鼻觀」説的錢謙益（以及有類似
主張者）當然也是明白這個道理的，並非不懂的。然而從外在的各司
其職的不同「感官能」而求得感覺印象的綜合與真實，這是邏輯的認
知方式；而重內在的心靈直覺的審美方式，便會從不自覺到自覺地去
追求「相借官」的「渾沌」。莊子筆下的「渾沌」，他沒有視、聽、食、
息等外在的局部的感知、分析器官，實是莊子理想中的「全」「純」
「粹」的人類精神像徵。人們有了這種「渾沌」的精神，就能擺脱塵
俗、超越「理性自我」與「實用自我」，體悟道體，返歸「玄牝」，使
「真我」精神盎然於自由的「逍遙」之境。莊子認為應該通過「心齋」
「坐忘」的修為，「徇耳目內通，而外於心智」（《莊子》〈人間世〉），
從而做到與物無不冥，與化無不一，齊是非而一物我，才能獲得「游」
的審美價值，把握住人生的真諦。道家這一哲學思想，無疑是後代嗅
覺審美鑑賞理論、感官審美通感理論的源頭，它首先為受到玄學精神
洗滌的魏晉文人所普遍認可，並自覺地運用到審美體驗中去。因此陸
機一邊承認認知過程之「不相借官」的正確性，一邊又從自己的審美
經驗出發，儼然表示：「鼻有嘗音之察，耳有嗅息之神。」[7]陸機的《擬
西北有高樓詩》云：「佳人撫琴瑟，纖手清且閒；芳氣隨風結，哀響馥
若蘭。」其《壯哉行》有云：「鼻感改朔氣，心傷變節榮」等詩句，這
表現出陸機的審美嗅覺的靈敏感受和以聽覺通於嗅覺的審美體驗，佳
人撫琴瑟的「哀響」，使聽者能夠具有如嗅蘭花之香的感受。張湛《列
子》〈黃帝篇〉注云：「夫眼耳鼻口，各有攸司，今神凝形廢，無待於
外，則視聽不資眼耳，嗅味不賴鼻口。」（《諸子集成》本）眼、耳、
鼻、口雖不能直接地相互取代，「各有攸司」，但五官的感知卻又可以

7　引見錢鍾書：《七綴集》〈通感〉，上海古籍出版社1985年版，第61頁。

「通感」，這種「神凝形廢」的心靈體驗，也已為現代心理學所證明。

蘇聯克拉夫科夫在分析了感官各具不同的感官能後，又同時分析了「感覺器官的相互作用」問題。早在一九三〇年，他就通過試驗證明「在聲音刺激還存在的時間以內，中樞視覺的敏銳度就發生變化」[8]。在此以前的一八八八年，維也納生理心理學家烏爾班希《論一個感官的刺激對其餘感官之感覺的影響》論文中，也描述了「在有聽覺刺激時」，「味覺感受性」就會發生變化等心理現象[9]。這些有關人類感官的相互作用、相互溝通的理論論述和實驗證明，正是陸機「哀響馥若蘭」的「鼻聽」與錢謙益「奉隱者之教，養鼻通觀」（《香觀說》）的「鼻觀」說的科學根據。錢謙益曾描述自己欣賞佛教徒且公之詩，進入嗅覺審美體驗時說：「於斯時也，聞思不及鼻觀，先參一韻，偶成半偈，間作香嚴之觀，所謂清齋晏晦，香氣寂然，率入鼻中者，非且公孰證之？非鼻觀孰參之？」（《後香觀說》）雖然錢氏不是從生理心理學出發，更不是從實踐認識論的角度提出他的「鼻觀」說的，所謂「聞思不及鼻觀」「觸鼻即了」，其嗅覺審美心理是微妙難言的，但只要剔除其宗教的唯心主義氛圍，就可以發現「鼻觀」說是具有一定的科學性的，並非純屬虛妄之談，也不完全是一時的戲言。如果說道家哲學是錢氏思想的源頭，那麼佛教諸根互用的思想，就是他立論的根基。他明確地說：「余用隱者之教，以鼻觀論詩，作香觀說，序元嘆詩卷，靈岩退老嘆曰：『此六根互用，心手自在法也。』」（《後香觀說》）佛教認為人有「五根」與「五境」，「五根」指「眼根」「耳根」「鼻根」「舌根」與「身根」；「五境」指「色境」「聲境」「香境」「味境」與「觸境」，

8　克拉夫科夫：《感覺器官的心理生理學概論》，第47頁。

9　克拉夫科夫：《感覺器官的心理生理學概論》，第48頁。

五根可以「發識取境」。中國藝術理論、詩學理論中的「意境」說，與
佛學的這種五官的「發識取境」說具有思想淵源關係，不從審美感官
理論的角度來對「意境」說進行解剖，就很難得其中之「三昧」。這可
以從佛學角度對錢氏的「鼻觀」說的思想淵源加以發掘。佛教小乘經
典《分別聖諦經》第十一云：「眾生實有六處，不受眼處，耳、鼻、
舌、身、意處，彼用會一有攝和集，共合為苦。」[10]認為五根「發識取
境」，能夠做到「會一」「攝和」，也即是諸根互通的意思。佛教在魏
晉南北朝時期，在中國初步站穩了腳跟，這是與崇尚玄理的時代精神
分不開的。「五根」與「五境」，如果加上「意界（根）」與「意境」，
即為「六根」與「六境」。諸根互用的思想，與道家養生悟道的「耳目
內通」思想，在此期間得到了融通合一。僧肇的《肇論》就把老莊的
「不視而視」「不聽而聽」等觀點糅合到佛典詮釋之中，主張以神照
物，觸物而一，「萬象雖殊，而不能自異」[11]。佛教對五官心理通感的
直覺體驗，極大地刺激了中國古代審美心理思想，特別是審美感官的
生理與心理思想的發展。《金剛經》有所謂「不住色佈施，不住聲、
香、味、觸法佈施」，明成祖朱棣集注該句，引臨濟禪師語云：

　　佛有六通者，謂入色界不被色惑，入聲界不被聲惑，入香界不被
香惑，入味界不被味惑，入身界不被觸惑，入意界不被法惑，所以達
此六種皆是空相，不能繫縛。（《金剛經集注》）

　　這就是說五官的感覺要不為外界種種色相所迷惑，觸物即空，即

10　任繼愈：《佛教經籍選編》，中國社會科學出版社1985年版，第2頁。

11　任繼愈：《佛教經籍選編》，第77頁。

色即空，把五官感覺打成一片，獲得一種直覺的空靈禪境，就能做到擔水劈柴，皆能悟道；喫茶喝粥，可入涅槃之境。所謂「六通」（還有「十通」的説法），是指一種「神通」的悟道能力。佛教的「神通」概念，從心理學角度看，極類似於今天所説的「通感」。審美鑑賞者有了這種「神通」，就能以「鼻觀」而不以「目觀」，在虛靜空明的心靈直覺「妙悟」境界中，產生嗅覺的審美活動，乃至味覺、觸覺的審美活動。錢謙益在《香觀説》中，引用杜甫詩句「燈影照無寐，心清聞妙香」詩句，就是要説明「心清」（虛靜）方能嗅出詩之「妙香」的道理。

錢謙益的「鼻觀」説，從其佛學淵源上説，是直接與華嚴宗的「圓通」教義相互溝通的，在其審美鑑賞理論中，繼承了華嚴宗「理事無礙」的思維方式。其《後香觀説》云：「且公，華嚴法界師也，吾請以鬻香長者之香，助且公之香，觀即用且公詩句，代且公説法，不亦可乎！」所謂「代且公説法」，就是要用華嚴宗的思想來觀詩。華嚴宗實際創始人與奠基者賢首法藏，在《華嚴一乘教義分齊章》裡，舉列其獨特的「觀法」，有所謂「十玄無礙」和「六相圓融」的觀點。《華嚴金師子章》之〈勒十玄第七〉〈括六相第八〉兩章中，也重點發揮了其「事事無礙」「融通無礙」的觀察、分析宇宙萬物的思想，從中可以發現錢氏《後香觀説》所謂「此六根互用，心手自在法也」思想的來源：

師子諸眼，一一毛頭，皆以金師子盡。一一徹遍師子眼，眼即耳，耳即鼻，鼻即舌，舌即身。自在成立，無障無礙，名諸法相即自在門。[12]

12　方立天校釋：《華嚴金師子章校釋》，中華書局1983年版，第64頁。

　　北宋後期華嚴宗代表淨源，在《華嚴金師子章雲間類解》中，用八個字來註釋這段話，即「諸根相即，體非用外」[13]。五官雖然各自獨立存在，但可以互相依存、互相會通，從而達到六根合一，體用一致。華嚴宗理事圓融、無礙的思想，對禪宗及宋明道（理）學影響很深。如曹洞宗講偏正回互；臨濟宗以主賓代理事，認為賓主可以互換，賓中有主，主中有賓；雲門宗主張「涵蓋乾坤，截斷眾流，隨波逐浪」；潙仰宗以方圓代理事，認為圓即理、方即事等等[14]，為宋明的「新儒學」所吸收融化。理學大師朱熹説：「理一分殊，合天地萬物而言，只是一個理，及在人則又各自有一個理」（《朱子語類》卷一），張揚「豁然貫通」的認知方式，以客觀唯心主義的「理」來消滅事物的差別性。宋明陸（九淵）王（守仁）「心學」，主張吾心與宇宙為一體，心即是物、即是理，張揚主觀唯心主義的格物致知論。這些思想無疑對錢謙益的詩學觀具有重大影響，它表現在錢氏的「鼻觀」説中，就是立論從佛教的「諸根互用」出發，而不是從審美的實踐經驗出發，過分誇大嗅覺的審美功能，以嗅覺代替其他感官的作用，以直覺全面取代理性的認識，這是極端片面的，唯心主義的，我們應該明確地認識到這一點，並加以批判。但批判的同時，我們又應該吸取其合理性的東西。從審美角度來看，在審美過程的某一心理階段中，審美主體可以進入到一種「渾沌」無別的「物化」境界，產生一種「六根互用，心手自在」的心靈體驗，像華嚴宗説的「理事無礙」那樣，對審美對象進行一種整體的直覺的審美判斷。錢氏的「鼻觀」説，就是對詩歌境界的「興像風神」所作的直覺整體式的嗅覺審美判斷。宋明時代，

13　《中國佛教思想資料選編》第三卷第一冊，中華書局1987年版，第335頁。

14　參見呂澂：《中國佛教源流略講》，中華書局1979年版，第244-245頁。

佛與儒、道三家思想更進一步在理論上得到相互貫通，形成了一個新的融合高峰期，三教一理、三聖同體的思想廣為流行。這是錢謙益「鼻觀」說的重要思想背景與直接契機。

明代天啟七年（1627），錢謙益曾為死後的德清作《大明海印憨山大師廬山五乳峰塔銘》，對其佛學思想有所概述，由此可見，德清對錢氏的詩學觀肯定是有一定影響的。德清《憨山緒言》云：「靜極則心通，言忘則體會。是以通會之人，心若懸鑑，口若結舌，形若槁木，氣若霜雪。」又云：「圓融該攝，廣大交徹，全事全理，隱顯莫測。一多互含，多一互入，舉一通收，不妨羅列。」對審美鑑賞者而言，應該承認，確實存在著像憨山體悟涅槃之境一樣的心理階段，通過「心若懸鑑」「圓融該攝」的審美心理觀照，能夠把握到視、聽、嗅、味、觸五官的整體感覺印象，而且當心意集中於嗅覺品味時，其他的感官的感覺印象就會齊向嗅覺神經系統傳遞，從而獲得詩的「興像風神」與「色澤氣韻」的嗅覺審美趣味。因此，從這個意義上說，欣賞詩歌，是可以「廢目」而代之以「鼻觀」的。明代胡應麟上承司空圖、嚴羽詩學理論，論詩主「神韻」，曾說過這樣一段妙語：

　　詩之筋骨，猶木之根幹也；肌肉，猶枝葉也；色澤神韻，猶花蕊也。筋骨立於中，肌肉榮於外，色澤神韻充溢其間，而後詩之美善備。猶木之根幹蒼然，枝葉蔚然，花蕊爛然，而後木之生意完。（《詩藪》〈外編〉卷五）

　　詩之神韻，如花之香蕊的論述，實是錢謙益「香觀說」中關於嗅覺審美鑑賞理論的先導。胡應麟批評宋人「學杜得其骨，不得其肉；得其氣，不得其韻；得其意，不得其象；至聲與色並亡之矣。」（《詩

藪》〈內編〉）從「感官的鑑賞」角度去說，胡氏意在指責宋人（江西詩派等）學前人詩，未能以審美通感（諸根互用的「神通」）的方式，整體地把握詩的境界，五官「不相借」，只得其一端，尤其不通「神韻」。錢謙益的詩學旨尚雖與胡應麟不同，是提倡宋元詩的，但在詩歌鑑賞所應把握的審美內容上，與胡氏的意見是頗為接近的。

三、香境：如對名花，觀其氣韻

錢謙益的「鼻觀」，要求做到使詩的「聲、色、香、味四者」，兼舉於「鼻根」，這就包括了胡應麟說的「體格聲調」與「興像風神」兩個方面，但細繹錢氏詩論，「鼻觀」的審美內容，更偏重於「興像風神」的體悟。「興像風神」，是詩的一種整體境界，它涵蓋了前人所說的「風骨」「興趣」「氣韻」或「神韻」等理論範疇的內容，在這些具體範疇中，錢氏又較偏重於「氣韻」或「神韻」的把握。一言以蔽之，「鼻觀」的嗅覺審美鑑賞，著重於詩歌境界整體精神品格的領會，不可拘泥一隅、執於一端。

佛教認為「鼻根」所「發識取境」的境界，就是「香境」。詩的「香境」，實質就是藝術家的生命精神在詩中感性顯現的品格，即是氣韻。正如後來方東樹所云：「凡詩、文、書、畫，以精神為主。精神者，氣之華也。」（《昭昧詹言》卷一）這一種「精神」，也就是「鼻觀」所要領悟品味的東西。雖然方東樹論「氣韻」，是把桐城派的義理文法與傳統畫論中的「氣韻」「神韻」糅合在一起，有他自己的具體內涵，但大體也屬於胡應麟說的「興像風神」的範圍。方東樹又說：「讀古人詩，須觀其氣韻。氣者，氣味也；韻者，態度風致也。如對名花，其可愛處，必在形色之外。」（《昭昧詹言》卷一）「如對名花」而須「觀其氣韻」，正可以概括錢謙益「鼻觀」的方式與內容。「氣韻」是詩的外在聲、色（形）所顯現的內在「風神」散發出的沁人「香味」，是詩人活

潑潑的生命精神的投射和表現，「氣韻」自然目擊不到即所謂「目窮」，而只能靠嗅覺去品味，靠心靈的直覺去體驗。

在理論上，系統地突出「韻」的地位的是宋代，在宋代「韻」成為詩、畫、書、樂等一切藝術的最高境界。宋代詩學理論家范溫，總結「氣韻」的理論，從整體角度歸結為「有餘意之謂韻」，也就是藝術意境所具有的「深遠無窮之味」。嚴羽以禪論詩，以為「盛唐諸人，惟在興趣；羚羊掛角，無跡可求。故其妙處，透徹玲瓏，不可湊泊，如空中之音，相中之色，水中之月，鏡中之象，言有盡而意無窮。」（《滄浪詩話》〈詩辨〉）可見，嚴羽的「興趣」即是「氣韻」，所謂「意無窮」即是范溫說的「有餘意」。錢謙益實質上是繼承了嚴羽「興趣」說觀點的，他雖然明白而激烈地反對嚴羽，但不是反對「興趣」說本身。嚴羽的「鏡花水月」之喻，在明代極為流行。胡應麟認為：

> 作詩大要不過兩端：體格聲調，興像風神而已。體格聲調，有則可循；興像風神，無方可執。故作者但求體正格高，聲雄調鬯，積習之久。矜持盡化，形跡具融，興像風神，自爾超邁。譬則鏡花水月，體格聲調，水與鏡也；興像風神，月與花也。必水澄鏡朗，然後花月宛然。詎容昏鑑濁流，求睹二者？故法所當先，而悟不容強也。（《詩藪》〈內編〉）

胡氏此論，明顯是繼承了嚴羽「詩之法有五」的觀點：「詩之法有五，曰體制，曰格力，曰氣象，曰興趣，曰音節。」（《滄浪詩話》〈詩辨〉）其實嚴羽的「詩法」論，也是明代前、後「七子」的「格調」說的源頭。錢謙益正是要超越「目觀」對象的「水與鏡」，而以「鼻觀」去把握「月與花」，亦即詩的「興像風神」、詩的生氣韻味。他反對嚴

羽，也不是反對他「以禪喻詩」的方式，因為他自己也是以釋論詩的。錢謙益推崇宋元詩歌，批評嚴羽專「以盛唐為宗」的觀點，目的在於批判明代前、後「七子」及竟陵派等人的復古主義。他說：「余昔者論詩以目觀，今以鼻觀。」（《後香觀說》）廢「目觀」而以「鼻觀」，就是要擺脫前、後「七子」的影響，而轉向以「意趣神色為主」與「獨抒性靈」為宗旨。我們知道，明代前、後「七子」主張「文必秦漢，詩必盛唐」，其詩文多從「格調」上去追求盛唐鏡花水月的空靈，對此，錢氏的「鼻觀」說，是有一定批判意義的。以目觀詩，就會被詩的青黃赤白、煙雲塵霧之色而亂眼，「以色為食」，把握不住詩的真情「氣韻」，而流於「格調」模擬上去。錢謙益認為詩歌要有內容有情感，真摯的情感乃是「鼻觀」對象——「氣韻」生成的根本、「興趣」的依據。同時錢謙益從「鼻觀」審美鑑賞方式出發，又批判了嚴羽的「妙悟」說。其《周元亮賴古堂合刻序》中，指責嚴羽「謂詩家玲瓏透徹之悟獨歸盛唐，則其所矜詡有妙悟者，亦一知半解而已」。他還認為像嚴羽那樣僅僅以「興趣言詩」，不重情志，就會失去「性靈之真」，如竟陵派的譚元春一樣，「糊心眯目」：「作似了不了之語，以為意表之言，不知求深而彌淺；寫可解不解之景，以為物外之象，不知求新而轉陳。無字不啞，無句不迷，無一篇章不破碎斷落。」（《列朝詩集小傳》丁集《譚解元元春》）錢氏認為譚元春這種作詩的「妙悟」之法，根本不能得性靈之真，嗅「氣韻」之味，在錢氏眼中，純粹是個偷句之賊、盜花（而不是嗅其香）之粗漢。但實質上，他對竟陵派鍾惺、譚元春是有偏見的，其過於激烈的批評也是不完全公正的，此一問題，暫置不論。

　　錢謙益認為：「夫詩也者，疏瀹神明，洮汰穢濁，天地間之香也。」（《香觀說》）詩歌乃是詩人清明其志，虛靜其心，脫俗超塵的生命精

神的表現，詩之香即是這種生命精神的投射、情感韻律的流動，詩境中有了這種「投射」與「流動」，方可謂之「神」、謂之「氣」、謂之「韻」。但「格調」説對錢謙益的「鼻觀」説也有影響，我們應該辯證地看待這個問題。《李空同集》卷五十二《缶音序》云：「黄、陳師法杜甫，號大家。今其詞艱澀，不香色流動，如入神廟坐土木骸，即冠服與人等，謂之人可乎？」李夢陽從「格調」入手，要求創造「香色流動」的詩詞之境，所謂「香色流動」，也就是詩境的氣韻品格。同時，公安派的「性靈」説，對錢謙益也具有重大影響，與「格調」「神韻」二説相比，「性靈」説，偏重從審美主體的情志方面立論，從「性靈」裡流出來的不一定成為詩或成為好詩，但好詩必定源於「性靈」。錢氏的「鼻觀」説正是著重於詩歌境界的整體所顯現的氣韻，並兼顧了審美主體的「性靈」與詩歌本身的「格調」，來進行的綜合審美判斷的。故云：「廢目而用鼻，不以視而以嗅，詩之品第出，略與香等……以嗅映香，觸鼻即了，而聲、色、香、味四者，鼻根中可以兼舉，此觀詩方便法也。」「格調」可以憑藉視、聽感官去把握，李夢陽的老師、「格調」説的創始人李東陽曾説：「眼主格，耳主聲。」（《麓堂詩話》）錢氏要由「格調」去把握「氣韻」，便自然認為需要超越「目觀」（廢目），有意識地「通感」於審美嗅覺功能，去品鑑詩之「氣韻」的清靈品性與雅俗的高下。就「鼻觀」審美鑑賞的過程與方式來説，簡要言之，還必須説明如下幾個方面的問題：

第一，知人論世的前提。「鼻觀」説，並非一味主張從感性出發，而排斥其理性的思辨功能。《錢注杜詩》的特色，就在於能夠注意歷史背景與歷史事件的考察，占有翔實的材料，注重文字、用典的考證。《列朝詩集小傳》也主要運用了「知人論世」的批評方法。錢氏一再反對僅僅以「趣」「悟」來論詩，也就是要人們重視「知人論世」這一傳

統的批評方法。

　　第二，「養鼻通觀」的感官訓練。中國古代很早就有修養五官的理論，如《荀子》〈禮論〉云：「故禮者，養也。芻豢稻粱，五味調香，所以養口也；椒蘭芬苾，所以養鼻也；雕琢刻鏤黼黻文章，所以養目也；鐘鼓管磬琴瑟竽笙，所以養耳也……」《呂氏春秋》〈孝行覽〉也有類似的說法。蓋荀子是從養生節慾的角度，去分析禮的行為規範，但後來經與佛教理論的融合，修養五官，也成為體悟大道與涅槃之境的直覺思維的訓練方式。人的五官感覺的敏銳度，是可以通過學習與自覺的訓練來提高的，一個不有意識地進行嗅覺審美訓練的人，是很難在欣賞詩歌的過程中，產生審美通感心理而獲得嗅覺的審美感受的。正如梁啟超所說：「感覺器官敏則趣味增，感覺器官鈍趣味減。」（《飲冰室合集》〈飲冰室文集〉卷三十九《美術與生活》）自覺地訓練我們的五官，在審美過程中，讓「通感」發揮更大作用，定能更多地領會「別有一番滋味」的審美趣味。

　　第三，咀嚼文字與有意識的心理導向。元好問《與張中傑郎中論文》詩云：「……文須字字作，亦要字字讀。咀嚼有餘味，百過良未足。功夫到方圓，言語通眷屬。只許曠與夔，聞弦知雅曲。今人誦文字，十行誇一目，闕顙失香臭，瞀視紛紅綠。」在審美鑑賞中，只有仔細品味詩的語言聲韻，並在語詞信號的刺激下，有意識地導向嗅覺審美感官，方能產生通感作用，品嚐詩的「滋味」，嗅出詩的香韻。

　　第四，也是最後一點，嗅覺審美鑑賞活動的展開，既不是審美鑑賞的開端，也不是終結，更不能代替整個鑑賞過程。錢謙益過分強調「鼻觀」的功用，不符合審美鑑賞的實際過程及其規律。「鼻觀」方式只能在某一階段、某一心境中占主導的地位，否則便只能是毫無科學根據的主觀臆想。

四、結語：書畫有香氣，琴音馥若蘭

　　以上，對錢謙益「以鼻觀詩」的思想淵源、心理形式及審美內容，作了較為系統的探討。錢氏雖然未論及書畫、音樂藝術，其實，在中國古代藝術家眼中，嗅覺不僅可以賞詩，也可以用來觀畫聽樂。

　　明代李贄論畫重形神合一，主張以形體神。其《焚書》卷五《詩畫》論云：「……唐人畫《桃源圖》，舒元輿為之記云：『煙嵐草木，如帶香氣。熟視詳玩，自覺骨戛青玉，身入鏡中。』此畫中詩也，絕藝入神矣。」[15]舒元輿目擊《桃源圖》中的煙嵐草木，能夠聞出由此畫境所生出的陣陣「香氣」，正是由心理通感而引起的嗅覺審美活動。自南齊謝赫始，觀畫要觀其「氣韻」，已成為歷代鑑畫的最高境界與首要標準。到了突出「韻」的宋代，黃庭堅的「凡書畫當觀韻」（《豫章黃先生文集》卷二十《題摹燕郭尚父圖》）的觀點，更為人們所普遍認可。而「韻」不可以用目觀，只有由視覺表象而引起審美通感後，五官溝通、六根互用，方能品出「韻」的氣味。如果說畫可以由目觀而直接引起審美嗅覺的活動，那麼抽象的書法藝術，必定先須由點線的飛動、筆墨的枯潤及章法的佈置等，在心靈中產生「意象」的批評鑑識，方能體驗到「韻」的品格，產生嗅覺的審美活動。康有為《廣藝舟雙楫》〈碑評〉說《龍藏寺》碑「如金花遍地，細碎玲瓏」，是從碑字的「金花」之「象」，而產生嗅覺之「香」的。李嗣真《書後品》也曾論述到從王羲之飛白書體的造型意象，可以獲得一種香味感受：「其芬郁也，則氤氳蘭麝。」與詩歌相比，書畫更著重於視覺審美，聽、味、嗅、觸四覺只能產生輔助作用。音樂，是聽覺藝術，音同於香、聽通於嗅，在中國藝術鑑賞中，有著十分古老的傳統。明代徐上瀛《溪山

15　李贄：《焚書》〈續焚書〉，中華書局1975年版，第216頁。

琴況》論「恬」況云：

　　諸聲淡，則無味。琴聲淡，則益有味。味者何？恬是已。味從氣出，故恬也。夫恬不易生，淡不易到，唯操至妙來則可淡，淡至妙來則生恬，恬至妙來則愈淡而不厭。故於興到而不自縱，氣到而不自豪，情到而不自擾，意到而不自濃。及睨其下指也，具見君子之質，衝然有德之養，絕無雄競柔媚態。不味而味，則為水中之乳泉；不馥而馥，則為蕊中之蘭苣。吾於此參之，恬味得矣。

　　把握琴聲恬淡的品格時，審美聽覺占主導地位，但也要藉助味覺、嗅覺等審美感官的作用，方能獲如味水中之乳泉、如嗅蘭蕊之芳香的審美趣味。德國美學家黑格爾說：「藝術的感性事物只涉及視、聽兩個認識性的感覺。至於嗅覺、味覺和觸覺則完全與藝術欣賞無關。」[16]從審美感官的直接感知功能與藝術媒介作為刺激信號的直接性兩方面看，黑格爾的話基本是正確的；但從審美鑑賞心理活動的全過程來看，黑格爾的論斷就明顯是主觀武斷的，失之片面。應該說，藝術的感性事物涉及人類五官認識性的整個感覺。

16　黑格爾：《美學》第一卷，第48頁。

後　記

　　經過一年多時間的集中寫作，完成了這一小本書稿，現在忍受著由於長期熬夜而雙目乾澀的痛苦和不斷拭去眼淚的麻煩，在電腦中敲打這篇「後記」時，屋外正在淅淅瀝瀝地下著晚雨，好像也愈來愈大，一時暑熱盡消，小院內的一棵枝葉繁茂的老葡萄，洗去塵埃，葉葉向上，正在痛快地享受由天而降的甘露。與去年此時相比，我有一種如釋重負的感覺，心境本來無比地平靜，而忽然難以言盡的各種感念又很快從心底升起來。此時，耳聽屋外的雨聲，獨坐在電腦桌前，我特別想要說一說我的這些感念，一是因為這多少與本書的寫作有一些關係；二是恍惚之間，我已經四十歲，四十歲是人生的一個新的階段，孔子所謂「不惑」，孟子所謂「不動心」，我雖然仍有許多的困惑，不過，在此回顧一下自己多年來的求學生涯，也可以警醒自己，姑且用這篇稍長的「後記」，為我自己的四十歲留個紀念。

　　我的感念忽然升起，是由於我現在特別想念和感激我的許多師、友和親人。予之學也遲，予之思也愚。與同齡人相比，我的學生生涯

特別地長。當一九九八年夏，我終於結束學業，離開師門，來到首都師大後，我就已經離四十歲不遠了，算是真正獨立走上教研工作的崗位了；不過我的工作和進一步學習，仍然時刻在導師的呵護下，在朋友和親人的關心下。我時常想，這份深深的關愛，成為我今生不可能償還的「債」了。我是在安徽天長的農村長大的，在那生活十分艱苦的年代裡，父母乃至兄弟姐妹們，為了供給我唸書，所付出的辛勞，今天幾乎是難以想像的。比較幸運的是，我上高中那年，全國恢復了高考制度；更幸運的是，我在念高中時，先後遇到兩位最好的班主任，一位是語文老師朱澤民先生，一位是地理老師張茂森先生，我能夠順利地考取大學，是與這兩位先生的悉心培育分不開的。朱老師現於江蘇盱眙中學退休，聽說他的身體不太好，我是多麼渴望能夠有機會拜見他。張老師由於生活和事業上的種種壓力，不幸已撒手人世十多年了，對他突然永遠地離去，我和他的許多學生十分悲痛。朱老師和張老師都是安徽師範大學畢業的，或許正是這個緣故，一九八〇年九月，我也考入安徽師範大學中文系。那個美麗的校園，那個位於長江南岸的美麗城市蕪湖，是我學習和工作了十餘年的地方，自從我離開那裡以後，始終如夢魂牽繞著我，就因為那裡有我的許多老師和朋友，是他們一步步把我引導到求學的道路上來。在我上大學的那幾年，讀書的空氣尤為濃厚。每到星期日，天一亮，我就匆匆背著大書包到圖書館門口排隊，等圖書館開門後，先用書包占上座位，然後再去食堂吃飯，否則就找不到座位。寒暑假基本也都留在學校裡唸書。記得大學畢業時，我撰寫的畢業論文是自己命題的，叫《劉勰的情感論》，指導教師就是尊敬的祖保泉先生，那時他給我們開設《文心雕龍》研究選修課，梅運生先生給我們講授古代文論課。畢業後，我到安徽來安縣水口中學當了三年中學語文老師。一九八七年秋，我再次

考回母校，攻讀古代文論專業的碩士學位，我和我的一位師弟拜在梅運生先生的門下，祖先生也給我們很多的指導。可是那幾年學術界已經開始浮躁起來，我自己就是一個正在學步的浮躁分子，其中的標誌之一，就是「書」還沒有念懂，就開始匆忙地發表論文了。清楚地記得文藝學專業的汪裕雄先生曾多次給我們說，你們要想做學問，必須「耐得住寂寞，耐得住貧寒」；汪老師還批評自己的一個研究生說：「糊塗膽大，膽大糊塗。」這兩句話成為流行在我們研究生中的口頭禪，我們都把這兩句話看作是對自己的批評和鼓勵。我的導師梅先生最喜歡說兩句話：一句是轉述朱東潤先生的話：搞研究要開礦採銅；另一句話是：「板凳要坐十年冷，文章不寫一句空」，應該成為我們讀書人的座右銘。祖先生要求更是嚴格，甚至拒絕看滿紙都是新名詞的畢業論文。我和我師弟及同學們，就是在這些要求嚴格有時甚至十分苛刻的導師指導下，算是在老師比較滿意的情況下修完了碩士研究生的學業，就我個人而言，多少洗滌了身上的一些浮躁之氣。我迄今仍保留著兩本讀《莊子》和《文心雕龍》的讀書筆記，那是交給梅先生看的作業。接著我畢業後留在母校古代文學教研室任教，主要擔任元明清文學的課程，在那幾年裡，祖先生、梅先生還有王明居先生、趙慶元先生等許多老師，從生活、學習到工作都很關心我，特別是我和朋友們經常到我的師兄也是我的老師朱良志老師家去，每每看書有得，都要向他報告報告，他還幾次幫我看論文，每每覺得我的論文經過他修改之後，文理通順多了，從中我學到的東西很多，現在他到北京大學任教，也總是關心著我。那幾年，我的身分是大學教員，可實際上還是一個學生。例如，有一段時間，我天天念《左傳》和《史記》，經常往蔣立甫先生和袁傳璋先生家跑，他們是這方面的研究專家，給過我不少指點。一九九五年秋，我考入北京大學中文系，拜在我一直景仰

的導師張少康先生的門下，攻讀中國古代文學批評史專業的博士學位，張先生要求十分嚴格，對我們也特別關愛。有一次我把自己的論文拿給張先生審閱，記得就在北大中文系那個美麗的庭院的門口，張先生嚴肅地批評我說：你的論文達到現在的一般發表水平，可是離科學論文的境界還差得遠，要拿「乾貨」出來。我非常能夠體會導師那種恨鐵不成鋼的心情，也就更加努力地學習。到我撰寫張先生命題的博士論文《〈文心雕龍〉與中國文化傳統》（我還沒有來得及修改出版）時，張先生又反覆地給我說到拿「乾貨」的問題，反覆強調要客觀、科學的問題，要我採用先考後論、考論結合的方法寫，認真研究存在問題，每寫一節都要送給他審閱。正是在張先生的指導下，我的「野狐禪」的習氣才算是基本根除了。本書的寫作方法，可以說，就是採用了考論結合的方法，盡量地拿「乾貨」。說到這裡，我非常地感謝蔡鍾翔先生多年來對我的親切關懷和批評指正。記得有一次，我把一篇研究《文心雕龍》的論文拿給蔡先生審閱發表，他發現引用材料中有幾處錯字，就給我打電話要我修改，那時間我擔任很多課的教學，累得經常站在公共汽車上打瞌睡，就匆忙修改一下，又交給蔡先生。蔡先生看後，發現論文中還有錯字沒有改正過來，就在電話中非常嚴厲地責罵我說：你為什麼如此馬虎？我決定引以為戒，遂痛下功夫，花了一夜和一上午的時間，徹底地將我那篇論文逐字逐句地檢查一遍，修改後送去。蔡先生看後讚揚我說：這次你終於改好了。

　　我的一位好友曾跟我說，一個人成熟的標誌就是要敢於自嘲；不過我這裡並不是要以自嘲以示自己的成熟。上面我著重把我的老師們對我批評指教的話寫出來，除了對我的老師們表示感謝之外，就是想以此時時勉勵自己，也希望我自己的學生能夠記住我的老師們的話，不要浮躁，少走彎路，順利地走上科學研究的道路。前幾年我出過一

本《北「風」與南「騷」》的書，那是我在安徽師大申報並完成的一個課題，談出版時，我正在北大唸書，非常需要錢買一個打印機，就沒有仔細修改原稿，匆忙交到出版社，而出版社由於某種特殊原因，沒有給我看校樣（我曾打電話堅持未果），結果我發現錯訛字句很多，基本都是排版造成的（註釋的排版也較亂），極少數是原稿錯誤。這是一次非常深刻的教訓，每每想起，很是汗顏，我希望有生之年，一定要把這本書好好修訂出版，因為每個人都應該對自己的文字負責的。這幾年，我除了參加《文心雕龍研究史》的部分稿撰寫外，就是今年剛出版了一本《司空圖年譜匯考》，該書可謂是祖先生命我與他合撰《司空表聖詩文集箋校》（即將由安徽大學出版社出版）一書的副產品，是直接在祖先生指導和幫助下完成的，有些材料是祖先生寫信提供的；雖然前後經歷三年多時間的研究和寫作過程，我自己也仍感有不完備之處（書中仍有幾個由於用電腦寫作造成的錯字），我準備進一步收集和研究有關資料，考辨有關問題，以便將來能夠修訂一次。至於本書，是我在十餘年前就想寫的課題，而且我一直在收集資料和思考有關問題，所以本書能夠完成得比較快。因為我的碩士畢業論文叫作《畫意與樂感——中國古代詩學視聽意象論》，答辯主席就是蔡先生；另一位審閱論文者，是武漢大學中文系的羅立乾教授。後來我把碩士畢業論文分成兩篇，都在《文藝研究》雜誌上作為單篇論文發表了。從那時起，我就一直想寫一本「中國詩學與審美感官論」的研究論著，其後斷斷續續地寫成十多萬字，主要就是「味」論部分一直沒有寫成，因為中國古代文藝理論批評中的「味」論，內容極為豐富，而我的時間始終沒有允許我從容地從事這一課題的研究，現在總算將這個問題寫了出來。近二十年來，我國的改革開放，開創了文化的新局面，同時也產生了種種「怪現狀」，假冒偽劣之風也刮進了學術界，我們應該

反思一下了。我自己覺得，與其「乾生氣」，還不如從自己做起，嚴格地要求自己。那種「邊耕邊讀，三年而通一經」的時代早就成為過去，可是做學問必須具有那種從容不迫的心境，需要客觀和科學的態度，是永遠不會過時的。其實，我算是剛剛邁上我自己的學術研究之路，前面的路還很漫長，我希望四十歲以後的我，能夠脫胎換骨，邁進新的學術境界。當塵埃落定，喧囂成為過去時，我希望自己能夠有一點留得住的東西。以上可以說是我自己的一篇「四十自述」吧。

　　本書的部分內容，是我今年在韓國尚志大學任客座教授期間完成的，師兄朴均雨教授不僅為我提供了必備的研究資料和參考書籍，還在生活和時間上，盡量地照顧我，使我能夠從容地研究、寫作，這裡我向他表示衷心的感謝！在此我還要向我的妻子表示深深的謝意，十餘年來她給我以全力的支持，我的每一點成績，都是與她的幫助分不開的。本書選題被北京市教委列為去年的社科研究基金資助項目，這裡也予以說明。最後我向出版社諸位編輯先生，表示真摯的感謝！也再次感謝蔡先生的鼓勵和批評，感謝蔡先生審閱這本書稿所付出的我永難忘記的辛勞！本書的玄虛茫昧之處，糊塗膽大之論，恐仍有所存在，敬請讀者批評指正。

陶禮天於北京花園村

二〇〇二年七月二十七日晚

昌明文庫‧悅讀美學　A0606023

藝味說　下冊

作　　　者	陶禮天	
責任編輯	楊家瑜	
發 行 人	陳滿銘	
總 經 理	梁錦興	
總 編 輯	陳滿銘	
副總編輯	張晏瑞	
編 輯 所	萬卷樓圖書股份有限公司	
排　　版	菩薩蠻數位文化有限公司	
印　　刷	維中科技有限公司	
封面設計	菩薩蠻數位文化有限公司	
出　　版	昌明文化有限公司	

桃園市龜山區中原街 32 號

電話 (02)23216565

發　　行　萬卷樓圖書股份有限公司

臺北市羅斯福路二段 41 號 6 樓之 3

電話 (02)23216565

傳真 (02)23218698

電郵 SERVICE@WANJUAN.COM.TW

大陸經銷

廈門外圖臺灣書店有限公司

電郵 JKB188@188.COM

ISBN 978-986-496-363-8

2018 年 1 月初版

定價：新臺幣 280 元

如何購買本書：

1. 轉帳購書，請透過以下帳戶

　合作金庫銀行 古亭分行

　戶名：萬卷樓圖書股份有限公司

　帳號：0877717092596

2. 網路購書，請透過萬卷樓網站

　網址 WWW.WANJUAN.COM.TW

大量購書，請直接聯繫我們，將有專人為您

服務。客服：(02)23216565 分機 610

如有缺頁、破損或裝訂錯誤，請寄回更換

國家圖書館出版品預行編目資料

藝味說/ 陶禮天作.-- 初版.-- 桃園市：昌明

文化出版 ; 臺北市 ： 萬卷樓發行, 2018.01

　面 ；　公分. -- (昌明文庫. 悅讀美學)

ISBN 978-986-496-363-8 (下冊:平裝)

1.中國美學史

180.92　　　　　　　　　　　107001908